马瑞民◎著

正德十六年
欧洲那些事儿

清华大学出版社

北京

图书在版编目 (CIP) 数据

正德十六年欧洲那些事儿 / 马瑞民著. — 北京：清华大学出版社，2020.5
ISBN 978-7-302-55224-6

Ⅰ.①正…　Ⅱ.①马…　Ⅲ.①欧洲－中世纪史－通俗读物　Ⅳ.①K503.09

中国版本图书馆 CIP 数据核字（2020）第 046788 号

责任编辑：贺　岩
封面设计：李召霞
版式设计：方加青
责任校对：王荣静
责任印制：丛怀宇

出版发行：清华大学出版社
　　　　　网　　　址：http://www.tup.com.cn，http://www.wqbook.com
　　　　　地　　　址：北京清华大学学研大厦 A 座　　　　邮　　　编：100084
　　　　　社 总 机：010-62770175　　　　　　　　　　　邮　　　购：010-62786544
　　　　　投稿与读者服务：010-62776969，c-service@tup.tsinghua.edu.cn
　　　　　质 量 反 馈：010-62772015，zhiliang@tup.tsinghua.edu.cn
印 装 者：三河市龙大印装有限公司
经　　销：全国新华书店
开　　本：170mm×240mm　　　印　　张：20.75　　　字　　数：351 千字
版　　次：2020 年 5 月第 1 版　　　印　　次：2020 年 5 月第 1 次印刷
定　　价：58.00 元

产品编号：087318-01

你们必须发誓说，我们已经到了中国的边缘。

——1494 年哥伦布对水手们说

你必须探明有关中国人的情况。他们是懦弱的还是强悍的？他们有无火炮？他们的身体是否高大？他们信奉的是什么？崇拜的是什么？

——1508 年葡萄牙国王曼努埃尔一世要求前往亚洲的船长去调查

中国人像德国人，下巴上蓄着三四十根胡子。

中国人左手捧着陶瓷碗，碗凑在嘴边，用两根小木条将饭拨进嘴里。

中国女人手里总握着把扇子。她们的皮肤像我们一样白皙。

——1515 年葡萄牙访华特使皮雷斯

中国人非常讲究礼仪，在这方面似乎胜过世界上所有的民族。

——被中国俘虏的葡萄牙水手佩雷拉

中国一切均讲正义，为信仰基督的任何地区所不及。中国人智慧极高，远胜日本人，且善于思考，重视学术。

——1551 年准备去中国传教的沙勿略的一封信

在我的领土上，太阳永不落下。

——神圣罗马帝国皇帝查理五世

那时，当黑暗被驱散，我们的子孙能够重新回到纯洁而古老的光芒之下。那时，你会发现赫利孔山重新焕发生机，庄严的月桂树茂盛起来。那时，伟大的天才将会再次出现。

——意大利学者、诗人彼得拉克

今天下波颓风靡，为日已久，何异于病革临绝之时！

——王阳明

明朝口碑最差的正德皇帝

被海瑞痛骂的嘉靖皇帝

正德皇帝的书法

澳门葡萄牙人交完五百两租金后的收据

哥白尼的天文台和他的住所

明朝中后期第一个到达中国的欧洲人——欧维士（雕像位于澳门）

路德将《九十五条论纲》贴在维滕贝格教堂的大门上，现在的大门是新建的

达·芬奇位于法国的墓地

达·芬奇参与设计的法国尚博尔城堡

米开朗琪罗、拉斐尔参与设计的圣彼得大教堂（世界上最大的教堂）

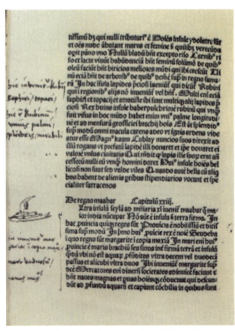

达·芬奇的"最牛"求职信

哥伦布在《马可·波罗游记》上做的笔记

英国国王亨利八世写给安妮·博林的情书

历史上第一个瓜分世界的条约《托尔德西里亚斯条约》（1494 年）

《天体运行论》（哥白尼）

《君主论》（马基雅维利）

《乌托邦》（托马斯·莫尔）

《人体构造》（维萨里）

正德嘉靖年间欧洲"四大名著"

唐伯虎《王蜀宫妓图》局部

拉斐尔《椅中圣母》（局部）　他比唐伯虎小13 岁

达·芬奇《女人头像》　他比唐伯虎大 18 岁

米开朗琪罗《圣殇》局部　他比唐伯虎小 5 岁

老彼得·布鲁盖尔《儿童游戏》，1560年，118厘米×161厘米，现藏维也纳艺术史术博物馆。画中的儿童活动有：跳山羊、滚铁环、抽陀螺、玩沙子、上树、吹气球、过家家、抓石子、捞尿、坐轿子、踩高跷等

耶稣会创始人圣依纳爵·罗耀拉

上海徐家汇圣依纳爵堂

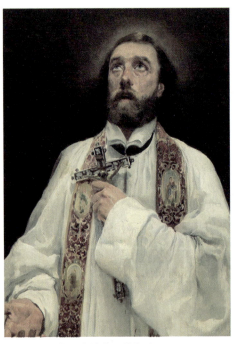

在远东传教的圣方济各·沙勿略

上海圣沙勿略教堂（彼得·波特罗摄）

本书涉及的名人生卒年份

安德烈·维萨里（1514—1564）

加尔文（1509—1564）

嘉靖皇帝（1507—1567）

神圣罗马皇帝查理五世（1500—1556）

弗朗索瓦·拉伯雷（约1493—1553）

依纳爵·罗耀拉（1491—1556）

埃尔南·科尔特斯（1485—1547）

拉斐尔（1483—1520）

马丁·路德（1483—1546）

托马斯·莫尔（1478—1535）

米开朗琪罗（1475—1564）

弗朗西斯科·皮萨罗（1475—1541）

哥白尼（1473—1543）

王阳明（1472—1529）

达·伽马（1469—1524）

马基雅维利（1469—1527）

达·芬奇（1452—1519）

哥伦布（1451—1506）

西班牙女王伊莎贝拉一世（1451—1504）

前 言

公元 1521 年。正德十六年。

明朝度过了生命的中间点。

这一年 4 月 20 日，最能折腾、负面评价最多的正德皇帝死了。官员们祈祷下一位皇帝是明君圣主。

同年死亡的，还有葡萄牙国王曼努埃尔一世。在他统治期间，达·伽马到达印度，卡布拉尔发现巴西，皮雷斯来到中国，见到了正德皇帝。

第三个死亡的是君主中的君主，国王中的国王，教皇利奥十世。他是达·芬奇、米开朗琪罗和拉斐尔的赞助者。

第四个死亡的人是费尔南多·麦哲伦。他意外死在菲律宾，没能完成环球航行的任务。

再说说活着的人。

5 月 27 日，嘉靖皇帝荣登大宝，开始了他长达 45 年，却缺少作为的统治。张璁、夏言、严嵩、徐阶等首辅轮番上阵，谁也无力挽救大明的颓势。

这一年，土耳其苏丹苏莱曼攻占贝尔格莱德。苏莱曼与嘉靖皇帝的继位时间、驾崩时间几乎相同。唯一不同的是，苏莱曼文治武功，成为该时代最优秀的君主。

这一年的 4 月 18 日，马丁·路德冒着生命危险在神圣罗马帝国皇帝查理五世面前说："我绝不撤回我的观点，这就是我的立场。"

这一年，英国国王亨利八世因为反驳路德，获得教皇颁发"信仰捍卫者"荣誉称号。十几年后，亨利八世宣布脱离教皇管辖，并称教皇是驴。

这一年，西班牙人科尔特斯俘虏了北美阿兹特克帝国的库奥特莫克皇帝，毁灭了他的帝国，建立了墨西哥。

这一年，一名西班牙贵族立志成为圣人。为此，他在山洞里冥想了一年。

后来，他成立了一个国际组织，一个影响大明、大清的组织。

本书内容以正德十六年（1521年）为中心，向前向后延伸到正德和嘉靖两位皇帝整个统治期，周期为60年（1506—1566年）。

在此之前的欧洲各国，其经济、文化、综合国力尚不如大明，远远不如。

然而，就在这60年里，欧洲通过大航海、文艺复兴和宗教改革，就像装上了三枚火箭推进器，飞速前进，超过了大明。并且在超过之后，前进的速度不但没有放缓，反而更快了。

文艺复兴是意大利的黄金时代。

大航海是西班牙的黄金时代。

宗教改革是全欧洲思想解放的黄金时代。

恩格斯说，这是人类从来没有经历过的一次最伟大的、进步的变革，这是一个需要巨人而且产生了巨人的时代。达·芬奇不仅是大画家，而且是大数学家、力学家和工程师，他在物理学的各种不同分支中都有重要发现。马基雅维利是政治家、历史编纂学家、诗人，同时又是第一个值得一提的近代军事著作家。路德不但清扫了教会这个奥吉亚斯的牛圈，而且也清扫了德国语言这个奥吉亚斯的牛圈。①

朱棣创造了明朝的黄金时代，他是明朝最后一个大帝。

正德年间，明朝的黄金时代失去了颜色，变得暗淡。

正德、嘉靖年间，积弊成山，史书多次出现"人相食"的记载。蒙古人兵临北京城下，日本倭寇犯边，葡萄牙人占据澳门。不同的现象暗示同一个道理，这是一个需要面向海洋、需要发展经济的时代。

嘉靖皇帝却支持大学士杨一清的观点："今日之务，在省事不在多事，在守法不在变法，在安静不在纷扰，在宽厚不在繁苛。"

黄仁宇在《万历十五年》一书中写道："传统的政治已经凝固，类似宗教改革或者文艺复兴的新生命无法在这样的环境中孕育。社会环境把个人理智上的自由压缩在极小的限度之内。四海升平，并无大事发生，似乎是皇帝追求的目标。"

本书将以轻松幽默的风格为您讲述欧洲的这些人、那些事。

---

① 奥吉亚斯是古希腊国王，他有一个大牛圈，里面养了2000头牛，30年来从未清扫过。

目 录

第二部分 君 主

正德和嘉靖，到底是什么样的皇帝，与上面的那些君主有什么不同？

第三部分 大 师

什么是天才？达·芬奇就是五百年才出一个的天才、怪才、全才。

用凿子和画笔书写历史。

他是神偷。他能用最短的时间偷走所有大师的画技。

第四部分　巨　　人

第五部分　奇　　葩

第一部分　水　　手

（葡萄牙）是全欧洲的命脉和要冲，海洋从这里开始，大陆在这里告终。

世界再大，葡萄牙人也会发现它。

　　　　　　　　　　　　　　　　　　　——史诗《卢济塔尼亚人之歌》

有界限的海（地中海），属于希腊和罗马；没有界限的海，属于葡萄牙。

　　　　　　　　　　　　　　　　　　　　　——费尔南多·佩索阿

请接受您的葡萄牙。

不仅是葡萄牙，还有非洲的很大一部分。请接受埃塞俄比亚。

请接受广袤无垠的印度。

请接受印度洋本身。

　　　　　　　　　　　　——葡萄牙国王写给教皇尤里乌斯二世的信

（葡萄牙人）长身高鼻，猫睛鹰嘴，拳发赤须。

（葡萄牙人）本求市易，初无不轨谋，中朝疑之过甚，迄不许其朝贡，又无力以制之，故议者纷然。然终明之世，此番固未尝为变也。

（葡萄牙人）好经商，恃强陵轹诸国，无所不往……自灭满剌加、巴西、吕宋三国，海外诸蕃无敢与抗者。

　　　　　　　　　　　　　　　　——《明史·佛朗机（葡萄牙）传》

第一章
从葡萄牙到中国

让我们先从这个国家开始说起。

第一个同中国开战的欧洲国家是哪个？

第一个占据中国领土的欧洲国家是哪个？

第一个同中国结盟的欧洲国家又是哪个？

答案都是一个，葡萄牙。

提起葡萄牙，你能想到什么？

有一次我在澳门指着一种新鲜出炉的食品问售货员，这是蛋挞吧？

售货员说，不是蛋挞。

我说你别骗我，这就是蛋挞。

售货员继续说，不是蛋挞。

后来我才搞明白，原来她说的是葡式蛋挞。

蛋挞绝对算是葡萄牙特产了。

葡萄牙的确盛产葡萄酒，但和牙没有什么关系。

葡萄牙这个词来源于罗马时代的 Portus Cale。Portus 在拉丁语中是港口的意思，Cale 是凯尔特女神的名字。因此可以翻译为女神港。

葡萄牙的领土只与西班牙接壤。整个国家可以视为一个面向大西洋的大港口。从葡萄牙首都里斯本向西直线航行，可以到达美国首都华盛顿。

葡萄牙英文 Portugal 的发音接近"葡吃够"。一个美国传教士来到中国后，学会了闽南话。他把"葡吃够"翻译成"葡萄牙"。

从中国版的世界地图上看，中国位于中间，葡萄牙位于最左（西）边。

从欧洲版的世界地图上看，葡萄牙位于中间，中国位于最右（东）边。

所以，看问题的角度不同，结论也不同。

中国海南有个天涯海角。

葡萄牙也有个天涯海角，叫罗卡角，是整个欧亚大陆的最西点。罗卡角有一块碑，上面刻着葡萄牙国宝诗人卡蒙斯的名句——"陆止于此，海始于斯。"

在这里，花 5 欧元你可以买个到此一游的证书。

葡萄牙国土面积约 9 万平方公里，略大于重庆。

葡萄牙人口约 1050 万，在中国城市人口排名中进不了前十。

葡萄牙在今天看起来是偏远小国，在历史上却是人类第一个全球帝国。

就语言分布的范围而言，葡萄牙语仅次于英语和西班牙语，排全球第三。

说完了葡萄牙的现状，我们再来看看它的历史。

公元 711 年，北非穆斯林占领了伊比利亚半岛（即西班牙、葡萄牙）大部分地区。原来定居的基督徒逐步收复了部分领土，成立了几个王国。其中，葡萄牙从属于卡斯蒂利亚王国。

阿方索是葡萄牙伯爵，他向教皇申请葡萄牙从卡斯蒂利亚独立出来。1179 年，经教皇亚历山大三世批准，葡萄牙成为独立王国，阿方索成为开国国王。

正德年间，葡萄牙人口约 100 万，相当于明朝的一个大城市。

明朝人看太阳落下山去。

葡萄牙人看太阳落到海里（大西洋），他们认为大西洋就是世界的尽头。

在陆地上，葡萄牙被西班牙包围，看来只有出海这条路了。

一个世纪级的英雄、航海家就此诞生。

他就是葡萄牙国王若昂一世的三子——恩里克，本书称亨利王子。

亨利王子对政治没有兴趣。他远离繁华的首都，到葡萄牙一个最偏远的小村定居下来，一生只做一件事情——航海探险。

亨利王子对女人没有兴趣。他终身未娶，过着简朴的生活。

他创办航海学院，培养水手。

他创办图书馆，搜集地理、气象、信风、海流、造船、航海等各种文献资料。

他设立观象台，观测天气和海洋。

他建造灯塔，经历了近六百年的风霜雪雨，今天依然矗立。

他网罗各国地理学家、地图绘制员、数学家和天文学家。

航海是什么？是天文、是地理、是数学、是各种科学的综合。

当一个国家成为海洋大国的时候，它一定是科技、经济和人才大国。

没有科学技术，船就不能经历风浪，不能直达万里之外。

亨利王子劝说国王发布了很多鼓励造船的政策。建造大船者，王室提供免费木材，进口材料一律免税。

1415 年，郑和第四次下西洋归国，从非洲带回一头麒麟（长颈鹿）。

1415 年，亨利王子跟着父亲攻陷非洲北方的港口城市休达。从此，葡萄牙在北非有了一块殖民地，并统治了三百多年之久。

巧合的是，两个航海大国都和非洲有着不解之缘。

葡萄牙人为什么把眼睛盯上非洲？

第一，葡萄牙和非洲隔海相望，也就两百公里左右的距离。

第二，葡萄牙只有九万平方公里，非洲有三千万平方公里。

第三，葡萄牙领土被非洲人占领了数百年，也交战了数百年，是传统敌人。

第四，葡萄牙人信奉天主教，北非人信奉伊斯兰教。他们之间有不可调和的宗教冲突。

第五，葡萄牙地小人少。非洲不但有黄金，还有充裕的劳动力（黑奴）。

1419 年或 1420 年，亨利王子的航海队意外发现了圣港岛。不知道谁带了几只兔子上岛，很快就有了一群群小兔。很快整个岛屿只剩下兔子了。

1427 年，亨利王子的航海队发现了亚速尔群岛。

1432 年，亨利王子派出 16 条船、数百人、数十头牲畜前往亚速尔群岛定居。

1444 年，葡萄牙航海队从非洲掠回来 235 名奴隶。

但奴隶贸易不是欧洲人发明的。在此之前的数百年，非洲奴隶贸易一直存在。葡萄牙人只不过发现了这一"商机"，并成为主要经营者。

当时葡萄牙人对地理、人种的知识少得可怜。

他们以为赤道很热，那里的海水是开水。

白人一过赤道就会变成黑人。

赤道的英文单词 equator 源自拉丁语 aequator，意为相等。

在亨利王子的支持下，葡萄牙人勇敢地跨过赤道，并逐渐深入非洲内地。

到了陌生的地方，最重要的是问地名，标在地图上备用。

葡萄牙人用葡萄牙语问非洲土著，这是什么地方？

非洲土著肯定听不懂，不回答吧显得没礼貌，回答吧只能随便应付。

一位巴兰帖人以为葡萄牙人在找东西，于是回答：往前走（比绍）。

从此，非洲有了一个叫几内亚比绍的国家，首都叫比绍。

某土著以为葡萄牙人在问自己做什么，于是回答：我在编席子（班珠尔）。

班珠尔是今天冈比亚的首都。

某土著以为问自己乘坐的是什么，于是回答：我的船。

葡萄牙人拿笔记下来，这里是塞内加尔。

某土著以为问自己用什么做饭，于是回答：我的锅。

从此，非洲有个国家叫我的锅（今天的吉布提）。

葡萄牙人到澳门的时候，广东人以为问旁边的庙，于是回答：妈阁。

广东话发音是马考，葡萄牙人把此地叫 Macau（英文 Macao）。

后来，葡萄牙人也懒得问了，干脆看见什么就叫什么。

他们看见非洲人穿着一种用植物做的雨衣，于是管这个地方叫雨衣。葡萄牙语发音是加蓬。

葡萄牙人捕获了大量的河虾，于是命名这里为虾国，葡萄牙语发音是喀麦隆。

大航海期间，葡萄牙人在世界地图上标注了 1800 个地名。

到圣港岛是探险。

到亚速尔群岛是建殖民地。

到非洲是从事奴隶贸易。

欧洲各国以后采取的都是亨利王子开创的模式。

1460 年，亨利王子去世。他开创了葡萄牙的航海时代，或者毫不夸张地说，他开创了人类的航海时代，改变了人类的历史进程。

有趣的是，亨利王子是世界公认的伟大的航海家，但他本人却很少出海。

此后，历任葡萄牙国王都将航海视为国家战略。

今天葡萄牙国旗、国徽上都有航海中使用的浑天仪。

1487 年 8 月，葡萄牙航海家迪亚士前往非洲探险。

1488 年初，一场恐怖的飓风使船队偏离了海岸。经过生不如死的长期颠簸之后，水手们终于见到了大陆。

上岸之后，迪亚士发现了一个奇怪的现象：非洲海岸从这里开始转而向东方延伸了。

也就是说，他绕过了非洲大陆的最南端，驶出了大西洋，已经在印度洋里"晃荡"了好几天了。

兴奋的迪亚士想继续航行，不到印度非好汉。

然而，逃过生死劫的船员们都吓坏了。他们死活不干，大声嚷着要回家。

海上航行一般采取民主式管理，大事由全体水手投票决定。

最终，迪亚士一路失落地回到葡萄牙。他算是个"幸运的倒霉蛋"。

迪亚士根据自己的亲身经历，将非洲最南端的海角命名为风暴角。

葡萄牙国王若昂二世看到这个名字，皱起了眉头。

如果叫风暴角的话，以后谁还敢去？

国王大笔一挥，在地图上写下一个新名字——好望角。

好的、有希望的海角。

这绝对算是五百年前的正能量！

国王召开会议，商量如何绕过好望角，到达印度。

有个意大利水手说，我有一个更好的方案。去印度不用绕过非洲，直接向西也能到达。

若昂二世说：

"向西走到东方？你以为我是傻瓜吗？你想让我踢你的屁股吗？"

这名叫哥伦布的意大利水手失望地离开葡萄牙。1492 年，他在西班牙人的资助下发现了新大陆，发现了"印度人"（印第安人）。

若昂二世后悔不已。他拒绝承认西班牙独自拥有新大陆。

经教皇调解，1494 年 6 月 7 日，葡西两国签署《托尔德西里亚斯条约》。

条约规定，两国在西经 46°37' 附近从北到南划出一条分界线，分界线以西归西班牙，分界线以东归葡萄牙。

简单地说，美洲归西班牙，非洲归葡萄牙。

这是人类历史上第一个由两个国家瓜分世界的条约。

1494 年，重要的一年。

这一年，卢卡·帕乔利发表了《数学大全》。会计学从此诞生。

这一年，分号";"第一次出现在意大利的一本书里。

这一年，中国天下第一墓——比干庙竣工。

发现好望角之后，葡萄牙人摩拳擦掌，准备前往印度。

在当时的世界地图上，欧洲在最西边，阿拉伯国家在西边，中国在东边，日本在最东边。印度在最中间，地理位置优越，是天然的商业枢纽。

阿拉伯商人在这里采购中国丝绸、东南亚香料，运到欧洲后卖给威尼斯商人。威尼斯商人再卖给全欧洲人。

除了印度，东非、红海、波斯湾、东南亚的贸易，甚至中国的海外贸易，都被阿拉伯商人控制。

1497 年 7 月 8 日，瓦斯科·达·伽马（以下简称达·伽马）率领 4 艘船，140 多名水手，由里斯本启航前往印度。经过 4 个月和 4500 多海里航程之后，他们来到了与好望角毗邻的圣海伦娜湾。12 月中旬，葡萄牙人绕过好望角，选择一处地点登陆。因圣诞节临近，于是将登陆地命名为圣诞（今南非的纳塔尔）。

1498 年 4 月 14 日，他们来到肯尼亚的马林迪港。

在这里，达·伽马雇用了一名阿拉伯航海家。在他的引导下，葡萄牙人终于到达印度南部大商港卡利卡特。

达·伽马欣喜地登上陆地，在当地发现一块石碑。

由于语言不通，让当地人翻译如下：

其国去中国十万余里，民物咸若，熙嗥同风，刻石于兹，永示万世。

立碑人：郑　和

立碑时间：1421 年

1421 年，1498 年，七十多年前，郑和就到过这里了。

曾经有很多华商常年住在卡利卡特。

不过，当达·伽马到来的时候，阿拉伯商人把他们都排挤走了。

葡萄牙人送给印度土著酋长十二块带条纹的布，一盒糖，两箱蜂蜜，四串珊瑚，六个洗手盆，六顶帽子，两箱油。

土著酋长非常不屑。印度最小的商店都不止这点儿货。

1499 年 9 月，达·伽马带着 55 名船员以及大量胡椒和肉桂回到里斯本。

一来一回，耗时两年，行程超过两万英里，死亡人数超过六成。

当时的人们认为，达·伽马的成就远远超过哥伦布。

达·伽马发现的是真印度，带回的是真香料，发了大财（据说利润率高达 6000%）。

而哥伦布在中美洲只发现了烟草，最后贫困而死。

1500 年 3 月 9 日，葡萄牙航海家佩德罗·阿尔瓦雷斯·卡布拉尔率领 13 艘船只、1200 名远征军前往印度。他们在向南航行的过程中远离非洲西海岸，结果误打误撞于 4 月 22 日发现一块新大陆。卡布拉尔上岸后，宣布该地区归葡萄牙所有。

葡萄牙人发现此地红木茂盛，于是用葡萄牙语红木（Brasil）命名这一地区，即今天的巴西。巴西虽然位于美洲，但恰在西葡分界线以东，西班牙人也无话可说。

葡萄牙国土面积只有 9 万平方公里，巴西最大的时候国土面积超过 900 万平方公里。葡萄牙帝国全盛时期，国土面积超过 1000 万平方公里，绝对算是大国。

9 月，卡布拉尔到达卡利卡特。在做生意的过程中，葡萄牙人与盘踞这里数百年的阿拉伯商人发生了剧烈的武装冲突，50 多人战死。不过，卡布拉尔最终还是载满了香料，平安地回到葡萄牙。赚到了 200% 的利润。

小小的香料能有那么高的利润吗？

设想一下，如果你开了一家公司，垄断了中国所有的辣椒销售。那么，你这家公司的价值将超过中石油，你将是中国首富。

1505 年 3 月 25 日，葡萄牙人阿尔梅达率领 20 艘船只前往印度。

他的身份不只是探险家、商人。他是海军上将，是第一任葡萄牙驻印度总督。

他此行的目的不只是做生意，而是在印度设立远东基地。

随船同行的水手当中，有一个人叫麦哲伦。

8 月，阿尔梅达占领蒙巴萨，在东非取得第一个据点。

同年，阿尔梅达在印度科钦建立第二个据点。

15 世纪 90 年代，威尼斯商人平均每年从阿拉伯商人手中购买 300 万英镑的香料，10 年后只能得到 100 万英镑的货。同期，葡萄牙的香料营业额却上升了 10 倍。

葡萄牙人切断了威尼斯人和阿拉伯人的滚滚财源，也就要了他们的命。

埃及苏丹威胁罗马教皇说，如果葡萄牙人不退出印度洋，他将派军队摧毁圣城耶路撒冷（基督徒心目中的第一圣地）。

信奉基督教的威尼斯商人，为了自己的利益，竟然出钱出炮，帮助阿拉伯人进攻葡萄牙人。

葡萄牙国王若昂二世不惧战争。在他眼里，控制印度的贸易是一方面；更重要的一方面是，把穆斯林赶出印度，把印度变成基督教国家。

若昂二世给所有葡萄牙船长下了一道圣旨：

"如果你们在海上遇到穆斯林的船只，就攻击他们，尽可能将其俘获，扣押其商品、财产和人员。因为自古以来他们就是我们的不共戴天之敌。"

1509 年 2 月 9 日，阿尔梅达击溃了威尼斯支持的埃及—印度联合舰队，彻底控制了印度洋。他说：

"你既然吃掉了小鸡，就得吃掉公鸡。否则公鸡会吃掉你。"

1510 年，有"东方恺撒"之称的葡萄牙舰队司令阿尔布克尔克就任印度殖民地第二任总督。他陆续占领索科特拉岛（控制红海）和霍尔木兹（控制波斯湾），切断了阿拉伯人前往印度的航线。

阿尔布克尔克选择印度果阿作为葡萄牙远东总部，一占就是 450 年。

果阿成为南亚第一座欧化城市，有很多文艺复兴式样的教堂和楼宇。

"二战"后，印度人要求葡萄牙人交出果阿。葡萄牙人不干。

1961 年 12 月 18 日，印度出动 4 万部队，对果阿的 5000 名葡军发起进攻。48 小时后葡萄牙人宣布投降。

葡萄牙人的目标是控制整个印度洋。现在西部（东非）和北部（红海和波斯湾）已经设立堡垒，南部是南极，只剩下东部的马六甲了。

马六甲西达印度、伊朗、阿拉伯、东非，北接泰国，东通中国、日本、东南亚。

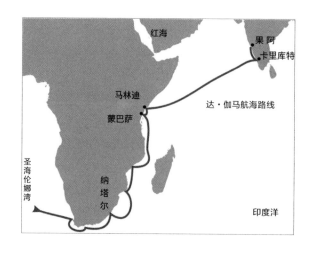

如果说果阿是西亚和南亚的腹部，那么马六甲就是东亚和东南亚的咽喉。

欧洲人写道：

"马六甲比威尼斯更大。这里有非洲的红木，阿拉伯的海枣，欧洲的金银，波斯的骏马，埃及的鸦片，中国的瓷器，锡兰的战象，孟加拉的大米，苏门答腊的硫黄，摩鹿加的肉豆蔻，德干高原的砖石，古吉拉特的棉布。

全世界一半的财富都在马六甲。"

1511 年 5 月，阿尔布克尔克率领 19 艘军舰前往马六甲。

马六甲是大明的藩属国。过去的马六甲国王还去过南京，见过永乐皇帝。

按理说，马六甲政府应该尊重中国商人，优先服务中国商人。

实际上呢，马六甲苏丹信奉伊斯兰教。他偏向阿拉伯人，欺负中国商人，甚至强征中国商船去打仗。

当葡萄牙人到来的时候，华人举双手欢迎，并主动表示愿意参加对马六甲的战争。

葡萄牙人邀请华人上船就餐，赠送给他们礼物，但委婉地拒绝了他们参战的要求。

中国人彬彬有礼、热情好客，给葡萄牙人留下了非常好的印象。一位被俘的葡萄牙人写道："中国人非常讲究礼仪，在这方面似乎胜过世界上所有的民族。"后来，在中国居住了几十年的利玛窦，也对中国的礼仪大为赞赏。

葡萄牙人顺利占领马六甲，守住这一咽喉要道。他们继续向前，陆续占领了今天马来西亚、菲律宾和印尼等部分地区。

16 世纪之前，伊斯兰世界的发达程度是远远超过基督教世界的。它们垄断了印度洋的贸易，每年从欧洲人手中轻松赚取高额利润。

明朝时，中国土地肥沃、粮食高产，有世界上最长的运河。中国造纸成本极低，印刷品得到普及。甚至在造船方面也领先于欧洲。明朝的人口也远远超过欧洲任何一个国家。

葡萄牙人占领马六甲是世界历史的一个转折点。它标志着欧洲的崛起，明朝与伊斯兰世界的衰落。

葡萄牙人寻找印度，哥伦布到达美洲，一方面是为了赚钱；另一方面是对伊斯兰世界的反击。这是两种文明的竞争。

我把世界贸易比作一座水库。以前，穆斯林占领了水库，欧洲人每年花很多钱来买水，穆斯林用卖水的钱来发展军事和科技。后来，欧洲人占领了水库，穆斯林每年花很多钱买水，欧洲人用卖水的钱来发展军事和科技。

葡萄牙人连接了大西洋、印度洋和太平洋，连接了欧洲、非洲、南亚和东南亚，建立了全球贸易网络、军事网络。葡萄牙国王也自封为"西洋之王、非洲之王、几内亚之主，埃塞俄比亚、阿拉比亚、波斯和印度的征服者，航海和贸易之主"。

欧洲经济得到发展，欧洲宗教得到传播，欧洲走到全世界的前面，最早实现了近代文明。

而穆斯林失去了印度洋，失去了常年丰厚的收入，经济严重衰退，最大的阿拉伯国家埃及马木留克王朝因此而灭亡。

英国雷利爵士说过：

> "谁控制了海洋，
> 谁就控制了世界贸易。
> 谁控制了世界贸易，
> 谁就控制了世界的财富，
> 最终也就控制了世界本身。"

贸易兴，国家强。贸易衰，国家亡。

如果说阿拉伯商人一度控制了印度洋。那么，自马六甲向东的西太平洋，应该是大明的势力范围。

首先，这里数十个国家都是明朝的属国。它们在政治上承认明朝的宗主国地位，是明朝的盟友。有些地方，明朝还直接设立机构、任命官员。比如，1405 年，郑和奉旨任命福建商人许柴佬为吕宋总督。1407 年，明朝设立旧港宣慰司，其驻地位于今印尼苏门答腊巨港。

当年，锡兰（斯里兰卡）国王亚烈苦耐尔不服明朝的统治，郑和把他俘虏，押送到中国。新的国王则以臣属的身份向明朝进贡。

其次，明朝的经济体量远远超过这些属国之和。因此，东南亚贸易体系的主导者也是中国。矿产、木材、香料、黄金、珠宝和大米输入中国，瓷器、丝绸、茶叶和造船业输出海外。

我们很多人在研究明朝的时候，在写明朝那些事儿的时候，只是看到了领土。实际上，明朝在海洋上的势力范围西到马六甲，东到琉球。郑和下西洋就是明证。

然而，明朝对自己的海上势力范围并不关心，甚至视而不见。明政府不仅没有兴趣派人设立据点，广泛传播儒学思想，甚至对于印度、马六甲、印尼、菲律宾、马来西亚这些地区陆续成立的政权根本就不知道。

1449 年，正统皇帝在"土木堡之变"中被俘，举国震惊。从此，明政府视北方为生死威胁，无暇顾及南洋。

1459 年，锡兰国王中断纳贡，明朝也没有任何表示和举措。没有政府的支持，又不抱团，华商在同阿拉伯商人的竞争中败退下来，陆续退出印度、马六甲、泰国、印尼、菲律宾等地区。

1523 年的日本争贡事件，明朝又断绝了中日贸易。

在欧洲人高歌猛进的时候，明朝主动解散了世界上最强大的舰队，主动放弃了东亚、东南亚、南亚的贸易主导权。

明朝放弃了海洋，放弃了财富，也放弃了未来。

一百年后。李维垣上奏崇祯皇帝曰：

"天主之夷，吞我属吕宋（菲律宾岛）及咬留吧（印尼爪哇岛）、三宝颜（菲律宾岛）及窟头朗等处。"

崇祯皇帝既无力也无心了。

但是葡萄牙人没有，他们已经急着前往中国了。

葡王曼努埃尔一世对中国的了解不超过《马可·波罗游记》的范围。但他对万里之外这个东方神秘国度表现出强烈的好奇心。1508 年，他要求前往印度的葡萄牙船长迪戈·洛佩德斯回答下列问题：

"中国人来自何方？路途有多远？他们何时到马六甲？带来些什么货物？他们的船每年来多少艘？他们的船只的形式和大小如何？他们是否在来的当年就回国？他们在马六甲或其他任何国家是否有代理商或商站？他们是富商吗？

他们是懦弱的还是强悍的？他们有无武器或火炮？他们穿着什么样的衣服？他们的身体是否高大？他们是基督徒还是异教徒？

他们的国家大吗？国内是否不止一个国王？还有，倘若他们不是基督徒，那么他们信奉的是什么？崇拜的是什么？他们遵守的是什么样的风俗习惯？

他们的国土扩展到什么地方？与哪些国家为邻？"

阿尔布克尔克在攻占和统治马六甲的过程中，认识一些中国人。1513 年，他命令欧维士跟随华商到中国去采购。

欧维士到达珠江口的屯门，成为近代第一个登陆中国的葡萄牙人。明朝时还没有香港、深圳这些城市，这一区域都属于东莞。

欧维士购买了丝绸、缎锦、瓷器、硫黄、桐油之后，返回马六甲，赚了不少钱。今天，澳门街头还有欧维士的雕像。

曼努埃尔国王希望与明朝建立正式贸易关系。他给明朝皇帝写了信，并准备了礼物，虽然他不知道明朝皇帝是谁。

受命前往中国的葡萄牙官方代表是王室医生和药剂师皮雷斯。

皮雷斯在葡萄牙驻马六甲基地工作，接触过不少华商。他写了一本书，叫《东方志：从红海到中国》。这是继《马可·波罗游记》之后，第二本由欧洲人撰写的有关中国的书籍。

在书中，皮雷斯写道：

"中国是一个泱泱大国。有无数漂亮的骏马和骡子。

中国人不以掠夺他国为荣。看来中国是一个重要的、乐善好施而又十分富饶的国家。但中国人非常懦弱，易于被制服。

中国人像德国人，下巴上蓄着三四十根胡子。

中国人十分聪明、智慧，同样从事各种艺术，尤其善于学习烹调。

中国贵族和平民根本见不到皇帝。这是他们的习惯。

他们的脸是平的，眼睛较小。他们的肤色介于黄色和棕色之间。"

关于印度人，皮雷斯写道：

"印度人肤色浅黑，但不是黑人，具有其他人所没有的智慧。

从明亮的眼睛中，就知道他们的狡猾。他们中很多人爱偷窃。"

当时，皮雷斯年过五旬，正准备返回葡萄牙养老。接过国王的圣旨后，他非常兴奋。他早就希望访问遥远而又神秘、富裕而又强大的中国了。

1517年9月，葡萄牙人费尔南用3艘船护送皮雷斯使团（8名葡萄牙人、5名翻译、数名仆役）沿着珠江口直达广州。

费尔南下令放炮。

在欧洲，这个礼节表示我放空了炮弹，没有携带武器。

而广州官员则认为葡萄牙人在炫耀武力、威胁军民。

猫和狗为什么一见面就打架？因为狗摇尾巴是示好，猫认为摇尾巴是恐吓。

中葡双方首先产生了第一个误会。

很快，第二个误会产生了。

明政府将外国分为两类：一类是附庸国，定期来中国朝贡，办完事就走；第二类是偏远的、没有外交关系的国家，来了国门都不让进。

相比唐宋，明朝的对外政策是以防为主，消极退缩。

外国人来中国进贡可以，但不可频繁进贡。

外国人把土特产（胡椒之类）进贡给明政府。明政府回赏他们绸缎等礼物。这就是大明的国际贸易——以货易货。外国人来一趟有数倍乃至十倍的利润，所以愿意频繁来访。明政府只能规定期限，三年五年来一趟就行。

外国人来中国经商不行，留学、探亲、旅游、工作、居住都不行。

葡萄牙人认为，我们与明帝国是平等的关系。不过，上帝更偏爱我们国家。

两广总督陈西轩认为佛朗机人（葡萄牙人）不通中国礼俗（作揖、跪拜），是野蛮人，于是命令他们在清真寺内学习礼仪（阿拉伯人和中国打交道多）。

佛朗机即法兰克。法兰克是穆斯林对欧洲人的称呼。

明朝政府采用了穆林斯的称呼方式。

广东官员给他们好吃好喝，招待得很周到。

费尔南有事需要返回马六甲。临行前，他对广东官员说，如果中国人受到葡萄牙人的欺负，他都可以做主。

葡萄牙要想和大明通商，首先要把偏僻国的身份改成朝贡国，这需要北京内阁的批复。

内阁的批复很简单，让葡萄牙人回去吧，东西也不要，都退还给他们。

明朝政府有一个特点，即每一个看似精心设计的制度，最后都执行不了。

明朝政府三番五次下令，严禁广东居民从事海外贸易。

三番五次就意味着根本没有执行。

海外贸易能让广东居民发财，能让广东官员受贿，广东官员能反对吗？

他们不仅不反对，还要暗中支持华商，出了事还要庇护他们。他们本身就是灰色海外贸易链的参与者和食利者。

广东官员收到商人送来的金银，拿出一部分再送给明朝的中央官员。

中央官员心安理得地收下广东官员的白银，然后告诉广东官员，你们要禁止海外贸易。

历史就是这么奇葩。

广东官员告诉中央官员，我们一定会严格执行。转过头来，他们就把泰国人、穆斯林和琉球商人安排到东莞做生意，以至于当时的东莞被称为"暹罗港"。

广东百姓冒死出海，广东官员违抗中央，本身就说明海禁制度是错的。

收到明朝政府的逐客令后，皮雷斯自然不肯离去，他没办法向葡王交代。

皮雷斯使出了全世界都通用的一个好办法——行贿。

收到昂贵礼品的广东官员主动帮助皮雷斯，并精准地把银子送到了关键人物的手中。

这个关键人物就是正德皇帝身边的红人江彬。

1520 年 1 月，皮雷斯从广州出发，于 5 月到达南京，面见正德皇帝。

正德皇帝热情地接待了皮雷斯。他翻看了葡萄牙人的礼物，试射了手铳，下了西洋跳棋。

正德皇帝觉得这个红发蓝眼的"番人"很像皇宫中的波斯猫。

皮雷斯认为正德皇帝举止自然、不拘礼俗。

有个叫"亚三"的华人充当翻译。正德皇帝向他学了几句葡萄牙语。

明朝 276 年的历史，只有正德和崇祯两位皇帝接见过欧洲人。

皮雷斯算是幸运的，如果遇到其他皇帝（比如，嘉靖或万历），很可能不会召见他。

站在皇帝的角度来看，一个外国人不远万里进献礼物，是大好事、大喜事。外国人为什么要来中国？当然是倾心明朝制度，渴望得到明朝教化，向明朝皇帝表达忠心。

皮雷斯发现，曼努埃尔国王写的国书被明朝官员篡改得面目全非。

正德皇帝命令皮雷斯前往北京。他希望在首都安排更为正式的接见。

没想到 1521 年 4 月，正德皇帝驾崩。嘉靖皇帝继位。

巧合的是，就在葡萄牙人觐见正德皇帝的同时，西班牙人科尔特斯进入北美阿兹特克帝国的首都，见到了他们的皇帝蒙特祖玛二世。不久之后，西班牙人将彻底摧毁这个帝国，建立墨西哥。

正德皇帝意外死亡，明朝政策完全转向。

江彬被处死，亚三被处死。

与此同时，满剌加（马六甲）苏丹的特使来到北京，控诉葡萄牙人侵略马六甲，请求明政府出兵赶走葡萄牙人。

明朝官员仔细阅读葡萄牙人的国书，发现里面没有进贡请封的内容，反而要求在广州建房定居。

明朝官员于是把广州城的葡萄牙人送到监狱定居，把皮雷斯也押回广州，关在一起。他们对皮雷斯说，你们把马六甲还给满刺加苏丹，我们就放你们出去。

明朝始终没有建立近代外交的观念。

与此同时，在亚洲的另一端，土耳其帝国的首都有威尼斯人、匈牙利人、克罗地亚人的常驻代表，罗马皇帝也派来了使节。这些人还能不时见到苏莱曼大帝本人，亲吻他的手。

1521年6月底，葡萄牙人卡尔伏率领一支船队自马六甲抵达屯门。他要求广东当局释放皮雷斯等人。

8月份，广东海道副使汪鋐凑齐50艘船，向卡尔伏的6艘船开战。

第一战，明军大败。

原因有二。第一，葡萄牙人有火炮与火绳枪。第二，能够航行万里的葡萄牙人往往有多年海上作战经验。而明朝水师则缺乏历练，连沿海海盗都懒得去管。

明军对葡萄牙人围而不攻。

葡萄牙人躲在屯门，粮草和弹药数量有限。在一个风暴之夜，卡尔伏主动放弃3艘船，率领其他人逃向马六甲。

明军趁机进攻，大败葡萄牙人，缴获数筒葡萄牙炮铳，将其命名为“佛朗机”。

聪明的明朝人很快就学会了制造西洋炮，并配备在要塞。

胡宗宪在《筹海图编》中得出三个结论：

第一，火炮横行海上，他国无敌。海船中之利器也。

第二，大炮中国早就有了，不是西方人的特产。

第三，不过，明朝军队不善使用，迄今莫能制寇。

“屯门海战”之后，大明与葡萄牙进入交战状态。关押在广州大牢内的皮雷斯等人更没救了。他于1524年死在牢里。

1522年，葡萄牙人麦罗·柯廷霍受葡萄牙国王委托率领6艘船来到珠江口，一来寻找皮雷斯的下落，二来再次请求通商。

广东官员拒绝了柯廷霍的要求。

9月6日，中葡海军开战，史称“西草湾之战”。此役，明朝水师斩杀35人，俘虏42人，可谓大胜。

对于大明来说，葡萄牙人根本不是对手，这两战两胜算不了什么。

而葡萄牙王国的反应就比较强烈了。他们在非洲、印度、马六甲所向披靡，没有对手。没想到大明竟然如此强大。

两战两败之后，葡萄牙人还想继续赖在中国。因为之前的贸易让他们尝到了巨额利润的甜头。

归根结底，葡萄牙人不是来打仗的，是来赚钱的。

正式通商不行，武力进攻不行，那就剩下最后一种手段了——海上走私。

既然广东政府在沿海摆上了大炮，那就到福建和浙江看看。

这次，葡萄牙人不和当地政府接触，不向当地水师开战，而是和海商或者海盗合作。

海商和海盗是一伙人。朝廷开海，他们就是海商。朝廷禁海，他们就是海盗。有了海盗，地方官员既能贪污朝廷的剿匪银子，又能收受海盗的贿赂银子，还能瓜分海盗的财产。

你想，海盗能剿灭吗？

葡萄牙人交易的地点不能在大陆，不能在海上，最佳选择就是离海岸不远的岛屿。这些岛屿包括料罗湾、厦门湾、大担、鼓浪屿、漳州与潮州分界的南澳岛等。

也别说，这种偷偷摸摸的方式非常有效。

除了当地商民参与，应该讲，地方官员是知道的，也是默许的。

最终，葡萄牙人发现了一个最佳经营地点，临近宁波的双屿港。

这里是明朝海盗兼海商的大本营。李光头、汪直和日本人就在这里搞走私。

原来中日之间有正常的贸易往来。1523年，两派日本人在宁波进贡时大打出手，杀死不少明朝官员。大明一怒之下，断绝了与日本的贸易。

实际上，明朝急需日本的白银，日本更需要明朝的瓷器和丝绸。中日两国之间的贸易是刚需。硬性中断贸易只能引起一个后果，中国海盗贩卖中国货到日本，日本倭寇来中国采购或抢劫。

机敏的葡萄牙人成为中日之间的贸易商，并深深地影响了日本的历史。

第一，在葡萄牙人帮助下，日本的冷兵器升级为火器。

第二，日本产生了20万天主教徒。

第三，日本人喜欢吃生食。他们从葡萄牙人那里学会了油炸食物，并用葡萄牙语命名为天妇罗。

葡萄牙人将双屿港作为大本营，与中国海盗结成伙伴。后来，西班牙人、马来人、琉球人、暹罗人、印度人，甚至非洲人都来了。

葡萄牙人建立了殖民据点。这里有市政长官，有警察，有公证人，有稽核，还有医院和慈善堂。

这可以算作欧洲人在中国最早的殖民据点，比香港要早 300 年。

这座不起眼的荒岛迅速变成了一个 3000 人口、1000 余座房屋的繁华商港。

双屿岛有了三个称号：

- *16 世纪的上海（日本学者藤田丰八）。*
- *亚洲最大的海上走私贸易基地。*
- *多国贸易自由港。*

正如前面所说，大明放弃了自己曾经主导的日本、琉球、东南亚的贸易体系，现在让给了葡萄牙人以及明朝海盗。

1548 年，浙江巡抚朱纨派遣卢镗进攻双屿港，杀死大量海盗和走私犯，赶走葡萄牙人，将该商港变为废墟。然而，立下大功的朱纨却遭人弹劾，被捕入狱。

朱纨愤而自杀。

3000 人的繁华国际港毁于一旦，遭受巨额损失的不仅仅是商人，还有大量浙江、福建的官员。这就是朱纨必死的原因。

朱纨是一位优秀的官员。他所做的事是合法的，是有利于朝廷的。

不过，一个 3000 人的繁华国际港被焚为平地，这显然是违背历史潮流的。

双屿港被摧毁后，中国的海盗、海商跑到了日本。他们招募日本浪人，前来中国做走私生意，甚至杀人放火，终于酿成了更大的倭乱。明朝政府不仅没有从日益增长的海外贸易中获益，反而耗费了大量白银去平息倭乱。

这就是制度的问题。

葡萄牙人在浙江、福建被打得四处逃窜，只好又回到广东的江门和珠海。

说句不开玩笑的话，广东官员也想他们了。

葡萄牙人走了，广东官员没有外快了，居民没有就业机会了。

史书上写道：

"利归于闽，而广之市井萧然。"

广东政府向朝廷申请开市，允许外国人来经商。

朝廷允许广东开市，但"罪魁祸首"葡萄牙人除外。

广东政府再次偷偷违反命令。

葡萄牙人在浙江、福建有了重大收获。他们掌握了对日贸易，从日本人手中换到了大量白银。对广东官员来说，这是最好的货物。

1553年，一伙葡萄牙人在澳门对当地官员说，他们准备向明政府进贡，但是海水把贡物泡湿了，问当地官员能不能允许他们上岸晾晒。

明朝海道副使汪柏看在五百两银子的分上，答应了他们的请求。

从此，葡萄牙人开始在澳门晾晒，一直晒到1999年，时间长达446年之久。

有一次，广东官员来澳门收税。葡萄牙人拿出五百两银子当众交给汪柏，说是澳门的地租。汪柏不敢解释，只能让人收下。

从此，葡萄牙人的贿赂银子变成了地租。

现在葡萄牙国家档案馆保存着大量的澳门地租收据。

葡萄牙人终于可以心安理得地在澳门做生意了。

这就是他们最初的目的。

如果明朝政府开明一些，中葡两国没必要打四场战争，葡萄牙人也没必要搞走私，甚至倭寇都不会产生。

《明史》最后也承认，葡萄牙人就是来做生意的，没有阴谋。

林希元写道："葡萄牙人与沿海商民交易，其价平允。而其购买米、面、猪、鸡，价倍于平常，故边民乐与为市。"当时大多数士绅认为，葡萄牙人重诚信。"数累千金，不立文字。指天为约，无敢负。"

当然，葡萄牙人在中国修建工事、抢劫平民，犯下不少罪行。

不过，打了几十年交道，明朝政府始终认为，葡萄牙的地理位置比马六甲远，比印度近，可能在印尼爪哇岛附近。

明朝很多知识分子则认为，葡萄牙人喜欢吃婴儿。顾炎武还记载烹制方法："以巨镬煎滚滚汤，以铁刷刷去苦皮，其儿犹活，乃杀而剖其腹，去肠胃蒸食之。"

汪柏是个贪官没错。但是，允许葡萄牙人在澳门居住，对明朝是有好处的。

当时倭寇兴起，东南沿海不得安宁。加上严嵩贪污，明朝的财政非常紧张。

允许葡萄牙人做生意，增加了关税收入，剿灭倭寇有了军饷。

相反，如果再严厉拒绝葡萄牙人，广东政府不仅收不到钱，还会面对葡萄牙人培养起来的海盗，花更多的钱。

葡萄牙人居住澳门，不是汪柏一个人的决定，而是广东官员的集体决定。

汪柏不仅没有获罪，数年后升任正职。

葡萄牙人经过三十多年的不懈努力（正式访华、武装冲突、海上走私、勾结海盗、贿赂官员、赖在澳门），严重冲击了明朝落后的朝贡贸易体系。

隆庆年间，明朝开放关口，允许民间经商。大量的美洲白银流入中国，资本主义萌芽破土而出。

万历崇祯年间，明朝和澳门的葡萄牙人成为盟友。葡萄牙人帮助明军打海盗，帮助明军打清军，帮助明军培训炮兵，甚至直接卖大炮给明军。

欧洲的传教士以澳门为踏板进入中国，给中国带来了欧洲的科技和文化，还给中国带来了两个词。

第一个词是 China。当时欧洲人根据《马可·波罗游记》称中国为"契丹"。莎士比亚在著作中称中国人为契丹人，英语是 Cathay。葡萄牙人采用了马来人的发音，称中国为 China。从此，China 成为中国的正式名称。

第二个词是 Mandarin（普通话）。葡萄牙人发现和广东官员打交道说的是一套话（普通话），和广东商人打交道说的又是另外一套话（粤语）。葡萄牙人只能把官员说的话当成中国话。他们根据马来语发音生成葡萄牙文 Mandarim，后生成英文 Mandarin。

葡萄牙海外探险大事记

1415 年   葡萄牙人占领北非的休达。

1427 年   葡萄牙人发现亚速尔群岛。

1488 年   迪亚士发现好望角。

1494 年   葡萄牙与西班牙签署《托尔德西里亚斯条约》，划分西半球。

1498 年   达·伽马到达印度。

1500 年   葡萄牙人卡布拉尔宣称巴西为葡萄牙领土。

1509 年   迪乌海战，葡萄牙人击败印度、穆斯林和威尼斯联军。

1510 年   葡萄牙人占领印度果阿。

1511 年   葡萄牙人占领马六甲。

1513 年   第一个葡萄牙人欧维士来到中国。

1517 年   葡萄牙代表皮雷斯到中国，与广东官员见面。

1520 年   葡萄牙使团觐见正德皇帝。

1521 年   葡萄牙人麦哲伦在菲律宾遇害。

1522 年   明朝水师缴获葡萄牙火炮，并开始仿制。

1524 年   葡萄牙人控制亚丁。

1529 年   葡萄牙与西班牙签署《萨拉戈萨条约》，划分东半球。

1543 年   葡萄牙人到达日本，从此开始介入并垄断中日贸易。

1548 年   朱纨摧毁了中国、日本和葡萄牙走私者经常光顾的双屿港。

1549 年   葡萄牙首次任命巴西总督。

1553 年   葡萄牙人以晾晒货物为名，在澳门居住。

1554 年   中国允许葡萄牙人在广东做贸易。

1557 年   葡萄牙获准在澳门居住。

1583 年   利玛窦进入中国。

1631 年   在明军指挥下，葡萄牙人携火炮，大败皮岛的清军。

里斯本大航海纪念碑（局部）。左一是亨利王子，左三是到达印度的达·伽马，左五是发现巴西的卡布拉尔，他右边拿环的是环球航行的麦哲伦，麦哲伦后面比他低的人是发现北美（格陵兰）的雷阿尔，最右是葡萄牙驻巴西第一任总督德索萨（Susanne Nilsson 摄）

约翰·范德林《哥伦布登上新大陆》，1846 年

黄金是一切商品中最宝贵的。谁占有黄金，谁就能获得他在世上所需要的一切，同时也就获得了把灵魂送上天堂的手段。

跟随阳光，我们离开了旧世界。

知道的事，人人都能。不知道的事，绝大部分人不能。

第二章

哥伦布——"我会证明我是对的!"

哥伦布是不是第一个发现美洲的欧洲人?

不是。

公元 1000 年左右,挪威海盗莱夫·埃里克松探索过今天的加拿大东岸,比哥伦布早了将近五百年。只不过,他挥挥手,没带走美洲的一片云彩。

哥伦布为什么会发现美洲?

因为中国。

请容我细细讲来。

1451 年,哥伦布出生在意大利著名的商港热那亚。他的父亲是个布商,家境并不富裕。哥伦布没钱上学,终生不会用意大利文写字。他从小就帮助父亲做生意,有时以水手的身份经商,有时以海盗的身份抢劫。

1476 年,哥伦布护送一批热那亚的货物出海,遭遇葡法舰队截击,寡不敌众。哥伦布负伤落水,在汪洋的大海中紧紧抓住一条船桨。经过长距离的漂流之后,哥伦布在葡萄牙爬上海滩,捡了条命。

大难不死,必有后福。

哥伦布流落异乡,身无分文、语言不通,只能从事一项最容易入手的工作——要饭。

哥伦布一路乞讨，来到里斯本，在一位热那亚老乡手下打工，继续从事航海贸易。有时候北上苏格兰，有时候南下非洲。

后来，哥伦布遇上了在这里经营书店的亲弟弟巴托罗缪。

后来，哥伦布娶了圣港岛（兔子岛）总督的妹妹。

不想当船长的水手不是好水手。

哥伦布不甘心一辈子做个小水手。他开始学习语言（葡萄牙语及拉丁语），学习知识（天文地理和数学），学习绘制地图，学习制作航海仪器。

海盗有文化，走遍天下都不怕。

哥伦布偶然读到一本书，彻底改变了他的命运。

这本书叫作《马可·波罗游记》。书中的一段文字吸引了他：

"杭州是世界上最大、最漂亮、最富裕的城市。

伊潘古（日本）有取之不尽的黄金，而且国王还不允许输出。由于黄金太多，所以盖成了国王的宫殿。地板也是用金砖铺的，厚达 4 厘米。"

套用个当代的词，马可·波罗是个大忽悠。

那时候日本人别说黄金，连饭都吃不饱。

哥伦布不知道。他相信了。

西班牙塞尔维亚的哥伦布纪念馆中保存着一部《马可·波罗游记》，书上有哥伦布做过的大量批注。

哥伦布坐在海边，凝视着浩瀚的大西洋，思考着一个问题。

如何从葡萄牙航行到中国？

大西洋的英文名称叫 Atlantic Ocean，来源于古希腊神话中的大力神阿特拉斯（Atlas）。大力神得罪了宙斯，宙斯罚他站在世界最西部的尽头，用肩和双手撑住天空。

几百年来，欧洲人一直用阿特拉斯的画像装饰地图册。

所以，地图的英文是 Map，地图集的英文是 Atlas。

明朝人认为，日本是"东洋"；东南亚是"南洋"；马六甲向西是"西洋"。我们称郑和下西洋，其实下的是印度洋。当中国人得知印度洋向西还有海洋时，就称印度洋为"小西洋"，欧洲以西的海域为"大西洋"。

当时的葡萄牙人普遍相信，大西洋另一端的对岸是可怕的恶魔国，是地狱。

哥伦布不相信这种传说。他认为，地球是圆的。如果向东能到达中国，向西也能到达中国。

1481 年，哥伦布专门写信咨询意大利著名的地理学家托斯康内。

托斯康内回复道，地球的确是圆的，通过大西洋可以到达中国、印度和日本，而且还不远。

哥伦布又仔细阅读了罗马时代著名学者托勒密的《地理学》。

托勒密认为，地球上有欧亚非三个大洲。这三个大洲的面积占地球总面积的 6/7，而海洋面积只占 1/7。

根据这一结论，哥伦布认为，葡萄牙与中国隔着大西洋相望，中间距离并不远，大约是 4400 公里。

实际距离 14400 公里都不止。

哥伦布犯了一个大错。

如果哥伦布知道实际距离是 14400 公里，他绝对不敢向西航行。像郑和、达·伽马等人的航行，航程是超过了 1 万公里，但有一点，都是沿着海岸线航行，起风浪的时候，缺水缺粮的时候，可以迅速上岸。

而哥伦布向西航行，没有地图，不知道中间的状况。小船如果一个月找不到陆地，再返回又需要一个月，所以两个月在海上漂泊，不能指望任何供给。如果在大海上迷失方向，就不知道几个月了。船上所有的水手都得渴死、饿死。

哥伦布有了梦想，有了计划，可以寻找风险投资了。

他的大舅哥号称圣港岛总督。实际上圣港岛是个偏僻贫穷的小渔村。

哥伦布自己和妻子娘家都没有钱。

哥伦布至少需要 3 条船，以及 100 名水手一年的开销。

好消息是，葡萄牙王室是世界上最大的航海项目投资集团。

1481 年，26 岁的若昂二世登上王位。这是一位对航海事业有高度热情的君主。1483 年，葡萄牙人发现刚果。1484 年，葡萄牙人到达扎伊尔河口。

葡萄牙人一步一步逼近非洲的最南端，若昂国王兴奋不已。

1484 年，哥伦布正式向国王呈上了他的项目计划书。

项目内容：向西航行，探索到达中国和印度的航线。

航行距离：4400 公里，单程航行时间大概一个月。

需要支持：船只、资金和水手。

相对于绕过非洲南端到达亚洲，哥伦布的项目投资金额要低得多，但风险要高得多。

国王不敢下结论，于是组织国内专家进行论证。

专家们一致认为，《马可·波罗游记》的记载不可信。从葡萄牙到中国的准确距离是 1 万海里，单程航行需要 4 个月的时间。以当时的条件，没有任何船只可以装载 4 个月的食物和淡水。所以，选择向西航行必死无疑。

结论：项目不可行。

据说有一名专家还出了一个馊主意。他要求哥伦布提供详细的航海图，然后偷偷派一艘船按哥伦布的航海图向西探索。结果，这艘船向西刚航行几天就遭遇风暴，船长吓得马上返航。葡萄牙人对大西洋有心理障碍。

除了项目风险，若昂国王对哥伦布提出的资助方式也难以接受。

哥伦布提出：

第一，我要立即成为骑士，佩戴金马刺。

第二，我要立即成为世袭贵族，名字前加"唐"。

第三，我要立即成为海洋统帅。

第四，我要成为新发现土地的终身副王和总督。

第五，新发现土地的财富（金银珠宝、香料矿石），十分之一归我所有。

一个小小的外国平民，竟敢和高贵的国王谈条件？

最后，若昂国王通知哥伦布：对不起，我不能投资你的项目。

祸不单行。失去机会的哥伦布又失去妻子（病逝）。哥伦布带着儿子生活，欠下很多债务，把孩子养大都成了问题。

无奈的哥伦布只得带着独生子离开葡萄牙，前往西班牙。他妻子的两个姐姐嫁到这里。在西班牙，落魄的哥伦布把儿子送进修道院，相当于送到寺庙里当俗家弟子。寺庙管吃管住。

梦想很伟大，现实很艰难。

当时的西班牙还没有统一。北方是卡斯蒂利亚王国和阿拉贡王国，南方是北非穆斯林占据的格林纳达。

卡斯蒂利亚的君主是伊莎贝拉（女）；阿拉贡的君主是费尔南多（男）。两人结婚后共同治理国家，史称双王（好牌）。

伊莎贝拉女王每天洗 4 回澡，只穿白色衣服，绰号"白衣女王"。

在朋友的引见下，1486 年 5 月，哥伦布见到了双王。

自信的态度、丰富的知识，哥伦布给双王留下了深刻的印象。

双王正准备征服格林纳达，到时候西班牙会统一，会成为一个新的国家，会面临着如何发展的问题。葡萄牙的航海事业做得风生水起，双王自然也不甘落后。他们对哥伦布提交的项目建议书非常感兴趣，立即组织国内专家进行论证。

与葡萄牙不同的是，西班牙航海事业落后，专家水平低下。哥伦布实际上是在给那些专家当老师，费尽口舌。

不过，有一位专家问了哥伦布一个问题，把他难住了。

专家问，如果地球是圆的，向西航行是不是相当于从球的表面向下航行，这可以理解。不过回来的时候，你们的船只如何上坡呢？

哥伦布也回答不了。

在双王的心目中，解放格林纳达是首要任务，没有时间精力和哥伦布探讨他的计划。说实话，这个话题也没办法探讨。因为双王不懂。

专家们一拖就是两年，没有做出任何决定。

哥伦布被严重的官僚作风搞得筋疲力尽，对西班牙完全丧失了信心。

1488 年，处在焦躁之中的哥伦布写信给若昂国王，重提当年的申请。

若昂国王虽然自己没有投资哥伦布的项目，也不希望西班牙投资。因此，他邀请哥伦布尽快回国。

哥伦布说，我在葡萄牙欠了一些债务，回国后恐怕要进监狱。

若昂国王说，你尽可以放心回来，我保证你不会受到起诉。

就在哥伦布打点行装，准备回葡萄牙的时候，一件大事发生了。

葡萄牙人迪亚士在风暴之中绕过了非洲最南端，到达了印度洋。

若昂国王认为，向东航行到达印度指日可待。哥伦布向西航行完全没有必要。

这一年，哥伦布在西班牙交了一个女朋友，有了第二个儿子。

他在西班牙已经陷入破产状态，朝不保夕。

西班牙和葡萄牙两大投资人都不支持。

陷入绝望之中的哥伦布只得向欧洲其他君主求援。

1489 年初，哥伦布派弟弟巴托罗缪前往英国，与英国国王亨利七世谈判，没有成功。巴托罗缪再到法国，通过国王的妹妹安娜与查理国王见了面。

法国是传统大陆国家，对海洋项目没有兴趣。

哥伦布的家乡，意大利也没有人支持他的"荒唐计划"。

双王很快就获悉了哥伦布正在私下联系外国君主的消息。

他们的确有意资助哥伦布，但精力（战事正在吃紧）和金钱都不够。

　　双王拨了12000马拉维迪给哥伦布，邀请他到王宫来商谈，差旅费由地方政府负担。

　　见过哥伦布之后，白衣女王权衡再三，第二次拒绝了大西洋项目。

　　哥伦布只得绝望地离开双王。

　　此时他在西班牙已经待了将近六年，现在不知道该往哪里去。

　　在流浪的路上，一名王室官员追上了哥伦布，请他立即回去。

　　1492年1月2日，双王终于并排进入格林纳达的大门，消除了穆斯林在西班牙的最后一个据点。

　　一个崭新的西班牙已经诞生，它需要复兴、需要腾飞。

　　双王与哥伦布再次见面，整整谈了三个月。

　　双王愿意投钱，障碍在哥伦布身上。他没权没钱没兵没地位，只是一介草民，却要价极高，态度强硬。

　　双方看起来不像是君民关系，反而更像是平等的讨价还价的商人。

　　西方之所以率先发展出近代文明，契约关系起到了关键性的作用。

　　如果在明朝，你告诉皇帝，我想去航海。那基本上等于说，我想要造反。

　　4月17日，哥伦布与双王签订《圣塔菲协定》，主要内容如下：

　　第一，任命哥伦布为西班牙海上元帅。

　　第二，任命哥伦布为新发现土地（简称新发地）的副王和总督。

　　第三，新发地上的金银珍宝、香料商品等，哥伦布保留十分之一，并且免税。

　　第四，来新发地经商的船只，哥伦布收取其利润的八分之一。

　　《协定》的墨迹未干，筹备工作就紧张地开始了。

　　第一是钱，总投资超过200万马拉维迪。

　　刚建国的西班牙一穷二白，白衣女王把自己王冠上的珠宝抵押给国库，换来140万马拉迪维。哥伦布向银行贷款25万马拉迪维。一名叫马丁·平松的商人以自己的商船入股。

　　和大明相比，西班牙不是穷，是太穷。

　　第二是船，一共三艘。

　　第一艘是旗舰"圣玛利亚号"，载重130吨，长约35米，由哥伦布任船长。

　　第二艘是"平塔号"，船长是马丁·平松。

　　第三艘是"尼娜号"，船长是马丁的兄弟维森特·平松。

　　三艘船排在一起，都没有郑和的宝船长。

　　三艘船每天不停地行驶，只能航行100公里，不如眼下汽车一小时的距离。

第三是人。

水手这个职业，真的不是人干的。

一艘船就是一座海上监狱，甚至比监狱更危险（会渴死、会沉没）。在监狱里还有可能见到老婆孩子，死了还可能葬在教堂。在海上死亡，只能喂鲨鱼。

过去航行都是靠着海岸线，随时可以登陆补充食物和水。

而此次航行，将探索一片未知的海域，很可能一个月、两个月不见陆地。

哥伦布从"杀熟"开始，先用自己的弟弟，自己的朋友，自己的仆人。显然这是不够的。双王下令，从监狱里放出一批犯人，充当水手。

最后三艘船加在一起，总共88人，数字很吉利。

考虑到前方是中国或者印度，语言沟通很重要。

可是，整个西班牙也找不到一个会汉语或印度语的人。

最后找了一位阿拉伯人，至少和汉语接近一点。

第四是物，粮食和淡水。

最后是双王写给中国大汗、印度国王的国书。

元朝已经灭亡一百多年了，他们还以为中国君主叫大汗。

出发地点定在西班牙西南的海港帕洛斯。

出发时间定在1492年8月3日。

这是一个创造人类历史的时间和地点。

在晨曦中，三艘船平稳地向西而去。

风萧萧兮大海寒，水手一去兮难回还。

哥伦布对大家说，跟随阳光，我们离开了旧世界。

15世纪末的世界，大部分人依然生活在愚昧无知、贫困屈辱当中。

9月2日，船队行驶到位于非洲近海的加那利群岛。这里是西班牙的海外殖民地，也是中国台湾著名女作家三毛曾经定居的地方。

三艘船补充食物和淡水之后，一头扎进茫茫的大西洋。

由于船只狭小，只有船长和少数官员才有资格享受单独的船舱，水手们只能躺在甲板上睡觉。

在茫茫的大海上航行，和在茫茫的沙漠中前进一样，最难的是确定自己的位置和行进的速度。

位置由纬度和经度确定。纬度的测量主要是靠北极星。

北极星位于地轴的延长线上。无论地球如何旋转，站在北半球去看，北极星几乎是不动的。站在地球上观看北极星的仰头角度，就是纬度。你在北极看北极星，头要仰九十度。你站在赤道上，基本不仰头就可以平视北极星，因此是零度。

只要纬度不变，就说明船是直线航行。

时间如何测量呢？这个简单，用日晷。

速度如何测量呢？需要两名水手配合。

一名水手把静止的沙漏翻过来，开始计时。

与此同时，另一名水手把一个用绳子绑着的木桶扔进大海。这名水手不停地放绳子，确保船只行进过程中，木桶漂在水面不被绳子拉着向前。绳子越来越长，在水面形成一条直线。

负责沙漏的水手发现沙子漏完，立即喊停。

负责绳子的水手则立即抓紧绳子，看绳子上标记的长度。

用绳子的长度除以沙漏的时间，就可以得到船只的速度。

根据船只的速度和时间，就可以知道每天航行的距离。

平淡的工作，单调的饮食，乏味的生活，无尽的大海。

第一周是兴奋，第二周是平静，第三周是焦虑。

水手们私下里聚在一起，嘀嘀咕咕，传播着失望无聊的消息，传播着负面恐怖的消息。

谁知道大西洋对岸是什么？阴曹地府？恶魔群岛？有人被吓哭了。

最终，水手达成了一致意见，劝说哥伦布这个"疯子"返航。

正在这时候，突然有人大声喊："陆地！陆地！"

哥伦布兴奋地从床上跳下来，走出船舱。

不远处的确有一个绿色的岛屿。岛上似乎还有宫殿。

"噢！噢！"水手们松了一口气，相互拥抱。

哥伦布双膝跪地，感谢上帝。

三艘船径直朝着海岛驶去。越来越近，等到了近前，不见了！

幻觉！海市蜃楼！一堆云彩！

唉！所有人都失去了力气，或者说失去了希望。

时间在推移，不安在增加，恐惧爬上了每个人的心头。

哥伦布比三条船上所有人更着急，但他不能表现出着急。

哥伦布一会儿到甲板上走来走去，一会儿回到住舱里看羊皮海图，看了一会儿没有头绪，再回到甲板上睁大眼睛盯着前方。

水手们开始怠工，甲板上东西乱摆乱放，没有人收拾。

哥伦布假装看不见，省得和水手发生矛盾。

10 月 1 日，哥伦布在《航海日志》中写道：

"实际上我们走了七百零七里格，但对外报的是五百八十四里格。"

一里格相当于 5.5 公里左右。

哥伦布少报航程，让水手们以为他们离西班牙不远，让水手们不会产生恐惧心理。

秘密是藏不住的。

水手们得知自己被欺骗后，更害怕了、更生气了。

他们围着哥伦布，吵着嚷着要返航。

哥伦布一个人坐在椅子上，用双手捂住了自己的脸。

他多年奋斗所追求的事业，就要付诸东流。

中国大皇帝，日本黄金屋，都成了泡影。

桅杆发出的嘎吱声都像是痛苦的呻吟。

他已经投入了自己的全部财产，回去后将债务缠身。

三个月前向双王夸下海口，这样空手回去，如何交代？

"为了这一次远航，我忍受了八年的屈辱和嘲笑。

如果就此无功而返，我，包括信任我、支持我的白衣女王都将成为全欧洲的笑柄。"

泪水顺着哥伦布的脸颊流下来。

四年多前，迪亚士船长已经绕过了非洲的好望角。他有强烈的愿望继续前往印度，可是全船的水手都反对。迪亚士只得返回葡萄牙，既失去了发财的机会，也失去了历史上的名声。

"我绝不能重复他的悲剧！"

哥伦布穿上他的将军服，站在高处，望着胡子拉碴、衣衫褴褛、不怀好意的水手们说道：

"勇士们！是的，我们离家两个多月了。你们有家，我也有家，还有两个儿子！我也想活着回去！"

水手们都不作声，急切着想听哥伦布的结论。

"我们的航程是上帝的旨意！我们必须坚持下去，也必须是安全的，因为上帝永远与我们同在！"

听到哥伦布的结论，每个人都失望了，有人开始抽泣。

"你们每一个人都是我的亲人，我保障你们活着回去，回去拥抱我们的母亲、妻子和孩子！但是，我们不能空着手回去，我们要给他们带回黄金。"

水手们的情绪暂时平静下来。

10月7日，水手们发现一群鸟儿在飞翔，但不是飞向正西，而是西南。

哥伦布觉得正西才是离陆地最近的距离。如果向西南，就会大大增加航程。但鸟儿毕竟是一个信号。哥伦布下令，跟随鸟儿的方向航行。

两天后，依然不见陆地。最后的希望破灭了。

10月10日。水手们激动地围着哥伦布，大声嚷着要他立即答复，否则当天就罢工，就返航。

哥伦布被逼到了死角。

他告诉全体水手，再行驶三天！如果三天之后还看不到陆地就返航。

哥伦布同时宣布，第一个发现陆地的人奖励1万马拉维迪（约5万元人民币），以及哥伦布身上有汗味的丝绸衬衫。

发现陆地就成功了。发现不了陆地就回家了。

水手沸腾了。

三条船你追我赶，以更快的速度向西疾驶。

这三天，对哥伦布来说，就像三年一样。

他一会儿站在船头张望，一会儿回到船舱，跪在地上祷告。

10月11日。

一名水手向哥伦布报告说水面发现了一根树枝样的东西，哥伦布命令舵手向它靠近。由于船舷太高，海流太急，没办法打捞。

哥伦布命人放下小船。一个水手上前捞起，带回船上。

原来是一根粗大的带有叶子和果实的树枝，看样子是不久前折断的。

不过，到了傍晚，依然没有发现陆地。

这是最后一个晚上了。明天早上再发现不了陆地，就要返航。

哥伦布没有睡觉。他凝神搜索着西边的海面，眼睛都盯累了。10点钟左右，哥伦布发现远处的黑暗中似乎有一点微弱的火光。他再仔细看的时候，火光消失了。

夜色深沉，哥伦布抵抗不住，昏昏地睡去，不时说着梦话。

上帝、黄金、蠢驴。

"陆地！陆地！"一声大喊划破沉寂的黑夜。

哥伦布一翻身从床上滚下来。

他冲出船舱的时候，所有人都已经到了甲板。

月光下，前方似乎是一个石头崖岸。

哥伦布不敢兴奋，不敢相信。

这不是一个梦吧？这不是一次海市蜃楼吧？

哥伦布紧紧地盯着前方的陆地，似乎听不到水手的叫喊声，只有眼泪默默地流淌。

历史产生于1492年10月12日凌晨两点，由水手胡安•德•特里阿纳创造。

由于岸边情况不明（暗礁或防守的大炮），哥伦布下令卷帆，三条船原地待命，天亮后行动。

厨师罗德里戈熬了一锅鱼汤，水手罗尔丹扛来一桶马拉加酒，没有人想睡觉。

一扫长期的压抑，哥伦布的脸上露出了笑容。

不仅是因为发现了陆地，最重要的是证明了他是对的。

在《航海日志》里，哥伦布写道：

"我在宫廷里长期效力，一直与宫中诸多权贵显要的见解相悖。他们始终与我作对，将向西航行之举斥责为荒诞不经。我一直希望上帝证明我。"

天亮了，雾散了。

前方出现了一个宽阔的沙滩，沙滩后面是灌木，灌木后面是山丘和高大的树木。

绿色，生命的颜色，希望的颜色。

在吹号鸣炮之后，众人换乘小船登陆。

哥伦布穿上石榴红的元帅制服，一个箭步跃上海滩。他跑了几步，就匍匐在地上，亲吻着咸腥的泥土。

哥伦布站起来，看着身边的水手。

每个人都穿着铠甲、拿着武器。

每个人脸上都洋溢着喜悦，显得精神抖擞，完全没有几天前的颓废。

平松兄弟则扛着代表双王的绿色旗帜。王旗即国旗。

哥伦布当众宣布：这个岛屿归西班牙王国所有。从今天起，我就是这个岛屿的副王和总督！因为这个岛屿是伟大的救世主引导我们发现的，所以我就叫它圣萨尔瓦多（救世主的意思）。

"圣萨尔瓦多！圣萨尔瓦多！圣萨尔瓦多！"水手们高声呐喊。

有的人跑过来激情地拥抱哥伦布，有的人亲吻他的手，有的人甚至在他面前下跪。

哥伦布登陆的到底是哪个岛？由于资料匮乏，专家们至今没有达成一致意见。肯定是巴哈马群岛中的一个，一般认为就是今天的圣萨尔瓦多岛。

如果哥伦布没有跟随海鸟转换方向，他很可能登上北美大陆的佛罗里达。

这方向一变，哥伦布终生没有踏上"美国"的领土。

我在想，如果中国哪一天发现了一个没主的岛屿，你想用什么命名呢？

徐福岛？神龙岛？桃花岛？通吃岛？

西班牙人在沙滩上表演的时候，不远处的树林中有无数双眼睛警惕地盯着这些外来人的一举一动。

仪式履行完毕，哥伦布迫不及待地向森林中走去，希望发现城市和居民。不一会儿，他就停下了脚步。

前方站着一些猴子，或者说是野人。他们赤身裸体，脸上涂着白色染料，手里拿着木棒。

水手们举起了枪，等着哥伦布发出信号。

"所有人都不要动！"哥伦布低声喝道。

野人们慢慢上前。他们围在西班牙人身边，仔细看着，然后慢慢地伸出手摸着这些白人的头和脸，充满着疑惑。

哥伦布看这些土人并无恶意，也认真观察起来。

这些土著中等个头，棕色皮肤，头发粗而直，脸上没有胡须。他们的面容虽然被颜料所遮盖，但看得出前额高大，眼睛明亮。

哥伦布在日记中写道：

"当吾等拿出利剑供他们观看时，他们居然无知地用手握刃，以致自伤。"

土著人哇啦哇啦，似乎在发问。

哥伦布连忙叫来阿拉伯翻译，结果根本说不到一起。

哥伦布也有些迷惑，这地方不像是高度文明的中国。

这里应该是印度，这些人肯定是印度人。

按照西班牙语发音，从此北美和中美的土著人有了一个名字——印第安人。

实际上他们是阿拉瓦克人，和印度人相差十万八千里。

语言不通，实物还是认识的。

哥伦布命人拿出西班牙币、铜铃、红帽子、玻璃珠，放在土著人面前。

土著人马上明白了，纷纷拿出棉纱、鹦鹉和食物。

很快，双方就开始沟通了。

哥伦布要的可不是这些不值钱的劳什子。他反复用手指着土著人胸前的那些金晃晃的东西。

印第安人明白了。他们摘下黄金项链，换回西班牙产的铜铃。

印第安人是不是太傻了？

不是。

对他们而言，黄金就是饰品，就是为了好看。黄金不能买房子、买衣服。

人人脖子上都挂黄金，我挂小铜铃才是炫富。

土著对西班牙人的任何东西都感到好奇，连碎瓷片、碎玻璃都爱不释手。

几个黄金项链不值多少钱。哥伦布再次询问土著。

土著人咿咿呀呀地比画。大概意思是说，南方有一个大岛，岛上有一个拥有大量黄金的国王。

哥伦布暗自狂喜。

西班牙人和土著相处还算融洽。哥伦布写道：

> "他们心地善良，绝无半点贪婪之心。臣向陛下（双王）保证，在这世界上再无更好的人和土地能与此处相比。"

几天后，哥伦布抓了6个"印度人"当翻译和向导，率领船队向西南方行进，果然发现一个大岛。

登陆之后，哥伦布很快找到当地土著。他拿着一块黄金问道，这个，你的认识？

土著人点点头。

哥伦布朝着几个方向点了几下，然后问他们哪里有。

土人似懂非懂地指着一个方向说，古巴。

哥伦布笑了。他认为古巴就是《马可·波罗游记》里的"伊潘古"，既然日本就在眼前，中国还会远吗？哥伦布在《航海日志》中写道：

> "臣决心抵达大陆，抵达金萨伊城（杭州），把陛下（双王）的诏书面呈大可汗，再将大可汗的回信带给陛下。"

哥伦布显然不会找到日本和中国。

一晃两个多月过去了。哥伦布想早点回去，可是这点黄金还不够支付航行的成本，又如何让女王满意？

平松开着"平塔号"跑了。他可能从土人口中得到了一个线索，想独吞那里的黄金。

12月20日，"圣玛利亚号"不幸触礁。

哥伦布现在只剩下一艘船了，不能把所有人都带回去。

他选择一个岛屿当大本营，就地修建塞堡。材料嘛，正好用"圣玛利亚号"的船板。由于接近圣诞节，因此这个地方就叫圣诞堡。这个岛就叫西班牙岛（今海地岛）。

转眼到了1493年，此时离出发快5个月了。

哥伦布决定返航。他留下39人在当地继续寻找黄金。

1493年1月4日，哥伦布指挥着"尼娜号"，携带着从岛上弄到的各种特产、黄金以及6名印第安人，起锚返回西班牙。

东行两天后，哥伦布竟然在海上发现了"平塔号"。

哥伦布没有追究平松的责任，两条船搭伴同行。

3月4日，哥伦布的船队驶入里斯本。

若昂国王接见了哥伦布，听取了整个航行汇报。他后悔不已。

"我真是见识短浅，竟然错过了如此重大的机会！"

哥伦布故意炫耀，故意气若昂国王。

3月15日，两艘船平安驶回出发时的帕洛斯港。

7个月零12天。探险者、胜利者回来了！

当时双王在巴塞罗那，哥伦布带队赶到那里。此时已经是4月中旬。

巴塞罗那张灯结彩，就像过节一样。

人们纷纷涌上街头，去观看宫廷仪仗队和哥伦布的队伍。

印第安人头上和身上都佩戴着羽毛、鱼骨和黄金装饰品。为了避免"走光"，哥伦布命他们穿上短裤。

哥伦布在宫殿门前下马，疾步走入大厅。

这里已点燃了上千支蜡烛，大理石的立柱反射着灯火的辉煌。

哥伦布跪下，亲吻双王的手，然后把贡品献上。

6个印第安人端着色彩斑斓的鹦鹉；

笼子里是活的大老鼠（龙猫？土拨鼠？）；

不会叫的狗（浣熊？）；

奇形怪状的卤咸鱼。

大臣们发出一阵阵惊叹声。

接着是珍贵的物品：沉香木、棉花、各种香料。

最后是一个橡木大箱。哥伦布像魔术演员一样猛地揭开箱盖。在烛光的照射下，箱子里装满了金冠、金项链、金手镯和大小不等的碎金块。

在所有人发出"噢"的一声后，一时间宫殿里笼罩着一片寂静。

双王一声不响地突然站起，双膝跪地。其余的人马上跟着跪下。

双王仰面朝天感谢上帝，感谢神慷慨的恩赐。

群众的欢迎和王室的优待，让一些权贵红了眼。

在一次宴会上，他们攻击哥伦布没有什么了不起，带回来的黄金根本不够用。

哥伦布随手在餐桌上拿起一个熟鸡蛋，问大家："谁能把鸡蛋竖起来？"

许多人试了又试，都说不可能。

哥伦布将鸡蛋的一端在桌子上敲破，然后竖了起来。

权贵不服气地说，我们也能。

哥伦布回答他们说，是的，你一定能。

知道的事，人人都能。不知道的事，绝大部分人不能。

哥伦布竖鸡蛋

哥伦布是 10 月 12 日发现新大陆的。后来西班牙将 10 月 12 日定为国庆节。

4 月 29 日，双王将哥伦布的航行报告提交给教皇。

哥伦布不能单方面宣布这些岛屿的主权，西班牙王室也不能，只有罗马教皇才有权确认。

教皇亚历山大六世是西班牙人，欣然同意。

葡萄牙人不干了。

在教皇的协调下，1494 年 6 月 7 日，西葡两国签署《托尔德西里亚斯条约》，划分了势力范围。

应该说这是一个荒唐的协议。

不过，五百年后，这份协议还真用上了。

在南美的最南端有一个岛。阿根廷称其为马岛，英国称其为福岛。两国就主权问题争执不下。阿根廷拿出《托尔德西里亚斯条约》，说马岛属于西班牙，而自己继承的是西班牙领土，因此对马岛拥有主权。

英国人说，我们几百年前就不听教皇的了，更何况是现在。

1492 年，德国人马丁·贝海姆发明了世界上第一台地球仪。当哥伦布回来的时候，这台地球仪就过时了。

无论是哥伦布，还是双王，都期待着尽快开展第二次航程。黄金的数量远远不够，中国的丝绸也没有发现。

1493 年 9 月 25 日，哥伦布回来仅仅几个月后，又带着一支西班牙探险队出发了。这次是 17 艘船、1200 名船员。与第一次相比，可谓浩浩荡荡。

本次远征的目标有三：

第一，建一个永久殖民地；

第二，使当地土著人归顺；

第三，最好能见到中国皇帝、印度国王。

11 月 3 日，哥伦布的船队发现一个风景秀美的海岛。当天是礼拜天，于是这个岛就叫多米尼加（西班牙语星期天的意思）。

11 月 28 日，哥伦布兴奋地到达圣诞堡。距上次离开已经快一年了，上次留下的兄弟们在这里生活得怎么样？是不是已经发现了大量黄金？

到达现场之后，哥伦布大吃一惊。

39 人一个不剩，全死了。

哥伦布找到当地土著，这才问清了原因。

留守的西班牙人一方面强迫土著给他们找黄金；一方面追逐强奸印第安女人。一帮从监狱里出来的恶人，每天看着一群不穿衣服的裸女，早就控制不住兽欲了。

土著以人数优势加上偷袭策略，把他们全部杀死。

矛盾已经产生，圣诞堡不再安全。

哥伦布于是率领船队到圣诞堡以东一百英里处建立新据点，以女王的名字命名为伊莎贝拉堡。

上次用船板修建简易木堡，这次建石房、铺街道、盖教堂。还要开发甘蔗园、修大猪圈。

一句话，西班牙人要在这里定居。

西班牙人发现当地有一种水果非常好吃，样子像松果，于是叫它松苹果。英语就是 pineapple（菠萝）。

西班牙人在附近的村落里发现了一些煮得半生不熟的人腿，才知道这里的土著有吃战俘的习俗。

哥伦布让弟弟巴托罗缪驻守伊莎贝拉堡。他率三艘帆船到古巴去勘察，没有找到黄金。接着去牙买加，仍然没有。

等哥伦布回到伊莎贝拉堡的时候，这里已经闹翻了天。好几百人在这里无所事事，抢劫土著人的财产，强奸他们的女人。

土著开始反抗。

哥伦布不得不率领军队参战，屠杀土著人。

为了加快建设，哥伦布命令闲着的贵族子弟干活。

贵族们以为来新大陆就是伸手拿黄金的，没有人想同平民一起劳作。另外，他们觉得自己世代是西班牙贵族，不想服从一个外国平民（哥伦布）的指挥。

哥伦布只得打发这帮废物回西班牙。

废物返回西班牙后，不断向双王告状，说哥伦布贪婪、无能、残暴。

6 月 11 日，哥伦布只好回到西班牙替自己辩解。

可是，找到的黄金和檀香木太少，没有说服力。

鹦鹉倒是很多，但不值几个钱。

哥伦布于是抓了数百个印第安人，送回西班牙当奴隶卖掉。

临行前，他强迫水手承认，他已经非常接近中国了。

1498 年 5 月 30 日，哥伦布第三次前往新大陆。

他的弟弟巴托罗缪率领西班牙人离开了伊莎贝拉堡，建立了一个新殖民地，并起名圣多明各。

今天的圣多明各是多米尼加共和国的首都。

作为代理总督，巴托罗缪在这里很不得人心，民怨深重。

大法官罗尔丹公开叛乱，带着一帮人到另外一个岛上去了。

同年秋天，西班牙人奥赫达也率领一只舰队来新大陆寻宝。他看见土著人把村庄建在水边高高的木桩上，于是称这片地区为"小威尼斯"。用西班牙语发音翻译过来，就是委内瑞拉。奥赫达在巴哈马群岛捕获大量奴隶之后，回西班牙去了。

哥伦布和罗尔丹达成了和解。但他绞死了罗尔丹的副官莫克赛卡。

一些对哥伦布兄弟不满的人，摇动舌头，继续向双王告状。

双王对哥伦布可怜的收获非常失望，对哥伦布贩卖奴隶的行为非常不满。

恰在此时，葡萄牙人达·伽马绕过非洲南部，到达了真正的印度，并从印度带回来整船的香料、绸缎，投资回报高达 60 倍。

葡萄牙人到达了真正的亚洲，带回了成堆的真金白银！

"受到刺激"的双王于是派博巴迪利亚作为钦差大臣前往新大陆。

博巴迪利亚刚到圣多明各，前来告状的人就排起了长队。

博巴迪利亚把哥伦布和他的弟弟巴托罗缪戴上镣铐，押回西班牙。

威风的海军元帅哥伦布，第一次航行的时候把罪犯从监狱里放出来。第三次航行回来的时候，自己进了监狱。

双王释放了哥伦布兄弟，但剥夺了哥伦布新大陆总督的头衔。

1502 年 5 月 1 日，哥伦布第四次前往新大陆。此时的他已经是一位视力减退、疾病缠身的的老人。

双王特意警告他，不准前往圣多明各（避免与当地统治者发生冲突），不准贩运印第安奴隶。

哥伦布知道，这是他人生最后一次航行了，因此要不惜一切代价找到中国。

他沿着中美洲的海岸线航行，经过今天的洪都拉斯、尼加拉瓜。他就想找到一道海峡，穿过去，继续向西到中国。当时，北美和南美是连在一起的。哥伦布显然是徒劳。今天，船只可以通过中美洲的巴拿马运河，从大西洋航行到太平洋。

天气炎热，船只被虫蛀坏，不能航行。

哥伦布一行人在牙买加岛上困了一年，缺衣少食。

土著人不帮助他们，不提供食物。

哥伦布根据天文历法，推算1504年2月29日将要发生一次月全食。于是他在那天早上威胁当地土著：

"今天必须给我提供最好的食物，否则我把月亮给你们拿走！"

土著们当然不信。

当天晚上，当月亮被全部遮挡后，土著人全来了。他们吓得跪倒在地上，哭泣着请哥伦布解救他们。

哥伦布说，只要你们答应每天给我们食物，我马上就把月亮还给你们。

土著们连连点头答应。

不一会儿，月亮恢复如初。

哥伦布和土著

最终，圣多明各的西班牙殖民者送来了船只。

1504 年 11 月 7 日，哥伦布回到了西班牙。

和十二年前意气风发的英雄相比，此时的他又老又病又弱，连路都走不动了。船员们把他抬回家里。

码头没有一个人迎接他。

11 月 26 日，一个坏消息传来，伊莎贝拉女王病逝。

哥伦布本来希望女王看在过去的交情上，恢复他对印度群岛的所有权。现在完全没有指望了。

男王表示，哥伦布可以在西班牙任选一块领地，但不可以在新大陆选择任何一块领地。

1506 年，哥伦布病逝，终年 55 岁。

四次航行，哥伦布没有发现多少黄金。他倒是发现一种新东西。

印第安人把一种叫"托巴科斯"的叶子卷起来点燃，然后用鼻子吸上面冒出的烟。

哥伦布万万没有想到，烟草创造的利润远远高于黄金。

1542 年，哥伦布的身体第五次跨越大西洋，葬在圣多明各。

1795 年圣多明各被割让给法国，哥伦布的遗骸只好移到古巴。

一百年后，古巴被割让给美国，哥伦布的遗骸只好回到西班牙。

1992 年，在发现美洲五百年后，西班牙政府封哥伦布的后代为荣誉海军司令。

关于哥伦布的故事，美国大导演雷德利·斯科特执导的《1492 征服天堂》值得一看。故事比较符合史实。该电影的主题曲气势磅礴，为人熟知，你肯定听过。

哪怕我用铁扇公主的芭蕉扇煽情，也不能详尽描述哥伦布坚定的意志、受过的白眼、满腹的委屈、航行的苦难，以及成功的喜悦。每一个有梦想的人，每一个奋斗中的人，都应该读读哥伦布的故事。

哥伦布生前四次到达美洲，并没有发现大量的黄金珠宝。哥伦布去世之后的一百年里，西班牙从美洲至少运回 200 吨黄金和 2 万吨白银。按今天的货币换算，至少有 2 万亿美元。

西班牙在美洲的领土至少是其本土的 20 倍，加上 2 万亿美元，西班牙变成了富国、强国，世界上第一个日不落帝国。

超过 20 个国家将西班牙语作为官方语言。

哥伦布是帝国的创造者和第一功臣。

当然，哥伦布的影响不止于西班牙，而是全世界、全人类。

哥伦布登陆美洲，是人类有史以来最大的征服。

因为他，4000 万平方公里的美洲落入欧洲人的手里。欧洲人因为掌握了美洲的财富、土地和知识，进而发展出近代文明，大步走到亚洲和非洲的前面。

哥伦布发现美洲，不是瞎猫撞上死耗子。这背后是欧洲对世界认知（陆地、海洋和国家）的探索，是西欧数十年航海技术的升级，航海经验的总结。这里面涉及气象学、制图学、测量仪器、造船术，也可以归纳为科学技术。

当时欧洲人称美洲为新大陆、新世界。

新世界意味着人类要重塑世界观、人类观。

欧洲把人类文明分为三类：

欧洲和中国是第一类，有政府、有城市、有法律、有书籍。

墨西哥和秘鲁是第二类，有政府、有城市，没有文字和契约。

印第安人是第三类，无政府、无城市，吃人、殉葬、乱交。

如果明朝读书人见了印第安人，肯定不会感到奇怪。蛮夷嘛！哪儿都有！

如果了解印第安人的生活，他们肯定会说，这是禽兽不是人！

比如广东人称葡萄牙人为白番鬼，黑人为黑番鬼。

欧洲人对印第安人始终不能理解。《圣经》上没说有这类人啊。他们是不是人？他们和黑人、摩尔人有什么不同？他们能不能成为基督徒？他们能不能当奴隶？这些问题引发了欧洲知识分子的大讨论，也促使欧洲人重新认识自己，思考如何与人类相处。

如果明朝人到了美洲，会不会像哥伦布一样，宣布脚下的土地归明朝皇帝所有？

不会。

菲律宾有 7000 多个岛屿，印度尼西亚有 17000 个岛屿。明朝时这些岛屿绝大多数是无人岛，但大明对家门口的这些岛屿没有任何兴趣。

所以说，郑和之后，再无郑和。

哥伦布之后，有无数哥伦布。麦哲伦、德雷克、哈得逊、塔斯曼、库克、卡蒂埃、白令，数不胜数。

说完土地，再说人口。

因为哥伦布发现美洲，至少导致 5000 万印第安人死亡（主要原因是传染病），至少有 1000 万非洲黑人被贩卖到美洲。

殖民美洲的白人也好不到哪儿去，百分之九十死于水土不服及战争。

因为哥伦布发现美洲，直接或间接导致 1 亿人死亡。

不过，由于美洲的玉米、红薯和土豆在全世界生根，世界人口又增加了几个亿。

一句话，哥伦布影响了全人类。

拉丁美洲汇集了各大洲的人种，盛产世界级美女。

美洲不只是产玉米、土豆，还有菠萝、西红柿、辣椒、花生、可可豆。

如果没有美洲的食物，今天国人将失去一大半的食物，没有今天的川菜和湘菜，甚至没有西红柿炒鸡蛋、醋熘土豆丝，不能嗑瓜子。

有人提出，西班牙从美洲开采大量白银，运到马尼拉购买中国商品，导致明朝通货膨胀，民不聊生，最终灭亡。

也就是说，哥伦布间接导致了明朝的灭亡。

最后，再说思想。

欧洲人发现美洲有很多《圣经》不能解释的人和事，从而对坚信不疑的天主教信仰产生动摇，导致宗教改革。

哥伦布在《航海日志》中描述了美丽迷人的岛屿，描述了纯朴友善的印第安人，他认为这里有很多欧洲不具备的优点。

很多欧洲学者没有去过美洲，却按照《航海日志》的方式，虚构了一个岛屿，虚构了一个社会，虚构了一种生活方式。

比如，托马斯·莫尔撰写了《乌托邦》，提出了公有制，并称乌托邦人视黄金为粪土。

比如，弗兰西斯·培根撰写了《新大西岛》，提出了科学家治国。

这些思想成为人类社会发展进步的最大动力。

法国人鲁雷说，世界上没有比发明印刷机和发现新大陆更伟大的事情。

马克思说，哥伦布推翻了整个欧洲社会及其制度，为各国人民完全解放奠定了基础。

因此，主流历史学家把人类历史一分为二，1492 年以前，1492 年以后。

西班牙修道士加尔西拉索写道："只有一个世界，没有新世界与旧世界。"

1492 年之前，世界是新旧隔绝两重天。1492 年以后，新旧世界融合了，世界变大了。

在"推动人类进步的 100 名人榜"上，哥伦布排名第九，超过了人类历史上所有的帝王。

衡量一个人的贡献大小，有一个简单的指标。

打开一张世界地图，看看上面有没有他的名字，有多少。

地图上有以哥伦布命名的国家（哥伦比亚），以他命名的首都（美国华盛顿哥伦比亚特区），以他命名的省（加拿大 BC 省），以他命名的城市就更多了。

此外，还有以他命名的大学，以他命名的电影公司、电视台、航天飞机、军舰、登月舱、户外服装及设备公司。

但是，哥伦布却错过了最重要的一个命名。

可怜的哥伦布，到死都以为自己登上的是亚洲。

亚美利哥·维斯普奇（Amerigo Vespucci）来美洲考察后，提出这里不是印度，不是亚洲，而是一块新大陆。

1507 年，日耳曼地学家马丁·瓦尔德泽米勒提议用亚美利哥命名新大陆，翻译成英语就是"America"。从此地球上有了美洲、美国。否则，地球上就有了哥洲。

深色部分为 17 世纪末西班牙控
制的美洲区域

瓦斯科·巴尔博亚（1475—1519）

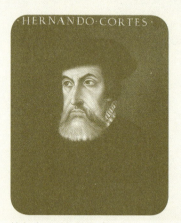

埃尔南·科尔特斯（1485—1547）

弗朗西斯·皮萨罗（1471—1541）

第三章

黄金与罪恶——征服美洲

前两章介绍了两个国，这一章介绍一个洲。

北美洲和南美洲是如何划分的？

以赤道为分界线。北美洲包括四部分：

第一，加拿大、美国、墨西哥；

第二，危地马拉、洪都拉斯、尼加拉瓜、巴拿马等"美洲狭长地带"的国家；

第三，加勒比海的岛国（古巴、牙买加、海地等）；

第四，世界第一大岛格陵兰岛，主权属于丹麦，地理位置属于北美洲。特朗普想购买，未遂。

巴拿马以南的大陆就是南美洲。南美洲最北方的国家是哥伦比亚（即哥伦布）。

有没有中美洲？

没有。世界上没有一个叫中美的洲。

正如中亚不是一个洲，而是一个地区。

什么是拉丁美洲？

美国以南的大陆和岛屿称拉丁美洲。这片区域主要讲西班牙语和葡萄牙语。南美的苏里南出过华裔总统，中国客家话是该国官方语言。南美的圭亚那也出过华裔总统。

什么是加勒比群岛？

中美地区向东的岛屿，主要国家有古巴、牙买加、海地等。

1506年，哥伦布去世的时候，西班牙人主要在加勒比海的几个岛屿活动。他们对北美洲和南美洲所知不多。

当时北美有阿兹特克帝国，首都在今天的墨西哥城，人口约1500万。他们驯化了火鸡，主食为玉米。

南美有印加帝国，其中心在今天的秘鲁，人口约600万（也有人说1000万）。他们驯化了著名"神兽"羊驼，主食为土豆。"神兽"个头太小，既不能像马那样骑，也不能像骡子那样运输货物。

阿兹特克帝国和印加帝国都在扩张当中。如果没有欧洲人，他们也许在一百年后发生正面大战，决定谁是美洲的主人。

不过，两大帝国的发展阶段实在落后，连轮子都没有发明出来。

1513年，西班牙人胡安·彭斯·德里昂来到北美东南部的一个半岛，将其命名为佛罗里达（西班牙语"花乡"的意思）。

同年，西班牙人瓦斯科·努涅斯·巴尔博亚穿过巴拿马地峡，成为第一个从美洲看太平洋的欧洲人。当时还没有太平洋这个名字，巴尔博亚称其为"大南海"。

随后，两个西班牙传奇人物，一个征服了北美（今天墨西哥），一个征服了南美（今天秘鲁）。

我们先从征服北美的埃尔南·科尔特斯（简称科尔特斯）说起。

1485年，科尔特斯出生于西班牙麦德林的一个小贵族家庭。17岁就参军打仗。

1504年，他来到新大陆的西班牙岛，当农民、公证员、小贵族。

1511年，科尔特斯跟随古巴总督贝拉斯克斯四处征战，后娶了总督的小姨，于是被任命为圣地亚哥市长。

1518年，贝拉斯克斯组织探险队前往墨西哥，科尔特斯被任命为队长。

科尔特斯非常兴奋。他抵押家产换来资金，招募人员，购买装备。

贝拉斯克斯听信身边人的谗言，害怕科尔特斯影响力扩大，于是撤销科尔特斯的领队职务。

科尔特斯已经下定决心。他违背贝拉斯克斯的命令，执意出发。

1519年2月18日，科尔特斯率领500名战士、100名水手、16匹马，乘坐着11艘船前往墨西哥的尤卡坦半岛。

3月14日，科尔特斯率领400人同4万玛雅人在岑特拉平原激战。16匹高头大马把玛雅人吓傻了。战败后，玛雅酋长向科尔特斯献上黄金制品和20名女奴。

11月，科尔特斯抵达阿兹特克帝国首都特诺奇蒂特兰，受到皇帝蒙特祖马二世的欢迎。

科尔特斯以哄骗的手段把蒙特祖马二世囚禁起来，索要黄金。

阿兹特克人奋起反抗，杀死不少西班牙人。不幸的是，他们接触了西班牙人的血液，染上了天花，大批大批死亡。

1521年8月，科尔特斯攻陷特诺奇蒂特兰。

阿兹特克帝国灭亡，这里变成西班牙殖民地，名称就叫新西班牙。

科尔特斯成为第一任总督。

西班牙人觉得特诺奇蒂特兰不好读（的确有点），于是改称墨西哥城。

科尔特斯的500名士兵加上后面援军，也就一两千人。他是怎么征服一个几百万人口的大帝国的？

科尔特斯并非有勇无谋之辈。

面对前方数十万敌军，为了让这五百名西班牙人不害怕，科尔特斯把所有的船只凿沉了，让每个人没有退路，只能向前。

另外，科尔特斯很好地利用了外援。阿兹特克帝国与其周边的印第安部落长期作战，而科尔特斯把这些印第安军队全部团结在自己周边，总数高达十几万人。

1522年，科尔特斯征服危地马拉。

1528年，科尔特斯把北美的一种豆子带回西班牙。一位修道院院长命令厨师把这种豆子磨成粉，加入水和糖。于是，世界上第一杯巧克力诞生了。

1534年，科尔特斯考察了北美西海岸，将其命名为加利福尼亚（California）。

1538年，西班牙人征服了今天的哥伦比亚。

1547年，科尔特斯死于西班牙的塞维利亚。

据说他老年失宠，侍卫不让他进宫面见国王。

他不得不站在街道中央拦下查理国王的马车。

国王大怒，命人厉声喝问前方是谁。

科尔特斯回答：

"是我。我给你带来的领土远远超过你祖先传给你的领土。"

查理国王立即换了脸色，邀请科尔特斯同上马车回宫。

"整个帝国之内，唯有你能挡朕驾。"

阿兹特克帝国的首都特诺奇蒂特兰当年极其繁华，其规模超过伦敦、巴黎，今天只剩下少许遗迹了

科尔特斯去世二十年后，西班牙人占领了菲律宾，建立了中国—菲律宾—墨西哥海上丝绸之路。

墨西哥的白银源源不断地流入中国，保守估计达 6000 万两。中国明朝的瓷器和丝绸整船整船运到墨西哥。

科尔特斯在万里之外的一次征服，竟然促使中国出现资本主义萌芽。

征服美洲中最具传奇的人物是弗朗西斯·皮萨罗，几乎每本历史书上都要给他的名字前面加个形容词——文盲。

还可以加个词——流氓。

但是，大流氓创造了大历史。

1475 年左右，皮萨罗出生于西班牙的特鲁西里奥。他的父亲就是个流氓，有多个私生子。皮萨罗本人就是一夜情的产物。

通过他的父亲，皮萨罗算是科尔特斯的亲戚。

27 岁的时候，皮萨罗来到加勒比的海地岛，跟着西班牙同胞同当地土著人战斗、抢劫，就这样混了十九年。44 岁的时候，皮萨罗在巴拿马得到一个大种植园，于是定居在这里。他甚至担任了一段时间的巴拿马市长（镇长）。

1522 年，当科尔特斯征服墨西哥的时候，皮萨罗已经 47 岁了，人生过了大半，看起来没有什么希望了。

他无意中听人说起，南美洲有个印加帝国，黄金遍地。

皮萨罗准备铤而走险，这是人生中最后的机会了。

皮萨罗为什么敢于冒险？可能源于他深深的自卑。

他的亲戚，科尔特斯出身贵族，获封总督和侯爵。

而他，再有钱也是一个杂种。

皮萨罗和杀人嫌犯阿尔马格罗（为易记简称马格罗）、恶棍卢克主教一拍即合，三人合伙决定找到黄金帝国，实现发财梦想。

1524 年，皮萨罗带领 112 名西班牙人前往南美探险。他们的确从印第安人身上抢了一些黄金，但数量极少。

很快食物就吃光了。有人捡拾地上小动物的尸体吃，很快自己也变成了尸体，原来小动物是被毒蛇咬死的。所有人不敢吃肉了，他们只好吃味道较差的草莓，捞鱼或捞紫菜吃。偶尔走进印第安人的村子，发现里面除了玉米还是玉米（印第安人早跑了）。

有一天，探险队冲进一个村庄，发现一口煮开的大锅，冒出浓浓的炖肉的香味。这帮家伙像饿狼一样扑向大锅，往里一看，马上不饿了，还要往外吐。

里面是两条人腿。

皮萨罗一看不好，下令撤退。印第安人的利箭就追上来了。

皮萨罗中了七箭。回到船上清点人数，少了五人。

印第安人多了十条人腿，还是大白腿。

马格罗更倒霉，瞎了一只眼，更像杀人犯了。

1526 年，皮萨罗和马格罗带着队伍第二次前往秘鲁。

他们发现一个海边小镇挤满了人。皮萨罗率领一小支队伍骑马上岸，准备向他们买点吃的。

以往的印第安人见到白人总是作鸟兽散，没想到这里的人竟然拿着弓箭和石头把他们包围起来。

皮萨罗只好抽出长剑与他们战斗。敌我数目悬殊，情况万分危急。

一名骑士被石头打下马来，他从地上爬起来再次上马。

这时候，印第安人一哄而散。

原来，这里的印第安人没见过马，他们以为骑马的人是人头马，没想到人头掉下来不死，还能安上继续作战。

这太恐怖了！印第安人被吓跑了。

探险队暂时住在一个岛上（今天哥伦比亚的加略岛），但处境仍然像上次一样危险。为了躲避蚊子，探险队员不得不把身体埋进沙子里，只露一双眼睛和两只鼻孔。

皮萨罗让马格罗回巴拿马搬救兵。

巴拿马总督派来船只，命令所有人停止探险活动，全部回去。

皮萨罗和他的人每天吃半生不熟的鱼，变成半死不活的人。

这一年，皮萨罗已经 51 岁了。

听到总督的命令，皮萨罗走到海边，抽出宝剑，在海滩上划出了一条东西方向的线。然后他转身，用剑指着北方对众人说：

"朋友们！回到巴拿马，有安逸，有欢乐。"

然后，他用剑指着南方说：

"前方是苦役、饥饿、赤身裸体、倾盆入注的暴雨、荒芜和死亡。

但是，秘鲁的黄金也在前方！

因此，我选择去秘鲁。

现在请你们选择，像一个勇敢的西班牙人一样做出你们的选择。"

大部分人站在原地没动。

有 13 人走到皮萨罗身边。

在历史上，他们被称为"加略岛 13 勇士"。

大部分人乘船回去了。皮萨罗和 13 名勇士，还有 3 名印第安人（翻译）留在荒凉的岛上。他们无衣无食，没有武器，没有船只，也不知道秘鲁在哪里。

13 这个数字非常不吉利。

大航海时代是充满机会的时代。

机会可以给你巨额财富。

机会可以让你青史留名。

机会让你只有一次的人生有价值。

选择安逸的人只能默默地过着平凡的生活，等待死亡。

马格罗说服总督，送来一条船给这 13 名勇士使用。

《加略岛》，右三为皮萨罗，地上有一条线。实际情况比图画要惨得多，每个人都应该像饿得半死的乞丐

皮萨罗率领众人乘坐这条船南下，继续寻找黄金国。他们来到一个叫通贝斯的城市，通过印第安人的翻译与当地官员建立了联系。

当地官员邀请他们上岸参观。

皮萨罗派阿隆索·德莫利纳（白人）和一名黑人到城里参观，并带着几头猪、几只鸡作为礼物。

通贝斯城里的所有人都出来参观他们了。

他们把一黑一白两个人的衣服脱光，看看他们是不是全白全黑。

他们还给黑人洗澡，看能不能给他洗白。

50多年后，日本领袖织田信长见到一名黑人。信长非常爱干净，让人给黑人洗了三回澡，还是没洗白，这才相信世界上有黑人，并留在身边做武士。

鸡鸣一声，猪吼一声，全城人都乐翻了天。

他们问德莫利纳，公鸡在说什么？

当地官员带着一黑一白两人参观神庙。

他们终于发现了梦想中的东西——黄金。

晚上，两人回到船上，告诉了皮萨罗当天的情景。

皮萨罗惊得差点跳到水里。

不过,这一船十几个人绝对抢不回黄金,说不定会全部死在这里。

皮萨罗于是下令返航。

皮萨罗空手返回巴拿马,受到众人的嘲笑。

总督当面告诉皮萨罗,不会再给他一个人,不会再给他一条船。

醒醒吧!别做你的黄金美梦了。

皮萨罗、卢克和马格罗三个人一商量,现在只能绕开总督,直接向西班牙国王申请。

卢克主教有职在身,马格罗瞎了一只眼。

皮萨罗虽说是个文盲,但也只能靠他了。

皮萨罗虽然没文化,但有头脑。

1528 年,皮萨罗回到西班牙。他一上岸,当地治安官就把他抓住了。

原来,他是逃债去新大陆的。二十多年了,债主们依然没有忘记他。

皮萨罗把黄金王国的事情一讲,债主们兴高采烈,并动用各种关系帮助他去见国王。

皮萨罗给查理国王带来了南美的特产——两头羊驼。

这种动物还有一个称呼,你懂的。

皮萨罗虽然地位低下,初次进宫,但在威严的帝王面前却举止得体,毫无局促不安的表现。

他具备成大事的素质。

就像哥伦布一样,皮萨罗讲得热情、激动。虽然个别地方表达不当,但整体非常感染人。毕竟,他讲的都是自己亲历的生死体验。在危险的森林中面对猛兽毒虫,在致命的沼泽地里挣扎前行。每个人都在流浪,挨饿、受冻,伤痕累累,并看着为数不多的战友死去。

当皮萨罗讲到 13 勇士的时候,喜怒不形于色的国王禁不住流下热泪。

如果明朝官员听说中国人在海外受罪,一般会说,活该!谁叫你出海!都怪你自己! 1603 年,西班牙人在马尼拉屠杀了两万明朝子民,福建官员只是给刽子手发了一封谴责信。

而查理国王不这么想。

皮萨罗不远万里、九死一生,为西班牙扩张领土,为西班牙创造财富。他所受的折磨都是为了朕,为了国家啊!

1529 年 7 月 26 日,查理国王欣然任命皮萨罗为瓜亚基尔湾以南殖民地的总督（也可理解为秘鲁总督），授权他征服秘鲁。

"加略岛 13 勇士"全被授予世袭骑士称号。

征服秘鲁后，"13 勇士"每人可以分到 1000 个印第安奴隶。

马格罗获封通贝斯要塞指挥官，卢克神甫获封通贝斯主教。

为了鼓励皮萨罗团队，查理国王"慷慨地"提出，只拿五分之一的探险收入，五分之四归皮萨罗团队支配。当年，查理国王的外公只给哥伦布百分之十，查理却敢给皮萨罗百分之八十。这就是激励！这就是领导艺术！

查理国王没有出多少真金白银，所有的承诺等皮萨罗抢到黄金后再兑现。

皮萨罗回到老家，招募了 17 名老乡。这些人将是他的嫡系，他的铁杆。其中有五个弟弟（三个杂种弟弟，一个亲弟，一个堂弟）。皮萨罗的父亲在床上没白费功夫。

五个弟弟有三个共同点，很穷、很贪，还很傲。

1530 年，皮萨罗回到巴拿马。

马格罗举着剑和他拼命。

本来三人股份相同，现在皮萨罗带来五兄弟，将来怎么分钱？

三个心照不宣的强盗达成一致意见，还是三人平分。

西班牙国王给皮萨罗的招募指标是 250 人。但很多人不看好此次探险，报名现场十分冷淡。最后，皮萨罗征集了 180 人、37 匹马、三条船。

巴尔维德修道士随行，他的职责是劝说印第安人加入天主教。

马格罗在后方招募援军、采购物资。

1531 年，皮萨罗 57 岁。他忽悠的黄金帝国，到底有没有？

还真有。

黄金帝国准确地说叫印加帝国。

印加人崇拜太阳，有人称他们的国度为太阳帝国（印加就是太阳的子孙的意思）。

他们驯化了羊驼，有人称他们为羊驼帝国。

这是一个绝对奇怪、特别奇葩的国家。

印加帝国的疆域大致相当于今天哥伦比亚南部，厄瓜多尔、秘鲁和智利北部，面积约 200 万平方公里，人口约 600 万。

印加帝国的首都是库斯科，在印第安盖丘亚语中意为世界的肚脐眼、世界的中心。

印加皇帝是绝对的神，所有人都低他一等。他类似于蚁窝里的蚁后，其他人则是工蚁。为了防止巫师下咒陷害皇帝，宫女要吞下他的毛发和痰（不知道排泄物算不算）。

皇室采取近亲结婚制。太子娶他所有的姐妹，一般在百人左右。

皇帝的男性亲属则娶皇帝的女性亲属。

国内所有的贵族军官，国内所有地位高的人，都来自同一个家族。

其他人都是奴隶，都是工蚁。

印加帝国没有文字，用绳网记事。

印加帝国的所有黄金都归国王个人所有。

由于其他人都没有黄金，所以黄金不能流通，也不能买任何东西。

黄金只有一个用途，做成工艺品、装饰品，摆着看。

印加帝国最值钱的东西是古柯树，全部归皇帝个人所有。

皇帝给自己的亲属几片古柯叶子，就是最高赏赐了。

把古柯叶放在嘴里嚼一嚼，立即有一种欲醉欲仙的感觉。

后来，科学家从古柯叶中分离出一种神秘的物质，这就是著名的毒品——可卡因。

印加帝国还有一样宝贝——鸟粪。

别小看这又脏又臭的鸟粪，比黄金和毒品还值钱。

秘鲁的海鸟捕食海鱼，粪便营养成分极高，特别适合做肥料。秘鲁建国后，光出口鸟粪的收入就占国民经济总收入的百分之六十，比沙特的石油还暴利。

印加帝国所有奴隶终生为皇帝和贵族服务。

所有的奴隶有义务生育更多的奴隶。

为增加人口，贵族们给单身男女举办相亲会，并强行让男女结合。

奴隶们的生活条件极差。他们的房子是小黑屋，没有家具，地上有几块羊驼皮，就是床和被子。一家人的尿都保留着，饭前洗手用。

奴隶们除了忙活自己的田地，还要无偿为贵族们干活。

丰富的淡水，足够的鸟粪，勤劳的平民，温暖的气候，印加帝国的粮食多得吃不完。

印加帝国信奉"三不政策"。

一、不偷窃（都穷，也没有货币）；

二、不偷懒（终日劳动，不会饿死）；

三、不欺骗（头脑简单）。

印加帝国是典型的奴隶社会。但人人吃得饱饭，人人不犯罪，人人都有一定的社会道德水平。相比之下，嘉靖皇帝在位期间，明朝出现多次饥荒，甚至到了人相食的地步。

西班牙探险队走到厄瓜多尔的时候，从印第安人手中抢到一些黄金。

皮萨罗自己一点儿没要，全部分给队员。顿时士气大涨。

探险队来到通贝斯城外 50 英里处的通纳岛，驻扎下来。

这时候，从巴拿马赶来一支援军，100 人加 25 匹马，领队是有丰富美洲探险经历的德索托。皮萨罗大喜。但他给探险队下的命令是，原地等待。

所有人只做两件事情，学习印加语，进行刻苦的训练。

整个学习时间长达一年。

皮萨罗能有这样的耐心，实在难得。

有人说，他把一群乌合之众变成了一支特种部队。

1532 年 5 月 16 日，皮萨罗率领军队以无比激动的心情冲进通贝斯。上次他已经探听到那里有多座堆满黄金的神庙，庙里还有大量未婚的处女。

然而，皮萨罗万万没想到，这里已经变成了一座空城、废城，什么都没有了。

原来印加帝国发生了大瘟疫。通贝斯市民有一大半病死，活着的人逃离了这座瘟城。

印加老皇帝卡帕尔下令杀死数百活人，用他们的血祭祀太阳神。没用。

老皇帝自己也染上了瘟疫。一般情况下，他应该待在首都库斯科。然而，他率军征服基多（厄瓜多尔首都）之后，爱上了当地的一名女子，从此再没有回库斯科。

女子生了一个儿子，叫阿塔瓦尔帕（本文简称阿塔）。老皇帝非常疼爱这个儿子。临死前，他下令让阿塔掌管基多，并给他一支军队。

印加帝国只能有一个神、一个帝，任何人不能拥有城市和军队。

因此老皇帝死后，新皇帝华斯卡命令阿塔交出兵权，并回到库斯科居住。

阿塔自然不干。于是两兄弟开战。阿塔大胜，俘虏了华斯卡，并杀死了华斯卡所有的亲属。

西班牙殖民者是残暴，但印加人比西班牙人更残暴、更野蛮。他们还没有成熟的法律体系和全面的道德规范。

西班牙人因为这一年的训练，竟然幸运地躲过了一场血腥的内战！

皮萨罗率领军队离开通贝斯，向印加帝国进发。

一路上，西班牙人秋毫无犯，和土著人和平相处。

皮萨罗每到一地，就让巴尔维德当众宣告：

我们是以教皇和西班牙国王的名义来到这里的。我们要求你们皈依天主教，并做西班牙国王的顺民。

土著人听不懂，也不反对。

皮萨罗假装他们听得懂。

皮萨罗选了一处地点作为殖民总部，将其命名将圣塔格瑞。

稍做休整之后，皮萨罗准备出发了。

这次要真的进入这个神秘的帝国了，这次要真的面对数十万勇猛的印加军队了。

结果如何，天知道。

皮萨罗留下 50 人把守基地。其他的人，110 名步兵，67 名骑兵就是他的全部兵力。当然还抓了数百个印第安人当挑夫。

虽然每一名战士都有较强的战斗力，但最强的战斗力也会输给恐惧的心。一颗恐惧的心会传染所有的人。

就像当年在加略岛一样，皮萨罗让所有人做出选择：

任何人，不愿意跟我皮萨罗前进的，可以留在圣塔格瑞，且不受惩罚。

面对强敌、身陷困境，皮萨罗敢于提这种建议，的确了不起。

当年科尔特斯征服墨西哥的时候，焚烧船只、背水一战。

你们没有退路，必须跟我走！

今天，皮萨罗则采取相反的激励方式。

任何人都可以退出，愿意成就事业的跟我走！

有 9 个人选择回去。

最后剩下 168 个人，每一个人都视死如归。

这支队伍就叫敢死队！

他们一起高呼：

"率领我们前进吧！

你认为往哪里走最合适，就带我们去！

哪怕上刀山下火海，我们也跟着你。

你一定会看到，我们为上帝和国王的事业将全力拼搏！"

通过中间人，皮萨罗同印加皇帝取得联系。

新的印加皇帝阿塔还没有去首都库斯科，他觉得那里不安全，因此率领军队驻扎在卡哈马卡。西班牙人的到来引起了阿塔皇帝的好奇，他想了解皮萨罗的用意，是帮助自己，还是反对自己。

皮萨罗自己也没有想好。明确的用意是拿走大量黄金，可能的用意是击败印加皇帝。

印加皇帝派贵族去接皮萨罗，一路护送他们到卡哈马卡。

西班牙敢死队沿着山脊前进。安第斯山脉的秃鹫静静地站在路旁的枯树上，面无表情地看着这支队伍。

一支有血有肉的队伍。

护送西班牙人的印加人看见马，很好奇。他们还发现马蹄上有铁。

西班牙人忽悠他们说，马吃金属。

印加人于是拿来金银喂马。

西班牙人则偷偷藏起来。

1532 年 11 月 15 日，西班牙敢死队来到卡哈马卡城郊的山上。

皮萨罗向山下望去，一眼望不到边的白色帐篷，至少有两万人。

皮萨罗的家底除了 168 名士兵，还有两门小炮，三支火枪，十几支十字弩，其他武器就是刀剑。

一名在现场的西班牙人事后写道：

"他们的帐篷是如此之多，以至于我们全都在心里充满了莫大的恐惧。但我们不能露出任何害怕的样子，也不能转身回去。

如果印第安人觉察到我们有任何怯懦的迹象，那么，甚至那些给我们当向导的印第安人也能杀死我们。

于是，我们装出一副精神抖擞的样子。"

皮萨罗告诉印加皇帝的使者，我会把印加皇帝当朋友和兄弟来看待。我渴望同他见面。他不会受到任何伤害或侮辱。

双方约定了第二天见面时间、地点。

晚上，印加人的营火就像天上的星星一样多。

印加人到底有多少？西班牙人显然不能一个一个数。

两万人是有的。

明天要不取得胜利，要不留下 168 具尸体，无一生还。

敌人没来，恐惧来了。

皮萨罗跑来跑去，给他的部下打气。

朋友们！我们不分贵贱，不分兵种。

套用一个现代俗语：

今夜，我们都是西班牙人。

皮萨罗把有限的 168 人分成四队。

两队骑兵，一队交由他的兄弟埃尔南多指挥，一队交由德索托指挥。

两队步兵，他的兄弟胡安率领一队，他自己则亲自率领另一队。

第二天早上，皮萨罗改善伙食，大家吃饱喝足。

然后，全体人员热血沸腾地高唱赞美诗，齐声高呼："主啊，保佑我们去完成你的事业！"

这帮利欲熏心的家伙，还好意思把卑鄙的抢劫当成崇高的事业。

阿塔皇帝的心情很好。

他刚刚得到报告，他的将军俘虏了他最大的敌人华斯卡（消息传得太慢）。

阿塔皇帝头戴皇冠、身穿华服，脖子上套着一个绿宝石大项圈。他乘坐轿子前往会谈地点。轿子两边是 80 名身着鲜蓝色号衣的贵族。轿子后面是 6000 名猛士。城郊还有上万大军。

会谈地点是一个方形的广场。广场四面有墙，只有两个出入口。

皮萨罗派巴尔维德前去和印加皇帝谈话。

巴修士一点也不害怕。反正命是上帝给的，为上帝而死，肯定上天堂。

巴修士一手拿着十字架，一手拿着《圣经》，来到阿塔皇帝面前说道：

"我是上帝派来的仆人。现在，我把上帝的福音给你。"

修士开始讲上帝造人、挪亚方舟、亚当夏娃、耶稣被钉上十字架。

印加皇帝听晕了。他甚至没见过书，于是伸手表示想看。

巴修士把《圣经》合上递给他。

阿塔竟然不知道如何打开这个小盒子。

巴修士准备上前帮忙。

阿塔皇帝大怒，伸手拨开了修士的手臂。他打开书，发现里面没有宝贝（也许他以为书里有黄金、宝石），于是把书扔在地上。

巴修士大怒。他捡起书，走到广场入口，大声喊道：

"出来吧，基督徒们！向这些拒绝上帝福音的狗敌人冲过去！那个暴君竟敢把我的《圣经》扔在地上！向他们冲过去，我会宽恕你们的罪孽！"

阿塔皇帝和他的 6000 名保镖不知道巴修士在叫什么，于是静静地看他表演。

突然"轰隆"一声炮响，与此同时，"嘀—嗒—嘀—嗒"的喇叭响起。

全副武装的四支西班牙部队，就像罗马斗兽场里被放出了狮虎，从两个入口杀向阿塔皇帝。他们一边冲一边喊着战斗口号："圣地亚哥！"（西班牙的圣人）

炮声、枪声、喇叭声、銮铃声、呐喊声，加上极速冲击力的战马，使全体印加人陷入一片惊慌。

一个训练有素的欧洲骑兵面对没有护甲的印加人，可以说是一剑一个，从不浪费。印加人的武器只是棍棒和上面捆绑的少许铁器，根本不起作用。

印加人吓得四处乱跑。由于广场是封闭的，他们撞在一起，形成一个个人堆，很多人是被压死的。

所有人都跑向出口，反而把出口堵死了。

西班牙人杀得兴起。用句中国的话，这就叫驱虎豹入犬羊。

擒贼先擒王。

皮萨罗人在马上，手持长剑，以飞一般的速度冲到阿塔皇帝的轿子前。

80 个人抬轿，80 个主意，都不知道该往哪里走了，越使劲越动不了。

皮萨罗一把抓住阿塔的左臂，大喊一声："圣地亚哥！"想把阿塔从轿子里扯出来。

抬轿人于是用力向上举。轿子太高，皮萨罗用不上劲。

七八个西班牙骑兵赶过来，用力砍杀抬轿人。

轿子倒了。有人举剑来砍阿塔皇帝。

皮萨罗情急之下用手臂去挡刀剑，在盔甲的保护下受了轻伤。他大声斥责道："谁敢伤害印加皇帝，我就宰了他！"

168 名西班牙人杀了两千多印加人，只有皮萨罗一人受伤。

逃出去的印加人和城外上万人的大军一起奔逃，溃军长达 20 英里。

赢了！做到了！

相传这就是囚禁印加皇帝的石屋

皮萨罗把阿塔皇帝囚禁在一间石屋里。

蚂蚁失去了蚁后，相当于失去了头脑。印加士兵失去了阿塔皇帝，像没有电的玩具，只能被动地接受命令。

皮萨罗对阿塔皇帝说，命令你的人交出黄金和白银。黄金要装满这个屋子，白银要装满两个这样的屋子。

屋子长 6.7 米，宽 5.18 米，高 2.5 米。

用简单的数学知识计算，87 立方米的黄金和 170 立方米的白银。

印加帝国的真金白银从全国各地陆续运到卡哈马卡，前后用了 5 个月。

印加皇帝不需要金元宝。因此，运来的黄金都是工艺品，艺术价值极高。其中有一个金玉米，颗粒饱满、闪闪放光，外面还包着用白银做的叶子。

美剧《权力的游戏》中有铁王座，印加皇帝是金王座。

文盲皮萨罗遇到了难题：这些大小不一的工艺品如何分给自己的弟兄。

他命人建造一座锻炉，将所有工艺品熔化，制成金锭。

就这样，国宝一件件被毁掉。

所有的金银加在一起，总价值约为 4 亿美元。

168 人当中，最低等级的步兵可以分到 34 万美元。

当时年收入 50 美元就是中产阶级了。

换成现今的表达方式，最低等级的士兵，可以分到两亿人民币。

后人称这 168 人为"卡哈马卡的男人"。

皮萨罗分得的金银约是普通士兵的 13 倍，外加金王座。

那 9 个回到圣塔格瑞的人将终生后悔不已。

黄金到手，皮萨罗原想释放阿塔皇帝。他又考虑到被侮辱的皇帝会报复自己，于是决定处死阿塔。他给阿塔两种选择，不信教烧死，信教绞死。

失去意志的阿塔接受了洗礼。

1533 年 7 月 26 日，皮萨罗绞死了基督徒阿塔。

1534 年 1 月，皮萨罗派弟弟埃尔南多回到西班牙，将五分之一黄金交给查理国王。

查理国王非常满意，封皮萨罗为秘鲁总督，阿塔维罗斯侯爵。

埃尔南多被封为圣地亚哥骑士；巴修士被封为库斯科主教；马格罗被封为智利总督。

阿塔皇帝死后，印加人拥戴老皇帝的另一个儿子曼科为皇帝。

皮萨罗派自己的弟弟埃尔南多占领库斯科，曼科投降。

皮萨罗是秘鲁总督，按理说应该到库斯科办公。他觉得库斯科有两个缺点。一是位置太偏，离西班牙人的大本营巴拿马太远。二是位于内陆，离海太远。皮萨罗在太平洋东岸选了一块土地建设新首都，即今天秘鲁的首都利马。

此时，合伙人马格罗带着一支军队赶来了。

马格罗没有参加卡哈马卡之战，皮萨罗按最低标准给他分金银。

卢克主教已经去世，合伙人就剩下他们两人了。

马格罗不干。他说自己和皮萨罗是原始股东，两人股份相同。

皮萨罗说，你是股东不假，但公司做这么大，主要是我的功劳。

马格罗说，那你把印加首都库斯科给我。

皮萨罗也不同意。

最后两人暂时达成妥协，马格罗去征服智利，此事回头再议。

马格罗心想，如果智利发现大量黄金，我就不同皮萨罗争执了。

1535 年，马格罗率领 600 名西班牙士兵和 1 万名印第安奴隶出发了。

当时的智利不是一个文明帝国，到处都是落后的土著部落。马格罗花了很多钱，死了很多人，一无所获。他越想越气，干脆带着军队直奔库斯科。

此时，库斯科的印加人发动叛乱，杀死了皮萨罗的弟弟胡安。埃尔南多率领少数西班牙人奋死抵抗。

马格罗率领大军攻下库斯科，把皮萨罗的两个弟弟埃尔南多和贡萨罗关进监狱。

这都是分赃不均惹的祸。

皮萨罗只好和马格罗谈判，同意把库斯科给他。

马格罗放了埃尔南多。贡萨罗越狱逃跑。

埃尔南多视马格罗为敌人。

1538 年 4 月 26 日，在一场战斗中，埃尔南多俘虏了马格罗。

经过审判，马格罗被吊死，财产被没收。

马格罗儿子和马格罗的追随者生活在利马，非常贫困。

一些马格罗的追随者回到西班牙，向最高法院控告埃尔南多谋杀智利总督。

当时埃尔南多正押送着一批黄金回到西班牙。由于证据确凿，他被判处二十年监禁。

查理国王看在黄金的面子上，给他非常好的居住条件，相当于软禁。

查理国王对皮萨罗也产生了怀疑。他派卡斯特罗去秘鲁出任大法官。

皮萨罗终生未婚，和印加公主生下一儿一女，儿子早逝。他已经六十多岁了，活不了几年了。只要他一死，就由卡斯特罗继任总督。

皮萨罗出生入死，为帝国征服了大片的领土，为国王送去了成吨的黄金。但是，查理国王还是嫌弃皮萨罗出身卑贱。他要把秘鲁交给自己人，交给西班牙世袭贵族。

封建社会，贵族们为了自保，相互结亲，形成庞大的利益共同体。

国王只能利用他们，不能得罪他们，甚至还要讨好他们。

至于平民子弟，没有利用价值了，就得及时抛弃。

1541 年 6 月 26 日是星期天，所有人都去教堂了。

马格罗的儿子小马格罗带着二十名亲信，拿着刀剑直奔总督府。

当时皮萨罗正在餐厅和几名客人吃饭。

刺客们冲进总督府，杀死几个仆人，直奔餐厅。

皮萨罗连忙去穿盔甲。由于时间紧迫，他索性扔掉穿了一半的盔甲，和刺客们搏斗在一起。虽然杀了两个人，终因体力不支，倒在血泊当中。

流氓临死前，用自己的血在地上画了一个十字，并大喊："耶稣！"

皮萨罗的遗体葬在利马大教堂，今天还在。

皮萨罗死后，他的唯一后代，和印加公主生的女儿法兰西斯卡来到西班牙，嫁给了叔叔埃尔南多。

皮萨罗和马格罗在没有黄金的时候是生死搭档，在有黄金的时候不共戴天。最终，双双暴死。

这就是谁也违抗不了的"四同定律"。

同舟共济——同床异梦——同室操戈——同归于尽。

皮萨罗贪婪、冷酷、奸诈。

皮萨罗勇敢、进取、机敏。

世界上没有完美无瑕的圣人，也没有一无是处的恶棍。

在人类军事史上，以少胜多的例子比比皆是、数不胜数。

蒙古人征服了人口比自己多二十倍的南宋。

亚历山大大帝和拿破仑曾多次取得以寡敌众的军事胜利。

但是，用168人征服一个600万人口的帝国，这是军事史上从来没有过的事情。

这相当于今天的"斩首"行动。

也许拿破仑和亚历山大都不敢带着168人出发。

当然，皮萨罗也有运气的成分。

但皮萨罗主要靠的不是运气，不是武器，而是野心。

当卡斯特罗赶到利马的时候，皮萨罗已经死亡两个多月了。他立即宣布自己是新的秘鲁总督。

有国王的文件，有皮萨罗手下的支持，他的上任过程很顺利。

小马格罗等人则成为叛军，只好跑到库斯科。

卡斯特罗的军队追到库斯科，将小马格罗斩首。

皮萨罗另一个弟弟贡萨罗，也在叛乱中被杀。

168名"卡哈马卡的男人"，168名亿万富翁，在后面的几次叛乱中大都被杀，据说只有两名得到善终。

一屋子黄金和两屋子白银看起来很多。

皮萨罗死后第四年，秘鲁发现波托西大银矿，每年产出160吨白银。而同期的明朝，每年白银产量约20吨。

在丰产期，波托西的白银产量占世界一半。

查理国王并没有给科尔特斯和皮萨罗直接支持。这两个野心家带着几百人就给西班牙帝国增加了1500万平方公里的土地，以及数不清的黄金白银。

西班牙人自豪地写道：

"我们深谋远虑、刚毅坚忍、严明军纪、辛勤努力、出没风涛、浴血沙场，使虔诚徒众欢欣鼓舞，使异端邪教闻风丧胆。

渡过如此多的海洋，跨过如此长的陆地，征服如此大的地区，取得如此伟大的业绩，竟是靠如此少的人来成就。

从古到今，未曾听闻。

有谁的英勇事迹能和西班牙人的英勇事迹相提并论？

在这个时代，我们征服了前所未闻的广大领土，比所有相信上帝和不相信上帝的诸侯王公们所拥有的领土还大。"

西班牙人摧毁美洲文明，杀戮印第安人，犯下严重的罪行。

但西班牙人的确有野心，敢拼命。否则西班牙人也不可能建立一个日不落大帝国。

美洲文明太落后了，早晚会被欧洲文明征服。至于亚洲，由于地理位置和文化的原因，不太可能去征服美洲。

世界近代史上还有一次大征服，一个国家用很少的军队就征服了 1000 万平方公里的土地，这就是俄罗斯征服西伯利亚，时间上比西班牙人晚一百年左右。

西伯利亚面积约 1300 万平方公里，比欧洲和大洋洲都大。

就像美洲的印第安人一样，西伯利亚有大量部落，以游牧为生。这里没有国家政权（酋长制），没有文字，甚至还不如阿兹特克、玛雅和印加文明发达。

印加帝国人口超 600 万，而整个西伯利亚地区人口不到 50 万。

从立国之初，朱元璋就强烈反对侵略他国。他说：

"东洋及南蛮诸小国……得其地不足以供给，得其民不足以使令。若其自不揣量来扰我边，则彼为不祥。彼既不为中国患，而我兴兵轻伐，亦不祥也。吾恐后世子孙，倚中国富强，贪一时战功，无故兴兵，致伤人命，切记不可。"

朱元璋的观点现在看来，也对也不对。

对的方面，明帝国爱好和平，不欺负小国、弱国。

不对的方面，明帝国丧失了发展的机会。

1565年，西班牙人黎牙实比率领4艘船只，500名士兵，从墨西哥出发，在海上航行了93天之后，到达菲律宾中部城市宿雾。

1571年，黎牙实比率军北上，占领马尼拉，建立殖民地。

万历十五年，公元1587年，西班牙准备派遣一支两万人的军队征服大明。具体过程参见拙著《万历十五年欧洲那些事儿》。

西班牙海外探险大事记

1492 年　哥伦布发现新大陆。

1505 年　西班牙人胡安·德·贝穆德发现百慕大岛（用他的名字命名）。

1507 年　马丁·瓦德西穆勒绘制了世界上第一幅有美洲的地图。

1510 年　向日葵第一次引入欧洲。

1512 年　意大利探险家亚美利哥·维斯普奇去世。美洲和美国因他命名。

1513 年　西班牙人巴尔博亚通过巴拿马地峡，看到了太平洋。

1515 年　西班牙人维拉斯奎兹·德奎利亚尔征服古巴，建立哈瓦那。

1516 年　查理五世成为西班牙国王。

1521 年　麦哲伦在菲律宾遇害。科尔特斯征服墨西哥。

1522 年　"维多利亚号"返回西班牙，完成人类第一次环球航行。

1529 年　西班牙和葡萄牙签署《萨拉戈萨条约》，划分东半球。

1533 年　皮萨罗征服秘鲁。

1535 年　西班牙首次任命新西班牙（墨西哥）总督。

1536 年　西班牙入侵智利，建立布宜诺斯艾利斯。

1543 年　西班牙在利马设立第二个美洲总督。

1543 年　西班牙将吕宋岛区域命名为菲律宾。

1545 年　西班牙在南美发现波托西银矿，乃世界最大的银矿。近三百年产矿 2.5
　　　　　万吨，约合 6.7 亿两白银。

1551 年　墨西哥城和利马各成立一所大学。

1552 年　卡萨斯出版《西印度毁灭史》，谴责西班牙殖民者。

1565 年　西班牙人黎牙实比征服菲律宾。中国—菲律宾—墨西哥之间的大帆船贸
　　　　　易开启。此后，至少有 6000 万两白银从墨西哥运到中国。

1575 年　西班牙代表团访问中国福建。

1580 年　西班牙国王腓力二世成为葡萄牙国王，西班牙控制太平洋、大西洋、印
　　　　　度洋，成为全球帝国。

第二部分　君　　主

查理五世（1500—1558）

在我的领土上，太阳永不落下。

我和上帝说西班牙语，和女人说意大利语，和男人说法语，和我的马说德语。

金钱如同女人，如果你追求得过于强烈，她反而会疏远你。

叫我被炮弹击中的皇帝。

我这辈子曾经犯了许多严重错误，或许由于我年轻无知，或许由于我的缺点。但是，有一点我可以向大家保证：我从未有意伤害过我的任何一位臣民，对他们施以暴力或不公。如果真有这种情况，我感到很遗憾，并请求原谅。

第四章

查理五世——日不落皇帝

1519 年 1 月，神圣罗马帝国皇帝（以下简称皇帝）、奥地利大公马克西米利安去世。

皇位空缺中。

他的儿子"美男"腓力死于 14 年前。他的孙子、西班牙国王查理成为最有竞争力的候选人。

之所以说是候选人，因为欧洲唯一的皇帝由选举产生。

只有德国三大主教（科隆大主教、美因茨大主教和特里尔大主教）、四大诸侯手中有选举权。

为什么是德国呢？

因为这七人选举出来的是德国国王。

但被选举出来的德国国王，却自称是罗马王。

如果教皇反对，被选中的人只能一直自称罗马王。

如果教皇同意，并给这位加冕，这位就可以使用神圣罗马帝国皇帝的称号了。

同年，中国正德皇帝自封为"总督军务威武大将军、总兵官、太师、镇国公朱寿"，遭到群臣强烈反对。他们认为皇帝自贬身价、尊卑不分。

1519 年皇帝选举，竞争尤为激烈。

候选人除了西班牙国王查理外，还有法国国王弗朗索瓦、英国国王亨利八世，以及德国四大诸侯之一萨克森公爵。

选举不需要发表施政纲领，不需要向选民握手拉票，只要把钱准备好就行了。

弗朗索瓦获得了教皇利奥十世的支持。教皇觉得皇帝离自己近，威胁大。

弗朗索瓦向竞争对手亨利八世借款 10 万克朗，遭到拒绝。法国大使却成功地从伦敦银行家那里搞到 36 万，仍然差得很远。弗朗索瓦不得不卖房卖地。

查理向经营金融和矿业的富格尔家族寻求大笔贷款。

1519 年 6 月 8 日，在法兰克福，七大选举人把票都投给了查理。

因为弗朗索瓦的贿金为 72 万杜卡特，而查理的贿金为 81.2 万杜卡特（约两吨黄金）。

富格尔大言不惭地说，皇冠落在谁的头上，由我这个商人说了算。

的确，欧洲的金融财团可以左右君主决策，可以决定战争胜负。

这并不是一个笑话，相反，是一种历史进步。

皇帝向商人借钱，要签合同，要还利息，商人来要债也得躲出去。

皇帝没有命令士兵拿着刀枪去商人家里抢，也没有让法院找个罪名判商人死刑，没收商人财产。

不过，话说回来，钱只是一种选举因素，并不是决定因素。

教皇、西班牙国王、法国国王、英国国王、德国诸侯在寻找一种欧洲平衡。

查理除了是西班牙国王，还是荷兰、比利时、奥地利、捷克的元首，他认为自己孙承祖业，理所应当。他是欧洲势力最强大的人。

所以，法国国王和教皇都反对他成为皇帝。教皇更中意萨克森公爵，因为后者只是德国七大实力派之一，实力最弱。

四百多年来，英国国王一直看不惯法国国王。亨利八世绝对不想让弗朗索瓦当选，否则见面的时候多丢人啊。

其实当选神圣罗马皇帝，并没有得到一个国家，甚至得到一个地区。

因为皇帝称号，只是一种荣誉。

查理表面上是德国三大主教四大诸侯的主公，但涉及具体利益冲突时，他们都会抗旨不遵，甚至与皇帝刀枪相见。

查理却为竞选皇帝欠下一大笔债，终身都在偿还。

我们再来说说查理皇帝的家史。

查理的外婆就是资助哥伦布发现美洲的、著名的而且美丽的伊莎贝拉女王。

1504 年，伊莎贝拉女王去世，她的丈夫费尔南多接管西班牙。夫妻二人留下三个女儿。玛利亚嫁给葡萄牙国王。凯瑟琳嫁给英国国王亨利八世。胡安娜嫁给了马克西米利安皇帝的儿子"美男"腓力，生下查理。

胡安娜完全被丈夫的美貌迷住了，一分钟也离不开他。

腓力却经常出轨。

胡安娜想把腓力关起来，禁止他与任何女性，甚至任何雌性（母猫）接触。

腓力操纵当地法庭裁定胡安娜有精神病，将其软禁在疯人塔。

1505 年 9 月，腓力死于斑疹伤寒。

痛苦万分的胡安娜禁止他人把丈夫的尸体下葬，也禁止任何女性进入停尸房。除了吃饭和上厕所，她所有的时间都是坐在尸体旁边，痴迷地看着丈夫的"美颜"。有时候摸他的脸，有时候拥抱他。

安葬腓力的时候，胡安娜要求灵车只能在夜间行进。

她说，我灵魂中的阳光早已不复存在。

有一天夜里，送葬队伍来到一所女修道院，准备停下休息。

为了躲开修道院里数十个女人，胡安娜命人把灵柩放在修道院外。她自己也不进修道院舒适的卧室，而是睡在灵柩旁边的泥地上。

费尔南多只能将自己的疯女儿继续软禁。

1516 年，费尔南多去世。

查理继承西班牙王位。然后，他将自己的母亲又软禁了二十多年。

1555 年，被丈夫、被父亲、被儿子相继软禁四十多年后，胡安娜去世，享年 76 岁。她不求回报的爱、绝望的嫉妒和永不磨灭的忠诚，迷住了无数文学家和艺术家。

1519 年，查理当选罗马王。11 年后，教皇才为他加冕。他才成为真正的皇帝，史称查理五世。

如果按照当今的选举方式，查理可不占什么优势。

亨利八世英俊多才，弗朗索瓦风度翩翩。

查理五世不仅个头小，也没有遗传父亲的美貌。他长着一个向外撅出的大下巴。最要命的是，他讲话口齿不清，显得严肃呆板。

皇帝的优点是节俭、勤奋、不和女人鬼混。他会弹奏乐器，其唱歌水平可以通过《中国好声音》初选。

通过自己的祖父和外公，查理五世继承的土地包括西班牙、奥地利、尼德兰（荷兰、比利时、卢森堡）、捷克、瑞士、米兰、那不勒斯、西西里、弗朗什孔泰、勃艮第，等等。

查理五世的头衔至少包括一帝（罗马皇帝），四王（罗马王、卡斯蒂利亚国王、阿拉贡国王、那不勒斯国王），十三公（奥地利大公、林堡公爵、布拉邦特公爵、卢森堡公爵等），二十二伯（荷兰伯爵等）。

正德皇帝封自己为公爵，被文官集团视为贬低身份的行为。

在欧洲，皇帝国王都有若干个伯爵称号，不仅不觉得丢人，还视为荣誉。

从查理曼大帝到拿破仑，这一千年当中，查理五世是欧洲拥有最大领土的君主。

查理五世说："我和上帝说西班牙语，和女人说意大利语，和男人说法语，和我的马说德语。"

在欧洲，查理五世最大的挑战者就是法国国王弗朗索瓦。

两人在米兰和勃艮第有领土争端。

查理五世说："我和表弟弗朗索瓦在很多观点上是一致的。比如他要米兰，我也是。"

1521 年，西班牙军队把法军赶出米兰。

1523 年，法国人夺回米兰，又被西班牙人赶出。

1525 年，在帕维亚战争中，西班牙军队俘虏了法国国王，把他带到马德里。

"我是您的俘虏和奴仆！"弗朗索瓦在查理皇帝面前谦卑地说。

"你说错了。你是自由的。你是我的朋友和兄长。"皇帝回答。

在《马德里条约》中，弗朗索瓦放弃米兰和勃艮第。

皇帝把自己的寡姐嫁给弗朗索瓦，两人结成亲戚。

作为欧洲皇帝，查理五世希望团结弗朗索瓦，共同对付土耳其。

弗朗索瓦回到巴黎后，宣布条约无效，继续同查理五世作战。两人打了五仗，前后二十多年。虽然查理占了上风，但也消耗了大量金钱和精力。

查理五世在欧洲的第二个主要敌人是教皇。

皇帝和教皇是数百年的天敌。皇帝总是想全面控制意大利。教皇总是想削弱皇帝，把皇帝的势力赶出意大利。皇帝派军队进攻罗马，教皇就逃到法国避难。

因此，教皇和法国一直是传统盟友。

教皇克莱芒七世与弗朗索瓦结盟，查理五世大怒。1527 年，他派军队进攻罗马。失控的西班牙军队在罗马烧杀抢掠，至少有六千到八千罗马人被打死。到处都是强奸、纵火、抢劫以及瘟疫，圣城变成了地狱。被俘虏的克莱芒教皇只得向查理五世低头。

1529年，教皇与皇帝签署《巴塞罗那条约》，并于第二年为查理五世加冕。

查理五世第三个敌人是没有地盘，没有军队，没有名气，只有一个人的马丁·路德。

1521年，在沃尔姆斯帝国会议上，路德当着查理皇帝的面，拒绝改变自己的主张。

查理五世判处路德有罪。因为会前曾承诺路德的人身安全，所以没有拘捕他。

15年后，德国诸侯几乎都从天主教徒变成了新教徒。

从宗教上讲，查理皇帝是虔诚的天主教徒，必须消灭德国新教势力。

从政治上讲，德国诸侯和查理皇帝信仰不同，就会离心离德，不再服从皇帝的管辖。

1546年，查理五世以三倍兵力向德国新教贵族开战，并取得胜利。在战斗中，查理不顾痛风困扰，骑在一匹大黑马上长达21个小时。他称士兵为"我的儿子"。

1552年，战争再次爆发。身为德国国王的查理五世败在德国诸侯手下，被迫签署《奥格斯堡合约》。条约承认新教合法，承认"教随国定"，即德国各诸侯有权决定自己领地的宗教信仰。

说完了欧洲，再说美洲。

查理五世的外婆伊莎贝拉女王赞助了哥伦布。

查理五世也赞助了一名航海家——麦哲伦。

1519年9月20日，麦哲伦率领5艘船、250名水手从西班牙出发。

在南半球，水手们看到两个巨大的星团在天空中飘浮。后来人们以麦哲伦命名为"大麦哲伦星云""小麦哲伦星云"。两大星云不属于银河系，但肉眼可见，非常壮观。

麦哲伦还没有发现大陆，先发现了天空。

一年后，麦哲伦的船队由东向西，穿过南美洲南端的一道海峡。海峡的东边是大西洋，西面也是海洋，当时称大南海。

麦哲伦觉得大南海平静无浪，于是将其命名为太平洋。

后人将他穿过的那道海峡命名为麦哲伦海峡，并将海峡附近的一种企鹅命名为麦哲伦企鹅。

麦哲伦指挥船队冒着生命危险横跨太平洋，幸运地来到菲律宾。不幸运的是，麦哲伦本人被当地土著杀死了。

"维多利亚号"船长埃尔卡诺率领大家继续前进。1522 年 9 月 8 日，"维多利亚号"回到西班牙，历时三年。

5 艘船变成 1 艘，250 人变成 18 人。

中国有句老话：耳听为虚，眼见为实。

西方也有句谚语：

Seeing is believing.

以前，无论多少人说地球是圆的，都没有资格。

只有埃尔卡诺有资格。

那么，为什么人人都知道麦哲伦，不知道埃尔卡诺？

这一点我一开始特别不能理解，细想之后，找出两种解释。

第一种解释我举了一个例子。

麦哲伦是一个大型实验室的负责人。他的一个助手发现了惊人的实验结果。人们固然要

第一个完成环球航行的埃尔卡诺

奖励这名助手，但这个实验结果要归功于麦哲伦。因为他申请的经费，他组建的实验室，他招募的科研人员，他布置的任务。没有他，就没有实验结果。

第二种解释。当麦哲伦到达菲律宾的时候，就已经证明地球是圆的了。

首先，别人向东走到达东亚。

现在，你向西走到达东亚。

因此，地球是圆的。

证明完毕。

就在麦哲伦环球航行的同时，西班牙人埃尔南·科尔特斯征服了墨西哥。十多年后，西班牙人弗朗西斯·皮萨罗征服了秘鲁。加上之前控制的加勒比地区，西班牙在北美的殖民地连成一片，其领土面积超过十个西班牙。

在此之后，墨西哥和秘鲁陆续发现大银矿，在高峰期其开采量占全世界的 80%。

查理皇帝听说印第安人被血腥虐待，生不如死，深感不安。尽管美洲殖民者多次强调劳动力严重匮乏，但查理皇帝依然下令，禁止使用印第安奴隶。

说完了美洲，再说亚洲。

让查理五世寝食不安的敌人，在这里。

发源于亚洲的土耳其帝国不断蚕食欧洲的领土。欧洲文明的源头——希腊早就归土耳其苏丹所有。保加利亚、罗马尼亚、摩尔多瓦、巴尔干半岛也纷纷陷落。医院骑士团也被赶出罗德岛。

土耳其苏丹苏莱曼大帝比查理五世大六岁，东征西讨、百战百胜。

作为天主教世界的领袖，查理五世必须担负起保卫欧洲的重责。

1526年，苏莱曼大帝在莫哈奇战役中对匈牙利王国造成毁灭性打击。

1529年，土耳其军队包围了维也纳。这里可是查理五世的祖产。欧洲人以为世界末日到了，小孩子晚上都不敢哭。

幸而由于天气和补给问题，土耳其人撤军了。

苏莱曼麾下著名海盗王巴巴罗萨在地中海频频打劫欧洲商船，甚至登陆西班牙和意大利本土，烧杀抢掠。巴巴罗萨绑架了意大利最著名的贵妇冈莎加，准备送给苏莱曼当妾。勇敢的冈莎加裸身逃跑，保住了身体和尊严。

海盗王把北非的突尼斯纳入土耳其帝国的势力范围。

查理五世防不胜防、寝食不安。

1535年，查理五世集结300艘战船亲征突尼斯。突尼斯首领哈桑向皇帝称臣纳贡。

查理凯旋，欢呼的人群称他为"在非洲和亚洲的欧洲捍卫者"。

1538年，在普雷韦扎海战中，查理五世的军队大败而归，失去了地中海的控制权。

土耳其宰相对威尼斯大使炫耀说："贵国说地中海是你们的妻子。现在，她属于土耳其了。"

1541年，为了夺回地中海海权，查理五世率领260艘船讨伐阿尔及尔。不幸的是中途遭遇风暴，损失了100艘船。登陆时，又有14艘触礁。上岸后，他们被阿拉伯人痛击，只得败退。

1547年，查理五世与苏莱曼达成协议。皇帝放弃了匈牙利王国的大部领土，每年向苏丹缴纳三万杜卡特金币，以换取和平。

1529年4月，西班牙与葡萄牙签署《萨拉戈萨条约》。条约规定，在摩鹿加以东 17 度（今巴布亚新几内亚）划出了一条子午线，把太平洋一分为二。左边（西边）归葡萄牙，右边（东边）归西班牙。

1542 年，西班牙人在西太平洋发现一些"新"的岛屿。他们用查理五世的儿子腓力的名字，将这些群岛命名为菲律宾。

查理皇帝在欧洲拥有最大的领土，在美洲拥有最大的领土，在亚洲和非洲都有殖民地。在此之前，没有任何一个帝国能够做到。

查理五世自豪地说出了那句举世闻名的壮语：

"在我的领土上，太阳永不落下。"

1556 年，查理五世将自己统治的区域一分为二。

西班牙、尼德兰、西西里、那不勒斯、弗朗什孔泰、米兰及亚洲、美洲、非洲殖民地留给了他的儿子腓力。

奥地利、捷克、德国（部分）、匈牙利（部分）以及神圣罗马皇帝留给了自己的弟弟费尔南多。

查理五世手托地球，看着他打败的人。他旁边是两个大力神支柱。上面写着他的个人铭文："走得更远"。左边是土耳其的苏莱曼大帝、教皇克莱芒、法国国王弗朗索瓦。右边是德意志诸侯（Simonzio Lupi 作品）

查理五世在退位仪式上说道：

"我这辈子曾经犯了许多严重错误，或许由于我年轻无知，或许由于我的缺点。但是，有一点我可以向大家保证：我从未有意伤害过我的任何一位臣民，对他们施以暴力或不公。如果真有这种情况，我感到很遗憾，并请求原谅。"

1558 年 9 月，查理五世去世，享年 58 岁。

临死前，他紧紧握着妻子伊莎贝拉去世时所持的十字架。

查理遗传了他的母亲——疯女胡安娜的"痴情"基因。

妻子去世后，查理五世痛苦地把自己关进修道院，两个月不见人。此后 19 年，他没有再婚，且只穿黑色衣服（表示哀悼妻子）。

查理皇帝委托著名画家提香画了多幅妻子肖像。在家的时候挂在墙上，出行的时候带在身边。

提香有一次作画的时候，画笔掉在地上。查理五世俯身捡起，递到画家手中。高高在上的皇帝为地位低贱的画家弯腰，此事成为君主尊重艺术家的美谈。

"万王之王""世界之主"的查理五世，其历史影响力却远远不如马丁·路德，不如他手下的埃尔南·科尔特斯和弗朗西斯·皮萨罗，甚至不如他的医生安德烈·维萨里。

1543 年，维萨里出版了《人体构造》一书，总结了当时解剖学的成就。他本人被认为是近代人体解剖学的创始人。

查理五世为了保持一个大帝国，为了维护天主教秩序，不懈地努力着。他在位 39 年，有 35 年在打仗。他要团结欧洲同土耳其作战，他要全过程应付欧洲第二强者的挑战，他要协调教皇不给自己添乱，他要消灭新教思想和势力。现存的一篇日记反映出查理五世的无奈：

要对每件事情做出决定可真困难啊！虽然我绞尽脑汁，全力以赴，还是徒然。时光转瞬即逝，我还没有留下光荣的回忆，没有完成可以称耀的事迹。我不知道采取什么伟大的行动或者做些什么。

和查理五世相比，嘉靖皇帝的日子太舒服了。

弗朗索瓦一世（1494—1547）

如果我们只在意结果，我们终将一事无成。

女人总是善变，相信她们的男人是傻瓜。

没有女人的宫廷如同没有春天的年份和没有玫瑰的春天。

艺术家和君主一样不朽。

第五章

弗朗索瓦一世——大鼻国王的功与过

英国和法国是老冤家，仇敌、宿敌、天敌。

英法百年战争之后，英国陷入三十年内战（1455—1487年）。法国国王得以喘口气，有时间和精力经营国内并积极向欧洲大陆扩张。

法国国王查理八世于1483年登上王位。他进攻意大利那不勒斯，先胜后败。

法国军队撤兵回国后，染上一种怪病。当时人们不知道病的名字，就叫它法国病。后来才知道真名叫梅毒。

1498年，查理八世进入房间的时候，不巧（凑巧）石头门楣掉下来，砸到他的脑袋。28岁的国王陛下就这样驾崩了。

查理八世没有儿子，王位传给了他的堂叔奥尔良公爵路易，史称路易十二。路易十二接着进攻意大利，先胜后败，一无所获。

达·芬奇《最后的晚餐》刚刚画好。路易十二参观之后，产生了一个新的想法：能不能连墙带画整体搬到法国。技术人员拦住了国王这个疯狂的主意。

达·芬奇用黏土创作了一个巨大的战马模型。法国军队把它射成千疮百孔。

有名波兰人在意大利留学，为了躲避战火不得不辍学回国，他叫哥白尼。

路易十二在位期间，主动减轻税赋，百姓安居乐业，史称"人民王"。

1515年，路易十二去世，没有儿子。王位传给他的女婿弗朗索瓦，史称弗朗索瓦一世。弗朗索瓦本人也有王室血统，不是依靠老婆才当上国王的。

新国王长着小眼睛、大鼻子，绰号"大鼻王"。

让人印象最深的是，新王身高1.98米。

弗朗索瓦喜欢读书，会讲外语。

当时的欧洲国王至少要会三门语言：拉丁语、本国语、一门外语。

弗朗索瓦继位的时候才20岁，勇武好斗。他率领法军第三次出征意大利，用300门火炮打败了瑞士雇佣军，成功占领米兰公国。

教皇利奥十世当面赠给他一幅拉斐尔的圣母像。

意大利普通贵族家里都有油画、雕塑、艺术品。

法国宫廷却没几幅画，一个雕像也没有。

法国和意大利相比，简直是文化荒漠。

弗朗索瓦下定决心要让法国有艺术、有大师、有品位、有时尚。

他重金力邀意大利艺术家来法国发展。

罗索来了，普利马蒂乔来了，切利尼来了。切利尼得罪了教皇，被扔进监狱。弗朗索瓦听人称赞过他的才华，反复向教皇交涉，使他获得自由。在法国，一见切利尼，弗朗索瓦用意大利语对他说："我的朋友，好好玩儿几天吧！什么都别想，只想着吃什么好。有问题就向我反映。"

弗朗索瓦不急于让切利尼干活。

切利尼自己坐不住了。他觉得不能浪费时间，不能对不起国王。

弗朗索瓦看到切利尼的朱庇特雕像时，不禁惊呼："没人见过如此美丽的东西。即使我作为鉴赏家这么喜欢艺术，我也永远想不到这个奇迹的百分之一。"

激动的国王离开时对切利尼说："再会，我的朋友。"

切利尼惊讶得下巴差点儿掉下来。

当然，弗朗索瓦请到的最重量级的人物，还得说是达·芬奇。

弗朗索瓦投资兴建极具文艺复兴风格的尚博尔城堡。他亲自设计草图，不懂就向达·芬奇请教，最终由达·芬奇确认。

尚博尔城堡是世界文化遗产。大家可以上网欣赏一下它的风采。

弗朗索瓦经常探望达·芬奇。很多书上说达·芬奇最后死在国王怀里。

弗朗索瓦看望临终的达·芬奇（法国著名画家安格尔所作）

此前十几年，达·芬奇画了一幅画，因为太喜欢就没有交给甲方，一直留在身边。达·芬奇死后，弗朗索瓦买了这幅画——《蒙娜丽莎》。

弗朗索瓦还重金收购拉斐尔、提香的作品。

随着王宫里的艺术品越来越多，急需一个博物馆来收藏、展示。

大鼻国王选中了卢浮宫。

原来的卢浮宫是保护法国国王的军事堡垒。高塔林立、戒备森严。改造后，卢浮宫变成一座充满文艺复兴风格的新宫殿。

大鼻国王命人新建枫丹白露宫。由意大利大师罗索和普利马蒂乔全盘负责内部装饰。

总之，大鼻国王大兴土木，使法国增添了多座经典建筑。建筑设计师雅克·安德鲁埃·迪塞尔索说大鼻王"对建筑到了难以自拔的地步"。

大鼻国王下令创办法兰西学院，雇佣学者研究希腊语、拉丁语和希伯来语，传播人文思想。

大鼻国王扩建图书馆，重金收购稀有书籍和手稿。

1537年，国王签署《蒙彼利埃法令》。法令规定：

法国市面上出售的所有图书，必须复印一本交给王室图书馆。

王室图书馆不是国王专用，世界各地的学者都可以来阅读。

王室书籍用小牛皮装订。封面有皇家徽章和阿拉伯式曲线图案，挂着深棕色流苏。

弗朗索瓦命令克劳德·加拉蒙德设计了一套字体，用于印刷书籍。这套字体被评为有史以来最佳字体第二。该字体以加拉蒙德的名字命名（Garamond），你在Word/PPT里可以找到它。

法国著名人文主义作家拉伯雷出版《巨人传》后，遭到教会人士猛烈攻击，甚至扬言要暗杀作者。

索朗索瓦亲自担任作家的保护人，让拉伯雷实名出版《巨人传》。

1539年，国王签署《维勒科特莱法令》，要求全国所有法院的司法文件都必须用法语撰写，不得再用拉丁文或方言。

法国过去是一个非常传统的骑士国家。从国王到贵族，以骑马打仗为己任，没人喜欢读书。

如果你说哪个公爵伯爵是学者，他会拔剑与你决斗，因为你侮辱了他。

在大鼻国王的大力推动下，法国涌现了大量的思想家、文学家、艺术家。随着意大利文化的没落，法国思想、法国文化、法国精神后来居上，成为世界文化的枢纽之一。

大鼻国王是法国文艺复兴的鼻祖。

写到这儿，我们不用管弗朗索瓦其他治理功过，也不管他玩过多少女人，都可以得出结论：

他对法国有巨大的贡献。

文化艺术只是弗朗索瓦的业余爱好。

他的主业还是同神圣罗马帝国皇帝查理五世争夺意大利米兰。

843年，"欧洲之父"查理曼大帝的三个孙子将欧洲帝国一分为三：西法兰克王国、中法兰克王国和东法兰克王国。西法兰克王国即法兰西王国；中法兰克王国即意大利；东法兰克王国即德国，后来德国国王自称神圣罗马帝国皇帝。

皇帝认为自己由教皇亲自加冕，是欧洲唯一的皇帝，地位最高。而法国国王只不过由兰斯大主教加冕。

法国国王则认为，皇帝由选举产生。不同的皇帝来自不同的家族，血统不纯。而法国王位是父死子继，每一位法国国王身上都有查理曼大帝的血统。

因此，法国国王高于皇帝。

兰斯大主教虽然不如教皇，但兰斯大教堂的圣膏是天上的鸽子送下来的，教皇就没有。

因此，法国国王不需要教皇来认证他们的合法性。

不过，到了 16 世纪上半叶，查理皇帝统治着西班牙、尼德兰（荷兰、比利时）、德国、意大利南部，从三面包围了法国（第四面是海）。

意大利米兰是皇帝的传统势力范围，他绝不允许弗朗索瓦占据它。

1521 年，皇帝的军队将法国军队赶出米兰。

这回法国的火炮不管用了，西班牙人用的是火枪。

这一年，波旁公爵夫人苏姗去世，没有一儿半女，在遗嘱中把领地全部赠给了自己的丈夫——美男子夏尔公爵。

大鼻国王的母亲路易丝——法国王太后认为，夏尔公爵只是娶了苏珊，才取得庞大的波旁地产。现在苏珊死了，波旁产业应该归还苏珊的亲人，即自己。

夏尔坚决不同意。

太后提出，要不咱俩结婚，共同分享遗产？

太后守寡二十多年，时年 45 岁，早就看上了 31 岁的夏尔。

夏尔年轻貌美，讨厌贪婪的老太后。

大鼻国王于是代母亲把夏尔告上巴黎高等法院。

国王的理由很勉强。太后从血缘上的确比夏尔近。但她是女性，按理说没有财产继承权。夏尔虽然是远亲，但人家是男的。

巴黎高等法院觉得很为难，迟迟没有判决。

夏尔对这场官司完全没有信心。

巴黎高等法院院长说过，国王在法律之上，法律不能强迫国王。世界上没有任何一种权力可以强迫国王做什么。

夏尔逃到意大利，成为查理皇帝手下大将。

弗朗索瓦则摘掉了夏尔法国王室统帅的帽子。

1525 年 2 月 24 日，夏尔率领自己的军队和德军在帕维亚战役大败法军，并意外地俘虏弗朗索瓦。

大鼻国王在写给太后的信中悲叹自己的厄运，他说自己"除了荣誉和生命之外，已经一无所有"。

弗朗索瓦被押送到马德里，与皇帝谈判。

在西班牙，官员们以国王的规格招待他。民众纷纷上街，就像欢迎来访的贵宾。

在马德里，弗朗索瓦试图化装成黑人逃跑，没有成功。

法国王太后和弗朗索瓦的妹妹赶到西班牙。

弗朗索瓦对查理五世说："先生，你在这里看到的人，正是你的奴仆和俘虏。"

"你错了，你是我的朋友和兄长。"查理五世大度地回答。

弗朗索瓦被迫签下《马德里条约》，放弃米兰，放弃勃艮第，并赔偿皇帝一大笔钱。

为显示两国友好，条约还规定，大鼻国王娶皇帝的姐姐。

两人见面的时候，姐姐应该吻弗朗索瓦的手，但大鼻国王坚持要求吻嘴。

大鼻国王以好色著称。虽然娶了皇帝的姐姐，不影响包养情妇。

查理皇帝并不仇恨弗朗索瓦，也不想摧毁他。相反，他要大鼻国王与自己结盟，一起对付基督教世界共同的强大敌人——土耳其。

皇帝允许弗朗索瓦回到法国，但要把两个王子送到马德里作人质。

弗朗索瓦不是历史上第一个被俘虏的法国国王。

约翰二世在百年战争中被英军俘虏。法国国王也曾被自己的下属诺曼底公爵、勃艮第公爵俘虏过。

丢人吗？

既丢人，也不算丢人。

几乎每任法国国王都战斗在一线。战斗嘛，肯定有胜有负。

负的时候有两个选择，投降或逃跑。

投降丢人。逃跑，更丢人。

按照当时的惯例，投降后，向对方交一大笔钱，就可以重获自由。

因此，国王没有生命危险。可以放心地战斗到最后一刻，说不定能转败为胜。

所以，大鼻国王虽俘犹荣。他屡败屡战，始终坚持在最前线，后人赞赏他，尊称他为"骑士国王"。

1449年，明朝正统皇帝在"土木堡之变"中被俘。文官集团马上立他的弟弟为新皇帝，尊正统皇帝为太上皇。

皇帝冒死为国出征，在战场上被瓦剌人俘虏，却被自己的臣子废黜，这是非常不厚道的。

按理说，那些明朝大臣应该割地赔款，把正统皇帝接回来。

皇帝回来后，再找机会反击敌人。

如果你的员工在出差期间被歹徒绑架，你应该交赎金而不是开除他。

有人也许会说，瓦剌人会借用正统皇帝的名义，危害明朝国家安全和利益。这些人把瓦剌看得太傻了。

绑匪都知道，撕票既得不到钱，还会遭到更大的报复。

1527 年，大鼻国王回到巴黎。他命令巴黎高等法院宣布《马德里条约》无效。理由嘛，因为他是被迫签署的，不代表他的真实意志。

查理皇帝大怒，提出和弗朗索瓦一对一决斗。

　　"让我们不再流无辜百姓的血。让我们面对面解决争端。用什么武器由你挑选，你拿勃艮第公国作赌注，我拿米兰公国。"

弗朗索瓦没有应战。他与威尼斯、佛罗伦萨和米兰等诸侯结盟，反对皇帝。

教皇克莱芒七世出身意大利豪门美第奇家族。弗朗索瓦与之结盟，安排自己的儿子亨利娶美第奇家族的凯瑟琳为妻。

凯瑟琳从意大利来到法国后，又带来了文艺复兴的种子。

新婚之夜，弗朗索瓦和克莱芒教皇亲自观看了"两个年轻人在床上搏斗"。

查理皇帝的军队劫掠罗马，俘虏教皇。此后，教皇不敢反对查理皇帝。

大鼻国王不甘失败。为了对抗皇帝，他和土耳其苏丹苏莱曼大帝结盟，支持土耳其进攻匈牙利，给皇帝东线造成威胁。当然，两人并非真心结盟，都是相互利用。

不过，大鼻国王在欧洲名誉扫地。无数基督徒日夜咒骂他。

大鼻国王的母亲写信给查理皇帝的姑妈——荷兰摄政玛格丽特。两个女人分别劝说查理和大鼻国王停战，签署了《康布雷条约》，也称为"夫人条约"。根据条约，弗朗索瓦向皇帝付款，皇帝释放了他的两个儿子。

法国与西班牙打了五场大战，持续 18 年（1521—1526 年，1527—1529 年，1536—1538 年，1542—1544 年，1552—1559 年）。法国总是失败，但没有受到致命损伤。一旦恢复元气后，就继续向西班牙挑战。

法国与西班牙这对儿老邻居，至少打了一百年。

最终的结果是法国胜出，西班牙帝国衰退。

法国这个国家的确很神奇，先被英国按在地上打了一百年，后被西班牙按在地上打了一百年。最终，法国都是转败为胜。

法国人口是一个优势。16世纪时，法国人口约1500万，西班牙是700万，英格兰加上苏格兰才500万。

大鼻国王同查理皇帝互不服气，终生斗争。

但每次战争结束后，双方都会签署条约，恢复正常关系。

1539年，比利时出现暴动，查理皇帝提出从西班牙出发，经过法国前往平叛。

弗朗索瓦写信给查理五世说：

"这封以我的名义书写并签字的信，代表我们兄弟间的信任与情谊。在您经过我的王国时，这是我的荣耀，我将确保尽全力为您做好所有的接待服务。而且如果您愿意，我可以到您面前去，到您国家去接您，并带着我的孩子陪送您，让他们顺从您，您将具有我在这个王国内拥有的同等权力，您可以随意处置一切事务。"

为了让皇帝放心，弗朗索瓦还让太子亨利、太子的弟弟奥尔良公爵查理和陆军统帅蒙莫朗西同时签署了类似的信件。

皇帝入境后，弗朗索瓦专门在枫丹白露宫招待他，显示（炫耀）法国的园林。庭院里竖起一根镀金的柱子，上面刻着美惠三女神像和皇帝的徽章。在柱子的顶部，燃着的火炬昼夜不熄。柱子中间流出的是芳香的葡萄酒。

查理蹲下去抱弗朗索瓦的幼子。

弗朗索瓦立即将一颗价值连城的钻戒送给查理，戒指上刻着几个字："爱的凭证"。查理收下戒指，马上从颈上取下金羊毛徽章替弗朗索瓦戴上。

法国用最奢华的仪式招待皇帝。

皇帝却因为皇后去世几个月，一直保持着节俭和谨慎。

当查理五世即将离开时，弗朗索瓦又犹豫着要不要逮捕皇帝。

一个宫廷小丑说，皇帝是天下最愚蠢的人（暗示皇帝敢走入敌人境内）。

弗朗索瓦说，皇帝会很安全。

小丑说，那您就是天下最愚蠢的人。

弗朗索瓦最终保持了骑士风度。

1494年，葡萄牙和西班牙签署了《托尔德西里亚斯条约》，瓜分了世界。非洲和印度洋归葡萄牙，美洲和大西洋属西班牙。

弗朗索瓦对此荒唐条约嗤之以鼻。他说：

"太阳照耀别人，也照耀我。我非常想看看亚当遗嘱当中，哪一条款剥夺了属于我的世界份额。"

不过，当查理皇帝资助麦哲伦完成环球航行之后，大鼻国王深深地感到法国在海外探险领域远远落在竞争对手后面。他也要赞助航海家去海外探险，去寻找一条前往亚洲、前往中国的航路。

1524年，大鼻国王资助乔万尼·达·维拉扎诺前往美洲。在这次探险当中，维拉扎诺宣布纽芬兰为法国王室的领地。他将一处港口命名为新昂古莱姆（弗朗索瓦的封地）。

新昂古莱姆后来被荷兰人占领，改名新阿姆斯特丹。

新阿姆斯特丹后来被割让给英国，改名新约克（即纽约）。今天纽约的炮台公园有维拉扎诺的塑像，纪念这位第一个看到纽约的欧洲人。

1534年，弗朗索瓦派遣雅克·卡蒂埃去北美探险。目标很明确，就是中国。卡蒂埃从法国北方的圣马洛港出发，在海上航行3周后抵达纽芬兰。

坏消息是，没有黄金。

好消息是，海豹和海象有的是。

卡蒂埃没有找到通往中国的航道，于当年9月返回法国。

第二年，卡蒂埃再次出发。他到达美洲后发现一条大河。由于当天是圣劳伦斯节，于是将这条河命名为圣劳伦斯河。

卡蒂埃进入圣劳伦斯河河口逆流而上，抵达魁北克。

法国人登陆后，问当地印第安土著这是什么地方。

印第安人当然听不懂法语。他们回答：这是村啊。

卡蒂埃根据印第安人的发音，将其命名为加拿大（Canada）。

加拿大的领土面积将近一千万平方公里，居世界第二，但国名是个村。

卡蒂埃沿圣劳伦斯河继续前进。他们以为这条河是道海峡，可以一直航行到中国。前进一段时间之后，卡蒂埃发现河岸边有一座山，于是将其命名为"皇家山"，法语发音为蒙特利尔。

过了蒙特利尔，前面水流湍急，船只不能前进。

卡蒂埃于是将其命名为中国激流（Lachine Rapids），其名称至今未变。

一百多年后，法国人从这里上岸寻找中国，当然找不到。

法国人将上岸地点命名为中国，其名称至今未变。

后来，加拿大人在这里修了一条运河，也叫中国运河。

总之，法国人用"中国"在加拿大蒙特利尔命名了三个地点。

1536 年，卡蒂埃回到法国。

哥伦布发现了假印度，卡蒂埃发现了假中国。

大鼻国王喜欢战争，喜欢大兴土木，其结果只有一个，财政破产。

弗朗索瓦抵押王冠珠宝，转让王室领地，出卖大量官位，仍然负债累累。

弗朗索瓦借新债还旧债，还是被人追着鼻子要债。

大鼻国王大力推行包税制度。即包税人把某城市的税款预先交给国王，然后国王任命你为该城收税官。包税人从市民手中收到的税款当然要远高于交给国王的税款。

无论哪种途径敛钱，最终都是由基层民众承担。

法国税负沉重，百姓苦不堪言。起义和叛乱时有发生。

1547 年 3 月 31 日，弗朗索瓦死于拉波莱脱。

法朗士骑士走出病房，低声对大家说："老骑士过世了。"

临死前，他送给信奉新教的德国诸侯 20 万马克，让他们起兵反抗查理皇帝。

大鼻国王生前爱在平民面前出头露脸。

无论春夏秋冬，无论健康好坏，他总是不知疲倦地巡行整个法兰西。对沿途欢迎他的人们，他热情地打招呼说："我的朋友们，我忠实的朋友们！"

这在明朝肯定属于大逆不道。皇帝怎么能称平民为朋友？

大鼻国王的姐姐，纳瓦拉王后玛格丽特也非常亲民。她经常一个侍从不带就上街和百姓聊天，遇上病人就叫宫廷御医医治。她的名言是："帝王是穷苦大众的公仆。因为穷苦大众和上帝是一家人。"

大鼻国王太爱听奉承话，政治上无所作为。

大鼻国王勇敢却鲁莽，在军事上败多胜少。

大鼻国王使法国变得更加专制了。

罗马皇帝马克西米利安曾经说过：

"皇帝是国王的国王。

西班牙国王是人的国王。

法国国王是畜生的国王。因为只要法国国王下命令，人们就像畜生一样服从。"

不过，弗朗索瓦在发展法国文化，塑造法兰西精神方面取得了空前成就。
想想《蒙娜丽莎》，仅一幅画每年就吸引 600 万人参观。

法国人民爱他、感谢他。

有的君主使国家在各方面都取得明显的进展，有的君主使国家在某一方面取得较大的进展，这两种君主都是推动历史前进的伟人。

正德皇帝和嘉靖皇帝，在位时间加起来长达 62 年，他们给今天的中国留下了什么？嘉靖末年，明朝社会有放松管制的迹象，《西游记》《金瓶梅》等一批文学作品的出现，也算是一种成就吧，但这种成就不是通过嘉靖皇帝的努力实现的。

弗朗索瓦的儿子，亨利太子不喜欢与自己同龄的凯瑟琳，反而迷恋大他 19 岁的迪安娜夫人。亨利太子刚生下来光屁股的时候，迪安娜夫人就抱过他。

30 多岁、见过世面的女人是年轻男人最好的老师。她能改变男人的性格，让男人变得自信。老学究对太子的教育总是严厉的批评。女人对太子的教导却充满了鼓励。而且，女人比老学究更了解男人，更能掌握男人。

明孝宗对万贵妃就是这种独特的关系。

缺乏性生活的凯瑟琳自然生不出儿子，有人提出休掉凯瑟琳，给亨利太子另娶妻子。

没有依靠的凯瑟琳到弗朗索瓦国王面前哭诉，说自己愿意离婚，然后到修道院出家为尼。

大度的弗朗索瓦安慰儿媳，劝她以后不要再提离婚二字。

迪安娜夫人也反对亨利太子与凯瑟琳离婚。一旦亨利太子有了漂亮的新王妃，自然会把自己打入冷宫。因此，她要尽全力帮助凯瑟琳生下儿子。帮助的办法就是当自己和亨利做爱做到一半时离开，把凯瑟琳推进来。她还知道亨利尿道下裂，于是劝太子采取新的姿势。凯瑟琳果然生下了儿子。

凯瑟琳再接再厉，总共生了十个孩子。

中国的宫斗故事是有的，非常少。英国国王对情妇总是遮遮掩掩，宫斗故事也不多。只有法国国王公开情妇身份，并让情妇和王后相处。因此，法国真的有宫斗史，不只是宫斗剧。

亨利太子继位后，史称亨利二世。亨利二世亦颇有骑士风度。

1559 年 6 月 30 日，法国举办了一场骑术大赛。大赛的形式是两人骑马从百米左右的距离面对面冲刺,在相遇的瞬间用长矛将对方刺下马。为了安全,参赛双方身穿全甲,长矛去除金属枪尖。

当天最后出场的两名选手是法国国王亨利二世和苏格兰人加布里埃。

加布里埃的矛头击中了国王的头部,碎片纷飞。

亨利二世当即摔下战马,倒地不起。

国王虽有坚固的头盔保护,但不幸的是一块碎裂的木片恰好崩进了头盔的缝隙,刺穿了国王的眼球。

十天之后,亨利二世因败血症驾崩。

临死前,所有人都鼓动亨利二世以叛国罪将加布里埃处死。

颇有骑士风度的亨利二世说,加布里埃没有违规,无罪释放。

加拿大蒙特利尔中国镇上的中国博物馆（Joanne Lévesque 摄）

亨利八世（1491—1547）

在所有损失中，时间的损失最大。因为它永远无法挽回。

我要一个妻子，你们却给我送来一匹母马！

第六章

亨利八世和他的六个老婆

　　1509 年，18 岁的亨利王储成为英国国王，史称亨利八世。

　　同年，他娶了自己的寡嫂，来自西班牙的凯瑟琳公主。凯瑟琳有主见，有能力，对亨利八世帮助很大。

　　亨利八世长得漂亮，会摔跤、网球、射箭、标枪、弹琴、作曲，多才多艺。这在明朝大臣的眼中，属于不务正业、玩物丧志，和正德皇帝一样属于昏君。

　　除了英语，亨利还会讲法语、拉丁语、意大利语，向王后学了不少西班牙语。

　　如同本书中的其他欧洲国王，亨利八世也喜欢骑术。

　　他身披黄金甲，外罩紫罗袍，胯下战马也披金挂银。一位外国使节赞叹道："世界的财富和文明尽在于此。某些人把英国视为蛮荒之地，在我看来他们才是野蛮人。"

　　1513 年，亨利八世亲征法国，取得一场胜利，史称"踢马刺战役"。

　　战后，亨利八世把漂亮的 17 岁妹妹嫁给 52 岁的法国国王路易十二。

　　妹妹非常不愿意。她看上了英俊的萨福克公爵。

　　亨利八世对妹妹许下承诺，只要法国国王一死，下一场婚姻由她做主。

妹妹在婚床上非常主动。三个月后，路易十二死亡。

妹妹以闪电般的速度嫁给了萨福克。

欧洲公主的婚姻虽然大都是出于政治目的，但比明朝公主的命运要好得多。

明朝规定，公主不能嫁权贵，不能嫁官员，甚至不能嫁官员的儿子，只能嫁平民老百姓。当时没有婚介所，也没有互联网，皇帝本人也不认识平民。所以公主嫁给谁，太监说了算。只要把钱送到位，武大郎也能娶公主。

嘉靖六年，永淳公主通过太监介绍，准备嫁给陈钊。快结婚的时候，嘉靖帝才知道陈钊有严重的家族病史。而且陈钊的妈，公主未来的婆婆是人家的小妾。

嘉靖帝退掉这门亲事，立即海选驸马。太监推荐了一个叫谢昭的人，说此人高大俊朗。嘉靖皇帝叫来一看，这不是武大郎吗？可是婚期临近，只得吞下苦果。

法国国王弗朗索瓦加冕后，亨利八世到处找人询问自己是不是比法国国王漂亮。在得到肯定的答复后，他放心了。

威尼斯大使对亨利八世说，法国国王的小腿很细。

亨利八世立即站起来，把自己的腿放在凳子上告诉大使，我小腿上的肌肉很发达。

当时男人性感的标准不是胸，而是小腿。

亨利八世信仰虔诚。当马丁·路德反对罗马教廷时，他站在教皇一边，写文章批驳路德"鬼迷心窍"。

路德回复说，亨利八世是教皇的蠢驴参谋长，以及猪、蛇、粪堆。

亨利八世回复说，路德是将异端哺育成熟并带出地狱的狗。

教皇非常欣赏"参谋长"，授予亨利八世"宗教捍卫者"的光荣称号。

亨利八世受封建传统影响，耗费大量时间与贵族骑士们比武打猎、游乐宴饮，不愿处理日常政务。他任命红衣主教沃尔西为首相。

沃尔西相当于嘉靖的严嵩，一手遮天、富可敌国。

明朝的文官集团切断了信息来源。皇帝利用太监、利用锦衣卫搜集情报。

亨利八世呢？他常常骑马外出，足迹遍布全国。无论走到哪里，他都同人交谈，无论对方是理发师、猎手、厨师、农民。他的主要目的是卖弄自己的学问，顺便也了解了全国各阶层的想法。任何大臣休想瞒过他。

亨利八世很自负、自傲。他说："我决不允许任何人摆布我。谁敢阻挠我的意志，谁就不想要他的头了。"

1519 年，沃尔西创造性地提出一份欧洲和平方案。其核心内容是，欧洲各国签约，承诺维护和平。如果某国受到侵略，其他国家一起要求侵略国撤兵。如其不从，则全部向它开战。这份方案的先进性类似于今天的《联合国宪章》。

经沃尔西斡旋，亨利八世决定前往法国，与弗朗索瓦见面、签约。

两国国王见面，自然想要在场面上压过对方。

就像两个极其虚荣的女人见面，一定要在化妆、穿着、珠宝上比个高低。

这是一场新型英法战争，比的是财富和文化！比的是国王个人魅力！

关于是否留胡子，亨利八世就犹豫了八回。

1520 年 6 月，两位自以为是、互不服气的国王在法国吉讷相见。

亨利八世的行宫金光闪闪，弗朗索瓦的大帐光彩夺目。

亨利八世头戴红色帽子，身穿金色短衣，活像一只发情的孔雀。

弗朗索瓦身材高大、精神抖擞，如同一只高傲的公鸡。

第一次见面的时候，两人勒令卫队止步。他们单人独骑快速冲向对方，在相遇的一刻死死勒住战马，然后跳下来拥抱对方。

会议主持人介绍亨利八世：

"因上帝之名，英格兰国王、爱尔兰国王、法国国王亨利……"

自百年战争开始，英国国王就一直自称为法国国王。

亨利八世打断了主持人，表示自己在表弟（弗朗索瓦）面前不能称法国国王。

两人签署了和平协议，确定了儿女婚事。法国太子迎娶英国玛丽公主。

两人互赠珍贵礼物。今天你送我十克拉宝石，明天我送你二十克拉。

后天你送我一百克拉，大后天我送你五百克拉。

看看到底谁有钱！

有一天，亨利八世睁开眼睛，发现法国国王本人站在床边，伺候自己穿衣。

这是多么崇高的荣誉！这是多么深厚的友谊！

在长矛比赛中，两位国王都挂了彩。亨利的手扭伤了。弗朗索瓦被刺下马来，脸上出现一块紫青，不得不戴着海盗的眼罩。

亨利八世觉得比富、比武都没有占到上风，就提议两人来个摔跤比赛。

弗朗索瓦也不含糊。

两人脱下长衣，站在场子中间，双手抓住对方的肩膀。

"下注了！下注了！"英法两国贵族跟着起哄。

两人发力，转了几个圈子，没有分出输赢。弗朗索瓦趁亨利一个不注意，以迅雷不及掩耳之势把英国国王摔倒在地。

法国人一阵欢呼："法兰西万岁！弗朗索瓦万岁！"

亨利八世迅速从地上爬起来，狂怒无比。

输了！在公共场合下，被敌人摔成四脚朝天！奇耻大辱！

亨利八世咆哮着要和弗朗索瓦再来一次。

弗朗索瓦见好就收，扬长而去。

亨利八世一气之下离开宴席，在怒火中回到伦敦。

"此仇不报，誓不为人！"

中国历史上也发生过类似的情况。比如秦王和赵王的渑池之会。

亨利八世转而与自己的外甥，查理五世皇帝结盟，并将玛丽公主嫁给查理。

正德十六年，公元 1521 年，正德皇帝病逝。

正德皇帝没有儿子，将王位传给了自己的堂弟嘉靖皇帝。

这一年，亨利国王也没有儿子，只有玛丽公主。凯瑟琳王后已经 34 岁，之前多次流产。亨利八世认为王后今后不可能再生下儿子。

亨利八世身体强壮、欲望强烈。他有不少情妇，也有一个杂种儿子。

在欧洲，只有王后生下的儿子，才有王位继承权。

嘉靖皇帝就没有这种烦恼。他有 4 位皇后、3 位皇贵妃、3 位贵妃、41 位妃、31 位嫔。的确很累（幸福）啊！这么多女人，嘉靖皇帝也就生了八子五女。

亨利八世不行，他只有一个老婆。他只有和王后离婚后，才能娶其他女人。

亨利八世翻遍《圣经》，为离婚找到了一个理由：

上帝说，弟弟不能娶嫂子。

亨利八世娶的是哥哥亚瑟的妻子。因此，上帝反对他和凯瑟琳的婚姻。

凯瑟琳王后并不这么想。她的母亲是西班牙女王，她的姐姐是名义上的西班牙女王。我没有儿子，但我有女儿。英国可以有女王。

离婚除了让凯瑟琳颜面扫地之外，更大的危险在于，她心爱的女儿玛丽将失去王位继承权，将来只能远嫁他国。

因此，不论亨利采取什么手段，软的、硬的，她就是不答应离婚。

她为自己辩解的理由是，她虽然嫁给了亚瑟四个月，但并未同房。自己是以处女之身嫁给亨利的。而且这桩婚姻还得到了教皇的特批（确有此事）。

与此同时，亨利八世已经找到了新的结婚对象——凯瑟琳王后身边的侍女安妮·博林（以下简称博林）。

博林长得不算漂亮，但身材苗条、头发乌黑、眼睛有神。她当过法国王后的侍女，多才多艺。最主要的是，博林比较有主见。

本书下一章提到的把苏莱曼大帝迷倒的许蕾姆，也不算漂亮。

很多长相普通但有智慧的女性更能赢得金字塔顶端的男人。

一开始，亨利八世只想把博林弄上床。在此之前，他已经占有了博林的姐姐。

但博林不想像她的姐姐一样，做一个被人玩弄后就扔掉的情妇。

亨利八世频频向博林示爱、调情。

博林对国王的态度不冷不热。

亨利国王心里更痒痒了。他不断地拜访、写信。

博林亮出了自己的底线：我的处女身体只能留给未来的丈夫。

博林年轻，很可能会生出儿子。

亨利八世一咬牙、一跺脚——我必须离婚！

身为一国之主，亨利八世离婚也不能自己说了算。他需要教皇克莱芒七世批准。

平民结婚离婚，需要神父批准。

王公贵族结婚离婚，则需要教皇和大主教的同意。

从天主教教义上讲，每一场婚姻都是上帝批准的，男女双方都是发过誓言的。

一般情况下，教皇都不会批准国王的离婚申请。

特殊情况下，就看国王和教皇的关系，以及国王愿意出多少钱。

现在是比特殊还特殊的情况。

凯瑟琳王后的外甥是查理皇帝。现在，查理皇帝把教皇俘虏了、软禁了。

教皇当然不能批准亨利离婚了。

不过，亨利的理由来自《圣经》，非常充分。

教皇即使拒绝，也要给个理由。

克莱芒教皇想到一个办法——拖。拖个一年半载，说不定亨利八世就不喜欢博林了。于是教皇回复亨利说，我不能听你一面之词，我要派人去英国调查。

教皇特使坎佩焦来到英国后。亨利八世对他说,我必须离婚,尽快离。

凯瑟琳王后对坎佩焦说,坚决不离、死活不离。

1529年6月,国王离婚案在黑衣修道院开庭。主审法官为坎佩焦和沃尔西。

原告亨利八世首先陈述。他说:"我和兄嫂通婚,违背《圣经》,实属犯罪。这么多年来我一直沉默,就是不想伤害深爱的王后。但是,良知促使我必须尽快解脱罪恶。"

被告凯瑟琳王后站起来。她没有面对法官发言,而是一步一步来到亨利八世的面前,突然跪下。她缓缓说道:"我,一个异国女人,漂洋过海来到英格兰。在这个世界,除了上帝,亨利你就是我最亲最近的人。我向上帝起誓,我嫁给你的时候是贞洁处女。亨利你也可以做证。"

亨利八世娶凯瑟琳的时候,还不到20岁。他也不知道王后是不是处女。

最后是证人发言。一个当年伺候过亚瑟王子的仆人向法官大声说,亚瑟王子在婚后第二天亲口对他说,我昨晚深入西班牙腹地了。

法庭上哄堂大笑。

据说现场还展示了证物。一条沾染了处女血迹的床单。

亨利八世坐在大厅里,羞得满脸通红。

审判结束后,坎佩焦向亨利国王告别。他说回到罗马后向教皇汇报,由教皇决定。坎佩焦一走,罗马就没有下文了。

在这方面,亨利八世远远比不上嘉靖皇帝。

有一次,嘉靖皇帝盯着一个妃子看,惹得陈皇后吃醋,抱怨了一句。

嘉靖站起来,一脚踢在陈皇后的肚子上。

陈皇后当场晕死过去,并流产了一个成形的男胎。由于惊恐过度,陈皇后流产后引起大出血,很快就去世了。死的时候大约22岁。

博林家族的一位朋友,剑桥大学神学讲师克莱默博士向亨利国王建议说,您可以把您的情况向欧洲各个大学校长反映,听听他们的意见。如果他们支持您离婚,您可以据此再向教皇提交申请。

很快,大学校长们的反馈意见就回来了,一致认为亨利八世可以离婚。

欧洲当时流行人文主义,神怎么会阻碍人去追求幸福!

亨利八世汇集所有反馈意见后,一起交给教皇。

教皇还是没有回音。

沃尔西原来无所不能。他还是罗马教会的领导成员(红衣主教),没想到几年下来都没有解决国王的离婚问题。

为了娶到博林，亨利八世已经疏远了其他女人。在电视剧《都铎王朝》里，强壮的国王只能靠"打飞机"解决性欲。

沃尔西提议亨利八世先和博林生个儿子，然后让教皇特批这个儿子合法。

在中国，皇帝和任何女人生下的孩子都有王位继承权。弘治皇帝、万历皇帝都是宫女的儿子。

在英国可不行。

这次，亨利八世是真的爱上了博林，要和她白头偕老。

亨利八世大骂沃尔西无能。

就像徐阶要把严嵩赶下台一样，博林背后的诺福克家族早就想把出身卑贱的沃尔西推到了。他们不断在亨利八世面前诋毁沃尔西。

亨利国王下令将沃尔西投入监狱。幸运的是，沃尔西死在了前往监狱的路上。

沃尔西的确富可敌国。他的官邸就是今天的汉普顿宫。他捐助的学院就是今天的牛津大学基督教堂学院。这所学院的餐厅就是《哈利·波特》中学生就餐的拍摄地。

沃尔西倒下，新贵们起来。诺福克公爵成为枢密大臣，博林的父亲成为掌玺大臣，托马斯·莫尔（《乌托邦》的作者）成为大法官，沃尔西的助手克伦威尔当上国务大臣，萨福克成为助理枢密大臣。

嘉靖皇帝小时候有一个奶妈。每次喂奶的时候，奶妈都带上自己的儿子。这个儿子叫陆炳，从小和嘉靖皇帝一起玩，长大后成为嘉靖最亲最近的人。陆炳是明朝唯一一个三公兼任三孤的官员。

萨福克的父亲是亨利八世父亲亨利七世的掌旗官，为保护国王死于战场。亨利七世把小萨福克带进王宫，和亨利八世一起养大。因此，萨福克就是亨利八世最亲最近的人。

从 1525 年到 1532 年，7 年了，亨利国王都没有得到博林的身体。

问题来了。博林 32 岁了，变成老姑娘了。再拖下去，博林也生不出孩子了。

亨利向教皇下了最后通牒，再不同意我离婚，我交给你的贡金减半！

教皇回答，我开除你的教籍！

亨利回答，我禁止你以后干涉英国宗教事务！

教皇回答，我禁止英国举行宗教活动！

亨利八世和教皇的矛盾越来越深。

博林、克莱默、克伦威尔等信奉新教的人开始向亨利国王灌输新教思想:

任何人都可以直接联系上帝,不必通过教皇!

国王想离婚,直接给上帝打电话。

亨利八世决定脱离教皇统治,把英国变成新教国家。

亨利八世离婚不自由,嘉靖皇帝想认自己的亲生父母也不自由。这些都是违反人性的。

亨利八世用的是法律手段,而嘉靖使用的是暴力手段。

亨利八世已经得罪了罗马皇帝和教皇,必须要和法国国王结盟。当年被摔倒在地的糗事就不提了。

亨利八世命令驻法大使告诉弗朗索瓦,要以王后的标准接待博林,否则就不去法国。

弗朗索瓦举双手欢迎亨利八世和罗马皇帝发生冲突。他热情地接待亨利八世,祝福他的婚姻。

1533 年 1 月,克莱默(此时已经是坎特伯雷大主教)首先宣布了亨利与凯瑟琳的婚姻无效,然后主持了国王与博林的结婚仪式。

为避免引起波澜,婚礼秘密举行。

6 月 1 日,亨利八世为博林举办了王后加冕仪式。一名侍女端着尿壶,准备随时钻到博林的裙子底下为她接尿(孕妇尿频)。

伦敦的大街小巷贴满了亨利和安妮·博林两人名字首字母组成的花纹(HA),于是人们哈哈大笑。

1534 年,英国议会通过《至尊法案》。法案规定,英国国王是英国教会的最高领袖。英国教会所有事务都不需要教皇批准。

不过,亨利八世保留了教皇给他的"宗教捍卫者"(Fidei Defensor)头衔。英国王室一直使用到今天。今天英国硬币上还有 F.D 两个字母。

中国嘉靖皇帝也有宗教头衔:

灵霄上清统雷元阳妙一飞玄真君;

九天弘教普济生灵掌阴阳功过大道思仁紫极仙翁;

一阳真人元虚玄应开化伏魔忠孝帝君;

天上大罗天仙紫极长生圣智昭灵统元证应玉虚总掌五雷大真人玄都境万

寿帝君。

亨利八世的做法是对的。

宗教改革推进了英国的进步，给英国人民带来了巨大的利益。

第一，教皇不能对英国宗教和世俗事务插手干预，英国的主权独立了。这是英国历史上第一次脱欧。

第二，英国不再向罗马教会缴纳彼得捐，把财富留在了国内。

第三，新教强调自我思考，自我解决问题。英国民众思想得到了解放。

因为一件离婚案，英国以极其荒唐的方式完成了宗教改革，比德国还快！

骂亨利八世为驴、为猪、为粪堆的马丁·路德的脑子都转不过弯来！

亨利八世认为修道院是天主教机构，下令解散。

各级官员借机实施"三光政策"，财富抢光、雕像砸光、壁画刮光。

英国文化遭到浩劫性打击。

亨利八世没收了修道院的土地，转手卖给商人。

过去，英国商人有钱，但没有土地，没有劳动力。现在，他们开发土地养羊，发展羊毛贸易，创造了比农业更高的经济价值。

英国封建制度走向瓦解，资本主义开始萌芽。

1536 年，信奉道教的嘉靖皇帝决定打击佛教。他命人把宫中珍藏上百年的佛骨、佛牙烧毁。烧之前还称了一下，竟然高达 1.3 万斤。

1533 年 9 月 17 日，博林就要生产了。晚宴、表演、烟火，各方面准备就绪。万事俱备，只欠男婴。

亨利八世在大堂里谈笑风生。

随着"哇"的一声啼哭，一个女孩诞生了。

亨利八世脸色立即变了。

盼星星、盼月亮，盼来的不是王子，又是一个没人稀罕的公主。

女婴起名伊丽莎白，和亨利八世的母亲同名。

过去的玛丽公主，现在则成为伊丽莎白公主的女仆。

1536 年，凯瑟琳王后去世。临死前她写了一封信给亨利：

"我以一个妻子，而不是一个臣民的角色向你请求，请一定要照顾好我们的女儿玛丽。最后，我向上帝发誓：在这个世界上，我的眼中，我所爱的，只有你。永别了！"

凯瑟琳王后是一个贤惠的妻子。年轻的博林却时不时向亨利八世发脾气。

谈恋爱时，女人越发脾气越让人喜欢。

结婚后，女人越发脾气越让人讨厌。

亨利八世开始讨厌博林了。不过，为了这场婚姻他一意孤行，得罪了很多人。如果他再和博林离婚，就会成为国际笑话。

1536年1月，博林王后小产，这次是个男胎。

亨利八世相信，博林不会生出男孩，而这场婚姻是个彻头彻尾的错误。

他决定和博林离婚，和博林身边的侍女简·西摩结婚。

法官们按照亨利八世的要求，给博林找了很多罪证，其中包括：

有三个乳房、六根手指（亨利八世肯定知道有多少）；

跟五个男人通奸，其中包括她的亲哥哥乔治；

以巫术诱使国王结婚、伤害国王、阴谋杀死国王。

原来，亨利八世疯狂地追求博林，是因为博林给亨利八世施了魔法！

欲加其罪，何患无辞！

当博林知道自己必死时，只提了一个要求：

我希望用一把剑而不是沾满男人脏血的斧子砍我的头。

要求得到了满足。

最可怜的是伊丽莎白公主，才两岁多就没了妈，而且变成了私生女。

博林被斩首的第二天，亨利八世穿上了代表喜庆的黄色衣服。他头上插着一根翎毛，去找简·西摩去了。两人很快步入婚姻殿堂。

凯瑟琳是西班牙公主，内心是自傲的。

博林盛气凌人、感情冲动，常常与自己有口舌之争，这简直是目无君上。

简·西摩与她们不同。她说话慢条斯理，对人温柔体贴。

这才是我想要的老婆，贤妻良母。

教皇、罗马皇帝和法国国王纷纷发来贺电，欢迎亨利国王回归天主教大家庭。

亨利不置可否。

第一，从教皇手中夺过来的权力，当然不能丢掉。

第二，从修道院里抢劫了那么多的真金白银，当然不能归还。

第三，恢复天主教，相当于承认错误。

亨利八世心想，我这么聪明的人，怎么会犯错误呢？

1537 年，简·西摩王后怀孕了。亨利又兴奋，又紧张。

王后喜欢吃鹌鹑肉，亨利八世命人从欧洲四处高价采购。

王后临产的时候，亨利八世独自走进小教堂，不停向上帝祈祷：

赐我一个儿子吧！赐我一个儿子吧！

亨利国王不敢离产房太近，生怕听到不好的消息。他又不敢离产房太远，以免听不到消息。

当传令官到来的时候，亨利八世的心都提到了嗓子眼。他终于听到了那个词：

儿子。

我有儿子啦！46 岁，第一个合法儿子！

亨利八世紧握十字架，连连感谢上帝。

儿子的名字他都想好了——爱德华。

亨利八世下令，闲杂人等，一律不准接触小王子。凡是接触小王子的人，一天洗三回澡。

小王子房间里的生活用品，只用新的，不能用第二次。房间里的家具和地板，一天擦三遍。

不幸的是，简王后得了产褥热，十几天后撒手而去，只有 28 岁。

亨利八世在简王后的遗体旁边守了一夜。

为了维护英法传统"友谊"，亨利八世决定在法国找一位妻子。

弗朗索瓦慷慨地说，法国任何单身女人都行。

亨利八世提出娶吉斯公爵的女儿，刚死了丈夫的玛丽夫人。玛丽夫人个子很高，生过两个儿子。这就是亨利八世选择玛丽夫人的原因。

法国大使告诉他，玛丽夫人已经和苏格兰国王詹姆斯五世定亲了。

亨利八世听说后，更想娶玛丽夫人了。

如果成功了可以侮辱苏格兰国王。虽然后者是他的外甥。

亨利八世对大使说，苏格兰国王出多少聘礼，他出双倍。

大使说："难道你要娶别人的妻子？"

"她还不是别人的妻子。"亨利八世回敬道。

玛丽夫人讨厌北方恶劣的天气，本来不想嫁到苏格兰。亨利八世追得这么紧，吓得她赶紧答应苏格兰国王。

亨利八世反而被自己的外甥侮辱了。

弗朗索瓦推荐旺多姆公爵的女儿。

亨利八世听说苏格兰国王拒绝过她，自然不会选择别人的弃货。否则要被侮辱第二回。

亨利八世提议英法两位国王去加莱见面。到时候，弗朗索瓦把法国高贵的女人都带来，方便选择。

弗朗索瓦愤怒地回复，我们法国女人不是带到市场上交易的母牛。

亨利八世听说米兰公爵夫人很美，于是派人前去提亲。

公爵夫人回复说，如果我有两个脑袋的话，我就嫁给你。

此时，亨利八世听到一个惊人的消息。

查理五世准备率领大军进攻英国，一方面消灭英国的新教，一方面为姨母凯瑟琳报仇，并扶持玛丽公主为英国女王。

亨利八世吓得在房间里直兜圈。

克伦威尔出主意说，娶一位德国新教诸侯的女儿，与他们结盟。

亨利八世点头同意。

克伦威尔选择的是克莱沃公国的安妮公主。

安妮公主登陆英国的时候，亨利八世本应该在伦敦等着。他有些心急，想尽快看到美貌的新娘，于是没有通知其他人，直奔安妮的住处。

亨利八世兴冲冲走进房间。安妮正站在阳台上看花园。从背影看，安妮长得很高，很苗条。

亨利八世径直走上前，准备抓住安妮献上迎接的一吻。

安妮听见动静，回头来看。

亨利一看到安妮，脸上的表情怔住了。

这个女人怎么长得这么丑！

一路上细心盘算好的拥抱赠礼、共进午餐、同回伦敦的心情全都没有了。

亨利八世硬着头皮和安妮打了招呼。他说了两句话，扭头就走了。

亨利八世怒气冲冲找到克伦威尔，要求退婚。

"我要的是美女，不是母马！"

克伦威尔回答说，您把安妮公主退回去，就不能和新教诸侯结盟了。查理入侵英国，就没有人帮助我们了。因此，您需要和安妮结婚。

亨利八世一肚子委屈。他对克伦威尔抱怨道："为了国家，难道我要牺牲自己的美貌和肉体吗？"

这时候的亨利八世，年纪是安妮的两倍，体重是安妮的四倍，还是个瘸子。

骚包国王的第四次婚礼于 1540 年 1 月 6 日举行。

新婚之夜，好色的亨利八世竟然没有动安妮的身体。

一想到后半辈子的幸福，亨利八世下定决心，宁肯亡国，也不和安妮做夫妻。

克伦威尔提出方案：两人没有圆房，就不算结婚，所以不必离婚。

安妮的父亲死了，哥哥对她也不好，于是提出待在英国不走了。

亨利八世一口答应，认安妮为妹妹。

亨利八世又单身了。诺福克公爵是博林的亲戚，因为博林的事情被亨利八世赶出了宫廷。这次他把自己的侄女凯瑟琳·霍华德介绍给亨利。

看到年轻、漂亮的凯瑟琳，亨利八世的口水流了下来。

我要的妻子就是这个标准。

克伦威尔因为把难看的安妮介绍给国王，被砍掉脑袋。

克伦威尔有个外甥叫理查·克伦威尔。

诺福克公爵问亨利八世，这个外甥竟敢同情克伦威尔，是不是把他也抓起来杀了？

亨利八世说，理查对亲人忠诚，这是值得称赞的品质。

好心的亨利犯下了不可挽回的大错。

理查·克伦威尔有一个曾孙叫奥利弗·克伦威尔。一百年后，他命人砍下英国国王查理一世的头颅，创造了历史，人们称之为资产阶级革命。

凯瑟琳只有17岁，比亨利八世年轻32岁。

她瘦长的小脸上有双大大的眼睛，薄薄的嘴唇性感迷人。

凯瑟琳比亨利八世以前的任何一个妻子都漂亮，甚至可以说是性感尤物。

亨利八世把小娇妻介绍给各国大使，经常公开亲吻、秀恩爱。

而亨利八世已经变成了超级大胖子。当时没有电梯，人们为国王定做了一个滑轮，上楼的时候就把他吊上去。

据历史记载，王宫的厨师一年就采购了1240头公牛、760头小牛、8200只羊、2300头鹿、1870头猪、53头野猪以及数量庞大的鱼类和海鲜，甚至包括鲸鱼。这些食物还不包括无法统计的家禽、天鹅以及孔雀等，也不包括60万加仑的啤酒。

亨利八世肚子大，腿有伤，现在"小弟弟"也开始不争气了。

一贯骄傲自负的亨利八世开始自卑了。他锻炼、减肥、装嫩。

不过，亨利八世的魅力、体力和精力怎么也比不过年轻的小伙子。

很快，小娇妻就和英俊的王宫侍卫卡尔佩普滚到一起了。

克莱默大主教偷偷向亨利国王打小报告。这是打击诺福克家族的机会。

亨利八世不信。王后如此年轻、如此单纯，怎么会做这种事？

调查结果显示，凯瑟琳和国王结婚前，就和别人睡过了。

亨利八世流泪了。他多次吹嘘自己善于鉴别处女。这次，他又现眼了。

多才的亨利八世曾经创作过一支曲子，叫绿袖子。

也许应该改名叫绿帽子。

亨利八世下令处死淫妇。"淫妇"所属的诺福克家族，有十个人被抓进大牢。

1542 年 2 月，凯瑟琳被斩首。

临死前，可怜的少女说："我今天以卡尔佩普夫人的身份去见上帝。"

凯瑟琳的尸体葬在圣彼得皇家礼拜堂，和她的表姐博林埋在一处。

老亨利国王又单身了。

他让议会通过法案：如果有人冒充处女嫁给国王，就是大逆罪。

亨利八世和博林结婚的时候，禁止国民对王室的婚事评论。现在，他又推出新的法案：如果有人知道或者怀疑王后有私情，可以在二十天内向国王或枢密院举报，不视为诽谤。但是不能传播，更不能告诉外国人。

没有人愿意嫁给老亨利了。

一位内臣进言，有位女士百分之百愿意嫁给您，而且是处女。

"谁啊？"亨利八世瞪大了眼睛。

"克莱沃公主安妮。"

"住嘴！"亨利八世大怒，"难道我已经到了饥不择食的地步吗？"

有一天，小舅子托马斯·西摩（简·西摩的哥哥）找到亨利八世，希望国王干预一个寡妇的财产官司。其实是西摩想娶她，帮助她争取更多的财产。

亨利八世说，把这个女人带来。

老国王一见到寡妇凯瑟琳·帕尔，立即想到一个帮助这名寡妇的办法，把她娶回家。

帕尔显然不是处女。她有过两段婚姻，最近成为西摩的女朋友。

1543 年 7 月 12 日，亨利八世第六次结婚。

"同志们！"亨利八世向群臣宣布，"我呢，年纪大了，想找个伴儿。年轻娘们儿太能折腾，我受不了。我还想多活几年。"

帕尔王后是一位贤惠的女人。她不顾亨利八世腿上的脓疮和恶臭，亲手帮助他换纱布。帕尔还把玛丽公主和伊丽莎白公主接回宫中。

帕尔不是普通女人。她是一位虔诚的新教徒。她与亨利八世结婚，就是想把亨利八世变成新教徒。

《至尊法案》已经规定，国家是新教国家，国王是新教徒。

但亨利八世除了不承认教皇外，天主教的内容一点儿没变。

温彻斯特主教加德纳是虔诚的天主教徒。他秘密审判宫女，掌握了帕尔王后传播新教的证据。然后，他把宫女的供词、王后的逮捕令一起交给亨利八世。

亨利八世阅后大为震怒，立即在逮捕令上签字。

第二天上午，亨利八世和帕尔王后坐在一起聊天。他问王后："关于宗教，我想听听你又有什么新观点。"

"陛下的观点就是我的观点。"帕尔王后小心答道。她已经得知加德纳准备对自己下手，但不知道什么时间。

"过去，你的观点可是滔滔不绝，就像流水一样。"

"我的流水只能装满一个喷水池，陛下的学识才是大海。"

亨利八世一听，王后这是在敷衍我啊。我不能再拐弯抹角了。于是他说："王后，过去我经常从你的口中听到新观点，看起来你就像我的老师一样。"

"在认识陛下之前，我以为自己学识很渊博。但每次和您探讨之后，才发现自己的观点其实是错的。如果不同陛下多谈，我真的不知道自己的无知。"

"可是有几次，你态度很坚决，而且要求我去改变。"

"陛下，我发现同您一争论，您就会暂时忘记腿上的病痛，所以我才坚持和您说下去。"

"嗯。"亨利八世的表情松弛下来，"凯特（凯瑟琳的爱称），你不是来给我当老师的。"

"《圣经》上说，女人是以男人为依据创造出来的。所以男人一定要指导自己的妻子，女人一生都要向丈夫学习。"

这时候，加德纳带着一队卫兵走过来，向王后出示逮捕令。

亨利八世站起来，拿着权杖照着加德纳的头就是一棒。

"敢逮捕我的王后？谁叫你这么干的？滚！快给我滚！"

帕尔王后连忙站起来，扶住亨利八世。

　　1547 年 1 月 27 日，这位折腾了 38 年的英国国王停止了呼吸。六个老婆当中，他和简·西摩合葬。临死前，他立爱德华王子为王位第一继承人，玛丽公主次之，伊丽莎白公主第三。

　　亨利八世娶了六个老婆，砍下其中两个的脑袋，由此成为经久不衰的八卦主角。客观地说，他和博林是经过七年恋爱长跑才步入婚姻殿堂的。第三场婚姻因为西摩意外死亡才告终。第四场婚姻出于被迫，但亨利没有占有对方的身体。第五场婚姻不是亨利的错。第六场婚姻，亨利八世只想找到伴侣。

　　亨利八世的智商不亚于嘉靖皇帝。

　　沃尔西和克伦威尔的能力也不比严嵩和徐阶逊色。

　　应该说，徐阶也是通过宗教手段把严嵩赶下台的。

　　亨利八世在政治和军事上的成绩并不耀眼。他的最大贡献是把英国变成新教国家，就像弗朗索瓦对法国文艺复兴的贡献一样。一个君主在位期间，只要在某一方面做出巨大的贡献，就已经非常了不起了。

　　亨利八世还有一个别人无法超越的贡献。他的六次婚姻生活一直是街谈巷议的热点话题，养活了很多作家和影视公司。

　　爱德华王子 9 岁加冕，16 岁死亡，无妻无子。

　　玛丽公主继承王位，成为英国历史上第一位女王。

　　她在英国恢复天主教，大力迫害新教徒，烧死了三百多人。

　　史学家称她为"血腥玛丽"。

　　克莱默废除了亨利八世和凯瑟琳王后的婚姻，主持了亨利八世和博林的婚礼，成为玛丽女王的头号敌人。

　　作为新教徒，克莱默有妻子。为了保命，为了和家人在一起，克莱默签下了认罪书。

　　加德纳等人公开展示克莱默的认罪书，嘲笑他，还要烧死他。

　　在刑场上，克莱默把签字的右手伸进火堆，然后用左手紧紧抓住右手臂，直到右手被烧掉一半。然后，他从容就义。

　　1558 年，血腥玛丽去世，没有子女。

　　英国王位传给伊丽莎白公主，史称"伊丽莎白一世"。

　　伊丽莎白女王的统治时期基本与万历皇帝一致，她是那个年代最杰出的君主。有关她的故事，可以参阅《万历十五年欧洲那些事儿》。

亨利八世一子二女，都没有后代，都铎王朝绝嗣。

英国王位传给了苏格兰国王詹姆斯六世。

詹姆斯六世的外公就是当年和亨利八世抢亲的詹姆斯五世。

亨利八世又被外甥侮辱了一回。

亨利八世的铠甲，重约 23 公斤，现藏于纽约
大都会博物馆

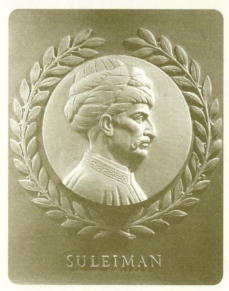

苏莱曼一世（1494—1566）
此图片为美国国会大厦里苏莱曼大帝的浮雕，表彰其对人类立法所作的贡献

人们以为财富和权力是最伟大的，其实健康才是最好的。

每个人的归宿都一样，但每个人的故事并不一样。

崇拜真主才是至尊的宝座、最幸福的财宝。

人们所说的君权，就是世俗的吵闹和不断的征伐。

我们光荣的前辈和我们杰出的祖先从未停止发动战争。他们一直在击退敌人并征服他们的土地。愿真主照亮他们的坟墓！

第七章

苏莱曼一世——大帝与立法者

如果评选嘉靖皇帝同期，世界上最好战且最具战斗力的帝王，那么，奥斯曼帝国（以下称土耳其）苏丹苏莱曼一世（以下称苏莱曼）肯定能排第一。

土耳其帝国成立于1299年，比明朝要早。

苏莱曼生于1494年，比正德皇帝小三岁，受过良好的教育。

除土耳其语外，苏莱曼能用波斯语写诗，能用阿拉伯语流利交谈，会说简单的希腊语、保加利亚语和匈牙利语。年轻的苏莱曼最仰慕马其顿的亚历山大大帝。他希望自己登基之后，征讨四方、开疆拓土。

苏莱曼的父亲赛利姆在位12年，几乎年年用兵。

1514年8月，他攻占波斯帝国首都大不里士，把库尔德人和土库曼人的一些公国并入帝国。

1517年1月，他攻占开罗，灭掉了有260多年历史的马穆鲁克王朝。

土耳其人称赛利姆为"两海（印度洋、地中海）苏丹""两地（亚洲和欧洲）主人""两圣地（麦加、麦地那）仆人"。

赛利姆身边总是围绕着一群哲学家、史学家和诗人。他写过一句著名的诗：

"一张地毯大得足够容纳两个苏菲派信徒栖身，
一个世界却小得容不下两位国王。"

不错。土耳其苏丹要灭掉周边所有国王。

赛利姆有二十多个儿子。经过一番考察，他最终选择了苏莱曼。其他二十多个亲生儿子，一个不留，全部处死。躺在摇篮里的婴儿也不放过。

这是法律，即《杀害兄弟习惯法》。

中国南北朝时期也有类似的做法，儿子、侄子全杀。

莎士比亚在《亨利四世》中描写了一个场景。亨利四世去世后，亨利五世对他的三个兄弟说："兄弟们，请不要在悲哀之中夹杂着几分恐惧。这是英格兰，不是土耳其。"

1520 年 9 月 22 日，赛利姆死于出征路上。

9 月 30 日，苏莱曼继承了横跨亚欧非三大洲的土耳其帝国。

苏莱曼是帝国第十任苏丹。他出生在 10 世纪（伊斯兰纪元）。他可以随时调动十万军队。

威尼斯共和国驻土耳其公使对苏丹描述如下：

"他面容瘦削、颈部稍长、鹰钩鼻、小胡子，整体显得神采奕奕。他的头巾大得出奇。出征作战时，他的身边总是离不开四个人。一个人扛着他的武器，一个人捧着他的雨衣，一个人端着冷饮，另一个人就不知道了。"

威尼斯和土耳其有贸易关系，和欧洲各国都有贸易关系。

威尼斯向各国派驻商务使节，既做双边贸易，也向君主们推销奢侈品。这些商务使节把所在国的新鲜事写信寄回国内，威尼斯就掌握了各个国家的情况。今天，威尼斯档案馆里保存着海量的商人信件。这些信就是历史书，甚至比历史书更真实。

刚刚登基，苏莱曼就开始筹备北伐欧洲。此时，土耳其帝国已经占领了巴尔干半岛的大部分，包括保加利亚、希腊、北马其顿等。

正德十六年。公元 1521 年。

苏莱曼率领大军包围了匈牙利的重镇贝尔格莱德（今塞尔维亚首都）。贝尔格莱德距伊斯坦布尔约一千公里，距匈牙利首都布达约三百五十公里。

贝尔格莱德的守军一直没有等到援军，只得投降。

土耳其军队占领贝尔格莱德之后，距离匈牙利和奥地利都不远了。

苏莱曼却撤军了。

他需要领土，但也没有忘记海洋。

希腊罗德岛与土耳其隔海相望，只有几十公里的距离。这里驻扎着一支强大的欧洲军队——医院骑士团。

医院骑士团是一支有着四百多年历史的、极端虔诚的宗教军事组织（类似于"僧兵"）。他们拦截商船，攻击堡垒，俘虏朝圣的穆斯林，杀伤力巨大。

1522 年夏天，苏莱曼亲自率领 10 万大军、400 艘战舰进攻罗德岛。医院骑士团 7000 名守军顽强抵抗，击毙大量敌人，但终因兵力过少，补给不足，于 5 个月后宣布投降。

苏莱曼给医院骑士团十天的时间撤离罗德岛。由于时值圣诞节，苏丹还送给骑士团团长很多珍贵的礼物。

医院骑士团选择马耳他作为新的总部基地。

拔掉罗德岛这一肉中刺后，苏莱曼准备再次向东欧出发。

法国国王弗朗索瓦派来特使，提出法国与土耳其结成军事同盟，共同对付查理五世皇帝（奥地利和匈牙利是其势力范围）。苏莱曼欣然答应。在给法国国王的回信中，他自称为：

- 苏丹中苏丹，君主中君主
- 人间真主的影子，地上给君主发王冠的人
- 地中海和黑海之主
- 罗马人的主人
- 波斯人的主人
- 阿拉伯人的主人
- 37 个王国的统治者

苏莱曼苏丹控制的疆土除土耳其外，包括以下全部或部分地区（以今天的名称）：叙利亚、以色列、约旦、伊拉克、沙特阿拉伯、埃及、阿尔及利亚、突尼斯、利比亚、保加利亚、塞尔维亚、希腊、北马其顿、匈牙利、罗马尼亚、乌克兰、格鲁吉亚、摩尔多瓦，等等。

苏莱曼给法国国王的回信

如果认真数的话，差不多真有 37 个国家。

苏丹还有一个称号：

臣民脖颈的拥有者。

苏莱曼告诉法国国王：

我们光荣的前辈和我们杰出的祖先从未停止发动战争。他们一直在击退敌人并征服他们的土地。

愿真主照亮他们的坟墓！

我将跟随他们的脚步，始终征服强大且难以接近的省份和城堡。昼夜，我们马不离鞍、刀不离身。

愿天上的真主促进正义！愿他成就一切！

苏莱曼说到做到。

1526 年 8 月 29 日，土耳其军队在摩哈赤全歼匈牙利军队（约 15000 人）。

苏莱曼看着匈牙利国王拉约什二世的尸体，哀伤地说道：

"我举兵来此，确实是为了击败你。但是，让你在刚刚品味到生活与权力的甘甜时就撒手人寰，不是我的本意。"

是啊，国王才 20 岁。

第二天，苏丹饶有兴趣地观看 2000 颗匈牙利贵族的头颅。

匈牙利从此留下一句谚语，只要不像摩哈赤那样惨就好。

股票夭折、女朋友被撬的时候来上一句，只要不像摩哈赤那样惨就好。

三年后，苏莱曼率军占领匈牙利首都布达，然后挥兵来到欧洲的中心——维也纳。

这是欧洲最危险的一刻，这是土耳其最辉煌的一刻。

当年，欧洲人发动了十次十字军东征。现在，他们在土耳其人面前节节败退。

不过，苏莱曼无功而返。

1532 年，苏莱曼再次失望地从维也纳撤军。

天气恶劣、士兵水土不服、补给线过长是三大障碍。

土耳其与欧洲人的战场不仅在陆地上，还在海上。他们共享着地中海。

从土耳其乘船可以直达意大利、法国或西班牙。地中海南岸的北非（突尼斯），也是双方争夺的热点地区。

1535 年，查理五世皇帝在突尼斯取得了一场关键性的胜利。

1538 年，土耳其海军总司令巴巴罗萨（意思是红胡子）在普雷韦扎战役中大败西班牙舰队。

1542 年，红胡子司令洗劫了意大利的那不勒斯沿海地区，还攻占了尼斯。包着头巾的穆斯林在法国领土上做礼拜。而意大利、德国和法国的基督徒则成为奴隶。他们既要当苦力，还可能被卖掉。

威尼斯共和国一位元老沮丧地说，我们与土耳其人打仗，从来没有赢过。

土耳其海军还控制着红海。他们组织了几次远征，试图从葡萄牙人手中夺回波斯湾，并重返印度洋，但都没有取得成效。

查理五世一心想组织欧洲联军，同土耳其人作战。但法国国王弗朗索瓦终生与他作对，甚至资助土耳其大炮来对付查理五世。另外，德国诸侯纷纷改信新教，不再服从皇帝的管辖。

1541 年，被欧洲内政搞得焦头烂额的查理五世被迫与苏莱曼签署了一项丧权辱国的条约，条约规定：

> 查理五世的弟弟费尔南多放弃匈牙利王位；
> 费尔南多每年向苏莱曼缴纳一笔贡金。

在条约中，苏莱曼不承认查理五世为"神圣罗马皇帝"，只称他为"西班牙国王"。

苏莱曼认为自己才是真正的"恺撒"、罗马帝国的继承者。

他暗中支持弗朗索瓦，挑动欧洲人打欧洲人，间接地影响和控制欧洲。

苏莱曼命人打造了一顶四层同心圆皇冠，比教皇的三层冠还多一层。

欧洲使节看到后目瞪口呆。

苏莱曼与匈牙利国王（1566 年）

巩固西方边境后，苏莱曼把目光转向了东方。

亚历山大大帝就是因为征服东方才名垂青史的。

土耳其的东方是一个千年古国——强国波斯（今伊朗）。

1502 年，伊斯玛仪建立波斯萨非王朝，建都大不里士，宣布什叶派伊斯兰教为国教。而土耳其人则是逊尼派。

苏莱曼为出征找到了两个借口。

第一个借口，波斯皇帝塔赫马斯普杀掉了忠于苏莱曼的巴格达总督，换上了波斯人。

第二个借口，比特利斯总督叛变，向波斯帝国效忠。

1533 年，波（斯）土（耳其）战争爆发。

战争总周期三百年。

当年，土耳其人就占领了波斯首都大不里士。

1534 年，苏莱曼亲率大军向波斯内地推进。

马斯普皇帝不敢与土耳其人正面对抗，他主动放弃大片领土。

随着天气转冷和战线拉长，土耳其人不能取得新的战果。苏莱曼命令军队停止前进，转向进攻巴格达。波斯总督开城投降。

1548 年到 1549 年，苏莱曼发动了第二次波土战争。

和第一次一样，波斯人再次撤退，并在阿塞拜疆地区施行焦土政策。

土耳其军队占领大不里士和阿塞拜疆地区后，抵抗不了高加索的寒冬，只得第二次撤回土耳其过冬。

波斯人随即收复了阿塞拜疆地区。

不过，土耳其人还是夺取了凡城和格鲁吉亚的一些要塞。

1553 年，第三次波土战争爆发。

波斯人还是老套路。

苏莱曼进退两难。

1554 年，波土两国签署协议。根据协议，土耳其将大不里士交还给波斯，但获得了巴格达、幼发拉底河与底格里斯河流域下游入海口以及波斯湾的部分地区。

同年，苏莱曼产生了一个想法，与中国结盟，对付波斯。于是，他派了一支 90 多人的正式使团，前往大明拜见嘉靖皇帝。

当时，土耳其称中国为契丹。他们今天还称中国为契丹。

中国称土耳其为鲁迷国。从发音上讲，鲁迷即"芦眉目""鲁木"，其实就是"罗马"。

有些土耳其商人去过大明。他们说大明比波斯大（的确大），有很多穆斯林（的确有），中国大明皇帝也信奉伊斯兰教（这个真没有）。

这也不是空穴来风。正德皇帝喜欢和穆斯林交往。他命人制作了大量的含有阿拉伯文、波斯文的瓷器。也可能受穆斯林影响，也可能因为他自己姓朱。总之，有一段时间正德皇帝下令禁止杀猪。

在大明政府眼里，所有外国都是附庸国、进贡国。对于来访的外国使节，其处理方式是收下礼物，组织使团向紫禁城中的皇帝龙椅跪拜，然后给他们赏赐，勒令他们赶紧出境。

绝大多数情况下，皇帝本人不接见外国人。

土耳其使团带着珊瑚、琥珀、马匹、骆驼、狮子等礼品，不远万里来到中国，想与嘉靖皇帝见面，签订中土友好条约。

实际情况呢？他们稀里糊涂地向我大明隆重地"朝贡"了一次。他们还没有向大明官员说清楚前来的目的，就被迫马上出境。

到了甘州的时候，一支蒙古军队突然攻城。

军情紧急，人手不够，当地总兵官杨信把90名土耳其人编入军队、送上一线。

于是，土耳其使团莫名其妙地同蒙古人打了一仗，战死9人。

兵部侍郎詹荣听说后，上奏皇帝说："彼以好来，而用之锋镝，失远人心，且示中国弱。"

人家好心好意来了，你叫人家给你卖命。人家既恨你，还显得你无能。

嘉靖皇帝阅后大怒。他下令罢免杨信，重赏土耳其人，并给予死者优厚的抚恤金。

苏莱曼亲自参加过13场大规模战役，小战更多。他去世时土耳其帝国领土面积约为450万平方公里（今天土耳其面积约为78万平方公里）。

嘉靖朝时期，土耳其把欧洲人打得满地找牙。欧洲人形容土耳其人是"一团日益增长的火焰，不管遇上什么，都紧紧抓住，并且进一步燃烧下去"。

莎士比亚在作品中32次提到土耳其人。

欧洲称苏莱曼为"大帝"，土耳其人则称其为"立法者"。

苏莱曼命人搜集了他之前九位苏丹所做的全部法案判决，将这些判决中

选取相同、重复的案例进行归纳，对自相矛盾的判决进行裁定，最终颁布了
一部新的法典。

苏莱曼改革了立法和行政体系，让他的子孙后代可以躺在床上治理国家。今
天，美国国会大厦里挂着苏莱曼大帝的浮雕，以表彰他对人类立法所作的贡献。

即便如此，整个帝国到处都是贪污腐败。

苏莱曼在伊斯坦布尔大力开展工程建设，包括桥梁、清真寺、宫殿以及
各种慈善和公益设施。其中最出名的是苏莱曼清真寺，今天成为土耳其的主

苏莱曼清真寺外观（穆尼克摄）

要旅游景点。

在苏莱曼时代，伊斯坦布尔小学的数量增加到 14 所，教学生们阅读、写作和伊斯兰教教义。小学毕业后可以进入 8 所伊斯兰中学深造，在那里学习语法、形而上学、哲学、天文学和占星学。更高级的伊斯兰学校相当于大学，那里的毕业生可以成为伊玛目或教师。

一句话，苏莱曼把土耳其带入军事、法律、学术和建筑的黄金时代。

苏莱曼保护犹太人和非穆斯林。土耳其人征服了新的领土，并不要求被征服的人民改教，也不要求他们学习自己的语言。

人民崇拜他、喜爱他。每当苏莱曼去清真寺的时候，人们在他经过时鸦雀无声，表示尊敬。苏丹向民众鞠躬。没错，帝王向臣民鞠躬，而那些臣民中还有基督徒和犹太人。

当时的土耳其帝国是世界上最强的国家，其军事实力在亚洲与大明不相上下，甚至超过大明。嘉靖年间，明军兵力不足，战斗力低下。北方的蒙古人打到北京城下，倭寇祸害江浙地区。

苏莱曼有 300 名嫔妃。白天，他把手帕放在谁的肩上，晚上他就临幸谁。

苏莱曼有 8 位皇子，到了 1550 年只有 4 位存活。

其中，年龄最大者叫穆斯塔法。他军政才能出众，为士兵和人民所爱戴。大维齐尔易卜拉欣（首相）也支持他。

其他 3 位儿子由苏莱曼最宠爱的许蕾姆所生。许蕾姆国籍不详（很可能是俄罗斯人），总之是外国人。一开始，她是以奴隶的身份进入皇宫的，后来成为大权在握的皇后。她的奋斗历程比《甄嬛传》还要精彩。

土耳其帝国有个两百多年的规矩，苏丹不得娶外族人为妻。

苏莱曼为了许蕾姆，破坏了规矩，正式迎娶她。

苏莱曼为许蕾姆创作了下面这首诗：

"我寂寞壁龛的宝座、我的爱、我的月光，
我最真诚的朋友、我的知己、我存在的理由，
我的苏丹、我唯一的爱、美人中最美的人，
我的春天、我面露欢快的爱、我的白昼，
我的甜心、带笑的树叶、我的绿树、我的芳香、我的玫瑰，
这世上唯一不会让我悲伤的人，

我的伊斯坦布尔、我的卡拉曼、我安纳托利亚的土地、我的巴达赫尚、我的巴格达和霍拉桑，

秀发亮丽的我的妻、蛾眉弯弯的我的爱、眼中充满淘气的我的心，

我会永远歌唱你的赞歌。"

土耳其帝国还有个规矩。一位王子成年后，要到帝国的边疆省份做总督，他的生母也要随行。

苏莱曼又破坏了一个规矩，允许许蕾姆留在首都一直陪伴着他。

我们前面讲过，苏丹选择太子后，要杀掉其他儿子。

按照目前的局势，苏莱曼很可能留下穆斯塔法，杀掉许蕾姆的三个儿子。

许蕾姆决定先下手为强，杀掉穆斯塔法。

在许蕾姆的煽动下，苏莱曼杀掉了易卜拉欣，让女婿吕斯泰姆取而代之。

易卜拉欣和苏莱曼大帝的关系，就像陆炳和嘉靖皇帝的关系，就像萨福克和亨利八世的关系，是发小。苏莱曼曾对他说，只要我在，任何人不能动你。

帝王的话永远不可靠。

女人有时候真的能控制英雄、控制帝王。因为帝王在遇到难题的时候，臣子们要他遵守原则，结果是问题无解。而女人提供的方案没有原则，反而能够奏效。

1552 年，吕斯泰姆向苏莱曼大帝提供了一份秘密报告。

报告中写道：帝国的士兵都说苏丹老了，应该让穆斯塔法提前接班。而穆斯塔法本人听到后显得很高兴。

老皇帝最怕太子煽动军队，提前接班。

苏莱曼怒不可遏。1553 年，他命令穆斯塔法到自己在埃雷利河谷的大帐中议事。

穆斯塔法面临着一个生死抉择：

如果去父皇那里，很可能被处死。

如果不去，只能兴兵反叛，很可能战死。

横竖都是死。

穆斯塔法心想，身正不怕影子斜。自己没做过什么，向父亲解释清楚就可以了。另外，父亲身边的士兵，也暗地里支持自己。

于是，他毅然选择了去。

穆斯塔法刚步入大帐，苏莱曼就用眼神命令几个聋哑奴仆上前抓住他。

聋哑奴仆就像恶犬，只听得懂主人的命令，但又比恶犬管用。

这次，奴仆们却犹豫了。

苏莱曼怒视他们，做出几个威胁性的动作。

如果穆斯塔法跑出大帐，跑到士兵中间向他们说明自己的不幸遭遇，那些士兵很可能冲进来，抓住苏莱曼。

但是，这个爱父亲的年轻人没有，也不敢反抗。

奴仆们在苏莱曼面前，用弓弦勒死了他曾经视为骄傲的儿子。

听到动静，大帐外的士兵涌进来。他们看到地上穆斯塔法的尸体，破天荒地大声辱骂高高在上的苏莱曼大帝。

苏莱曼后悔了，流泪了。

不过，他还得杀掉穆斯塔法的儿子，他的孙子。

至于许蕾姆的三个儿子，一个听到穆斯塔法的噩耗后悲伤过度而死。另外两个上战场厮杀。最终塞利姆获胜，成为唯一的继承人。

1566 年，72 岁的苏莱曼再次远征匈牙利。在取得一场小胜后，他病逝在战场上。最后葬在苏莱曼清真寺。

土耳其伟大的抒情诗人马哈穆德·阿布杜尔·巴奇写道：

"有如温柔的玫瑰花瓣落下，
您轻轻地埋首于尘土中，
大地，把您如珠宝般地纳入盒中。
道别的鼓声，终于响起，
您的旅程，由此开启，
您的面前，是天堂美丽的原野。"

五个月后，嘉靖皇帝去世。

两人在位时间差不多，都是 45 年左右。

苏莱曼在各个方面都取得了令人瞩目的成就。土耳其帝国是横跨亚欧非三大洲的世界第一强国。苏莱曼数次征讨欧洲，两次围攻维也纳，为帝国增加了领土。土耳其海军则称霸地中海，掠夺意大利和北非。对内，苏莱曼建立了有效的行政机构，颁布了公正的法律，建设了大量学校，保障了不同民族信仰自由，还修建了多座大型建筑。

他是同时代少有的大帝、伟人。

塞利姆对政治、军事、外交一概不感兴趣。他最大的爱好就是喝酒。而喝酒，是伊斯兰教义所不允许的。

欧洲人可以长出一口气了。

穆斯塔法非常像苏莱曼。土耳其人说他是最明亮的太阳，本来可以增加王室的荣耀。

年老的苏莱曼听从了一个女人的建议，一个愚蠢的建议。

强大帝国的致命弱点，不在外部，而在帝国内部。

各个帝国之间的竞争是一场跨世纪的接力赛。

你最好选择跑得最快的人，也可以把跑得中等的人派上场，实在不行也可以选择能走路的人。

但你不能选瘸子上场，更不能选瞎子上场。

第八章

明朝的两位皇帝

第一节　正德皇帝

正德皇帝，明朝最昏庸无道的皇帝。

然而，事实真的如此吗？他真的一无是处吗？

不是。首先，他具备大多数明朝皇帝没有的优点——勇敢。

年轻的时候，正德皇帝亲自上场训练老虎，被虎抓伤，幸有亲信江彬的救援才幸免于难。敢于面对没有铁链的老虎，正德皇帝比普京秀肌肉要强上十倍，肯定能获得大批女粉丝的青睐。

正德皇帝喜欢带兵、喜欢打仗。在这一点上他不像明朝皇帝，更像欧洲国王。几乎每一个欧洲国王都会亲自上战场，追求军事胜利。

1517年，当蒙古小王子率领五万骑兵入侵的时候，正德皇帝不是撤退，而是迎上前去。在前线，他与普通士兵同吃同住，最终取得了一场难得的胜利，史称"应州大捷"。年轻的正德皇帝还骄傲地说，我亲手杀了一个敌人。

正德皇帝命人打开仓库，取出绸缎赏赐百官，请他们参观俘获的武器。

然而，翰林院全体官员拒绝向皇帝祝贺。

史官则把他的战绩大幅缩水。

从明成祖后，整个明朝都是厌战避战的朝廷。万历年间，日本入侵朝鲜。大部分文臣建议坐视不管，最后，还是万历皇帝亲自拍板，抗日援朝。

敌人不来就不管，敌人来了就抵抗，甚至躲避。

正德皇帝自封"威武大将军朱寿"，巡视边疆。时逢大雪纷飞，"从者瑟缩委顿，皇帝本人却精神焕发，始终自持武器，端坐战马，拒绝乘坐舒适的轿子。"

一个强壮有力的皇帝，成为群臣们集体反击的对象。在他们眼里，皇帝应该是温文尔雅的读书人。大学士刘健告诉正德皇帝，不要骑马，不要打猎，不要划船，不要乱吃东西。在他们眼里，皇帝是个乖宝宝。

整个国家把持在文官集团手中，死气沉沉。

明朝停滞、明朝衰亡，不能怪罪在哪个皇帝身上，全在文官集团身上。

正德初年，太监刘瑾成为大明的实际负责人。文官要不被罢免追罪，要不就屈身投靠。以他们的聪明才智，难道就不能发现太监受宠的根本原因吗？难道就不能设计出限制太监干政的方案吗？

就是不能。

让明朝走向近代文明，既是皇帝的职责，更是文官集团的职责。

说到近代文明，正德是整个明朝两位接见过欧洲人的皇帝之一，学习葡萄牙语，练习国际跳棋。

如果不是他死得早，说不定他能允许葡萄牙人常驻北京，说不定能让明朝更早接触西方文明。

正德皇帝，还是一个宽厚的君主。

他对官员并不暴虐，甚至很体贴。

当文官们反对他，甚至羞辱他的时候，他只是付之一笑，然后想出一个损招反击他们。

他多次跳下皇帝专用好车，去和别人挤在一部民用大车上。

为祖母举行丧礼的时候，正德皇帝看到地上满是泥水，就下令臣僚们免予磕头。结果臣子们骂他不守孝道。

在巡视途中，巡抚命人端上了所有的菜，却没有为皇帝准备筷子。

官员们惶恐不已，正德却认为这很搞笑。

正德皇帝向扬州官员索要琼花。当地官员回复说，自宋徽宗后就没有了。

被下属比为亡国之君，正德皇帝一笑了之。

皇帝并不昏庸。

浙江钱塘发生命案，死者身中五刀，刀刀致命。钱塘县令断定此人是自杀。

刑部驳回结论，发回重审。

杭州府重审后仍以自杀上报。

刑部再次驳回并报送大理寺。

正德皇帝了解案情后勃然大怒："岂有身中五刀自毙者？欲将朕比晋惠乎？"于是下旨彻查，最后查明凶手乃钱塘县令妻侄。

正德皇帝接触下层士兵、接触平民，比那些几十年不上朝，不出宫的皇帝至少更了解民情。

拿到今天来看，正德皇帝是一个非常有个性、有活力、有魅力的领导。

正德皇帝任用贤才，诛杀刘瑾，平安化王之乱、平宁王之乱，大败蒙古小王子，亲自在战场上斩杀一人，多次给百姓赈灾免赋。他的功绩不输于同时期英国国王、法国国王。

然而，在史官眼中，正德皇帝荒淫无道、玩物丧志，是少见的无道昏君。甚至尚武也是人生的一大污点。

中国古人把道德作为评价一个人的主要标准。只要一个人道德差，那么，无论他做过什么样的贡献，都可以忽略不计了。

一家工厂，女技术员攻克了很多技术难关，为企业创造了效益。她漂亮，和别人发生了婚外情。她是坏人。工厂负责打饭的女服务员，嘴甜、服务热情。她是好人。

至于两人的能力大小、对工厂贡献多寡，不予考虑。

但是，评价历史人物，主要看的是功过，不是道德。

总体上说，正德皇帝是一个称职的皇帝。

正统皇帝带着 20 万大军，在土木堡大败，自己被俘；

嘉靖皇帝把大权交给严嵩，自己专心炼丹；

天启皇帝把大权交给魏忠贤，自己只做木工活儿。

正德比他们强得多。他追求个性解放，追求自由平等，平易近人、心地善良，有真才实学。

正德皇帝时运不济。

他痴迷战争军事，却生在和平年代。

他活力四射，却生活在明朝而不是欧洲。

当一个社会的主流去压制皇帝的个性时，一定会压制全国人民的个性，也就压制了创造力。

16 世纪，明朝步入中年，变得封闭了，变得保守了。明朝的士人没有智慧，没有勇气推进明朝的改革和进步。他们没有活力、不思进取。

历史进步从来不是和谐的商议，而是斗争，是破坏。

正德皇帝就是那个撞击陈腐机构的人。他的本意也许并不是革新，但的确冲击了文官集团的观念和利益。

因此，他不可避免地成为"坏人"。

如果一个公司不考核业绩，只考核道德，这种公司不仅不能发展，还会倒闭。

如果一个朝廷只讲空洞的道德教义，这种朝廷早晚会衰亡。

明朝发展，不需要"好"皇帝，需要能改变的皇帝。

第二节　嘉靖皇帝

1521 年 4 月，正德皇帝驾崩。嘉靖皇帝继位。

嘉靖皇帝也是一个有个性、有头脑的皇帝。

为了生父的尊号，初生牛犊的他和文官集团斗争了三年，最终大获全胜。

那些讲究人伦的儒士，竟然让皇帝管自己的父亲叫叔叔，还觉得自己是对的，还要去誓死力争。

明朝的文官集团真的是反人性、反潮流。

嘉靖年轻的时候，推行新政、整顿吏治、体恤民情，国家一度中兴。

然而，人到中年之后，他只想着一件事，我要长寿、我要享受。

国家什么样？百姓过得如何？都不重要。

道士说，二龙不能相见。

嘉靖说好，那我就不见我的亲儿子。

道士说，长生不老需要虐待少女。

嘉靖说好，死伤少女算什么，只要我能长寿。

杨秀英等宫女笨拙，没有勒死他。

如果真的勒死他，他将成为人类历史上最悲催的君主。

没有勒死，也丢尽了脸面。

严嵩听话、好用。

嘉靖说好，只要你干活，你是贪是奸我都不管。

蒙古大军兵临北京城下，烧杀抢掠，要求开放贸易。

嘉靖说好，只要你离开京城，别骚扰我，你爱做什么就做什么。

很多帝王在位不到十年，都能做出伟大的功绩，强国富民。

嘉靖在位 46 年，财政破产、官员腐败、百姓穷困、家家干净。明朝逐渐滑向崩溃的边缘。

1566 年，海瑞在《治安疏》中写道，皇帝是一个虚荣、残忍、自私、多疑和愚蠢的君主，举凡官吏贪污、役重税多、宫廷的无限浪费和各地的资匪浅炽，皇帝本人都应该直接负责。

1567 年 1 月，嘉靖帝驾崩于乾清宫，年 60 岁。

毛主席在读《明史》的时候，发出感慨：

> "明朝除了明太祖、明成祖不识字的两个皇帝搞得比较好。明武宗、明英宗还稍好些以外，其余的都不好，尽做坏事。嘉靖皇帝炼丹修道，昏庸老朽，坐了四十几年天下，就是不办事。"

黄仁宇在《万里十五年》里写道：

> "尤其不幸的是，这个皇帝统治了帝国达 45 年之久。"

当然，即使是嘉靖皇帝亲政勤政，他也不可能改变国家。问题还是出在整个知识分子阶层，出在官员们身上。他们的头脑钻进四书五经里，已经脱离社会实情了。他们不知道追求真理，他们不屑于发财致富，他们没有能力解决社会问题。

关于正德、嘉靖两位皇帝，不能用传统的好皇帝、坏皇帝来评价，最关键的指标是，他们死后，给大明的子民留下了什么成果，给整个中华民族留下了什么遗产。以此衡量，两位皇帝都是不合格的。

一个长期封闭的房间会发霉。

一摊不流通的小水洼会变臭。

到了正德十六年，明朝已经建立 153 年了。上百年的思想和惯性一旦形成，即使小小的改变也会遇上极大的阻力。颇具讽刺意味的是，皇帝有时候想改变，而拼命维护明朝旧体制的，却是文官集团。他们已经成为最大的利益集团。

很难拿具体某一个欧洲国王和某一个明朝皇帝对比。不同的明朝皇帝，差别也是很大的。

　　无论是明清的皇帝，还是欧洲的国王，他们基本上都不傻。一是他们接受过良好的教育。二是他们不断处理棘手问题，经验越来越丰富。三是他们身边的人基本上都是全国的精英。四是衣食无忧，有足够的时间来处理政务。

　　明朝皇帝与欧洲国王相比，在人性上是相通的，在智商上不相上下。他们都是政治制度的产物，在特定的游戏规则下履行自己的职责。

　　他们有几处不同点：

　　一是欧洲国王并不认为自己是天下第一人，毕竟还有外国国王，还有教皇，还有神圣罗马皇帝。

　　二是外交事务占欧洲国王工作量的一半以上。欧洲国王要接触外国人，要学习外语，甚至要出国访问。

　　三是欧洲国王流动工作。他们有三分之一到一半的时间在全国巡游。在巡游过程中，他们频繁接触当地官民，了解社会和民情。

　　四是欧洲国王相对自由。而明朝皇帝被文官集团包围了。他的一言一行、一举一动都在一张无形的网中。为什么皇帝喜欢太监，因为他的生活太缺乏乐趣了。欧洲国王可以打猎，可以盖宫殿，可以住在臣子的家里。

　　五是欧洲国王都要接受军事训练，一般都会亲自上战场。

　　六是欧洲国王只能娶一个妻子。因此，好色的国王会包养情妇。

第三部分　大　　师

达·芬奇（1452—1519）

画是能看到的诗，诗是能听到的画。
简单是最后的复杂。
从黎明起，大地就深深地吸引我的目光。

——达·芬奇

巨人中的巨人。

——恩格斯

当人类还在睡觉的时候，达·芬奇就醒了。

——弗洛伊德

如果达·芬奇的发明全部变成现实，人类历史进程可以提前五十年。

——爱因斯坦

第九章
达·芬奇"密码"

1452 年 4 月 15 日，莱昂纳多·迪·皮耶罗·达·芬奇（以下简称达·芬奇）出生在意大利一个叫芬奇的小镇。

达在意大语中是"来自"的意思。

这个全名的意思是"来自芬奇镇的莱昂纳多"。

因此，达·芬奇准确的名字是莱昂纳多。

达·芬奇没有姓。他的父亲皮耶罗是佛罗伦萨的公证员，是贵族。皮耶罗去芬奇镇探望父母时哄骗了 16 岁的村姑卡德琳，生下达·芬奇。

长大后达·芬奇写道：

"男人若是粗暴地做爱，会生出脾气急躁、不值得信任的孩子。如果双方都带着深切的爱和欲望，那么孕育出的孩子将会聪慧伶俐、活泼可爱。"

达·芬奇既聪明又漂亮。所以，皮耶罗和卡德琳必定有一个甜蜜的夜晚。

达·芬奇是个私生子（难听的说法叫杂种），不配使用父亲的姓。

现在，全世界人都知道达·芬奇，几乎没有人知道他父亲姓什么、叫什么。

皮耶罗很快就和门当户对、嫁妆丰厚的艾贝拉结婚了。

少女卡德琳痛苦地把达·芬奇生下来。由于缺少奶水，她租赁了一只母山羊给未来的天才喂奶。

皮耶罗回佛罗伦萨上班了。小达·芬奇和爷爷奶奶、叔叔生活在一起。

小家伙成了一个没人管教的乡下野孩子。他捉虫吓鸟、摸鱼逗羊，上树下河、爬山钻洞，对周边一切事物充满了好奇。每天，达·芬奇都缠着叔叔问个不停：

鸟儿为什么能飞？鸡有翅膀为什么不飞？

青蛙不是鱼，为什么淹不死？

虫子有六条腿，狗有四条腿，请问五条虫子比七条狗多几条腿？

叔叔被问疯了。远远看见达·芬奇来了赶紧躲在墙后或绕着道走。

被逼无奈的叔叔对达·芬奇说，镇上的神父知识丰富，你去问他。

面对达·芬奇每天十万个为什么，神父毫无压力。他的回答就是一句话：

"当初上帝就是这么安排的。"

有人说，达·芬奇后来之所以取得巨大的成就，一个重要的原因就是他没有上过学，没有受到老师的批评，没有受到书本的束缚。

他始终保持着好奇心。

花鸟鱼虫、风云雷雨，这个世界太神奇了，他想找到每一个答案。

一个农民用无花果木制作了一枚盾牌。他恳请皮耶罗在盾牌上画上图案。

佛罗伦萨是欧洲的艺术中心，那儿的人都应该会画画。

皮耶罗把任务交给小达·芬奇。

达·芬奇没有急于动笔。他跑到小树林里抓了一罐子动物，有蜥蜴、蝙蝠、蛇、蜘蛛和大甲虫。达·芬奇把这些动物的头和六肢斩断，重新组装，变成一个新怪物。

达·芬奇把新怪物画在盾牌上。

皮耶罗看到盾牌的时候吓了一跳。他没有把盾牌还给农民，而是拿到市场上卖了一个高价（超过万元人民币），然后在市场上低价买了一个盾牌交给农民。

农民拿着盾牌，觉得比自己的木头盾牌好多了，连连感谢皮耶罗。

那个买到怪物盾牌的人以三倍的价钱把盾牌卖给米兰公爵。

达·芬奇是私生子，没有资格上大学，不能当律师、银行经理和医师。

1466年，皮耶罗把14岁的达·芬奇送到佛罗伦萨韦罗基奥工作室学习。

当时的工作室就是一个小作坊，什么活儿都接。绘画雕塑、服装设计、装修装饰、建墓立碑。穷人和社会地位低下的人，才把孩子送到这里。

韦罗基奥是青史留名的画家和雕塑家。达·芬奇的同学还有佩鲁吉诺（拉斐尔的老师）、波提切利（他的《维纳斯的诞生》无人不知）。

当时没有超市，没有文具商店，工作室的用具都是学徒制作的。刚到工作室的达·芬奇不是学画画，而是干杂活。

用黄鼬、貂皮、猪鬃制作不同类型的画笔，研磨矿石制作不同颜色的颜料。

我们熟知的达·芬奇画鸡蛋的故事就是在这里发生的。

为什么画鸡蛋不画苹果呢？

因为工作室里有很多鸡蛋，用来制作颜料。

人们敲碎矿石，磨成粉，然后倒入鸡蛋液搅拌，颜料就是这样诞生的。

当时的画就叫蛋彩画。

后来，人们用亚麻籽油、罂粟油、核桃油代替鸡蛋液，这样的画叫油画。

天天画鸡蛋显然是一件非常乏味的事情。

韦罗基奥告诉达·芬奇，在一千个鸡蛋里面，没有两只形状是完全相同的。即使是同一个鸡蛋，只要观察的角度不同，照射的光线不同，它的形状也不同。画鸡蛋可以训练你观察和把握形象的能力。

我觉得画美女也行。因为一千个美女当中没有两个是完全相同的。

画鸡蛋、画衣服褶皱，学习透视法、明暗法。

过去，一幅画有多个人物时，地位高的人物画得大，地位低的人物画得小。有时候，多个人物远近位置不同，却画得大小一样。这些都是不科学、不合理的。近的人物显得大、远的人物显得小，这就是透视法。

如果从正面拍摄人脸，比如证件照，肯定是二维的。

如果从侧面打一束光，再从正面拍摄，此时人脸明暗不均，就有了三维的视觉效果。

达·芬奇后来写道："画家的首要意图，是在平面上展现出立体感。"

透视法显得真实、明暗法显得立体，西方绘画由此走到了中国画的前头。

万历皇帝看到西洋油画人物时，顿时惊呼："真是活菩萨！"

万历崇祯年间的文人画家无不对油画交口称赞。

姜绍书写道："（西洋油画）眉目衣纹，如明镜涵影，踽踽欲动。其端严媚秀，中国画工，无由措手。"

刘侗称："欧洲画望之如塑。鼻隆其准，耳隆其轮。"

顾起元归纳原因如下："中国画只画阳不画阴，故人物面部身手平正，绝无凹凸感。欧洲人物画阴阳兼画，所以面部有高下，手臂皆轮圆。"

多数明代画家谦虚地表示，中国画所不及也。

作为外行，我觉得明代的画和唐代的画、宋代的画、元代的画相比，从技术上讲没有明显的进步。

苦练几年基本功之后，学徒才有资格给老师打下手。比如，老师画一幅画的主要人物，学徒就在画的四角画一些花草，画一个小动物或小孩。学徒分担一部分绘画工作，老师就可以省出时间来多接活，多赚钱。

1472年，韦罗基奥绘制了一幅作品——《基督受洗》。基督当然由老师来画，左下角的小天使则交给达·芬奇。

达·芬奇完成之后，韦罗基奥盯着油画足足有十几分钟，然后宣布金盆洗手，从此不再作画。

当然，这是后人附加的段子。

不过，这个段子足以说明达·芬奇画工之高、画力之深。你可以从网上找来这幅画，对比一下左下角的小天使和旁边的（老师画的）。一个面部柔和，令人怜爱；一个表情生硬，显得奇怪。画中耶稣的腿是达·芬奇画的，约翰的腿是老师画的，差距明显。

在一幅师徒合作的画中，学生的水平明显高出老师一个档次。

达·芬奇顺利毕业，成为佛罗伦萨画家行会会员，有资格开设自己的工作室了。

好景不长。1476年，法庭判决达·芬奇和其他三名年轻男子有鸡奸行为。达·芬奇终身未婚，没有和女人传出绯闻。在工作中，他经常和一些年轻的男性接触。达·芬奇是不是同性恋，都不会掩饰他的才华，都不会影响他的历史地位。因此这不是本书讨论的重点。

达·芬奇灰头土脸地离开佛罗伦萨，于1482年来到米兰，时年30岁。

由于他的身份和丑闻，没有贵人愿意给达·芬奇写推荐书。

达·芬奇给米兰公爵写了一封自荐信。在信中，他是这样介绍自己的：

"我能建造轻而耐火的桥梁。

我能在壕沟和江河底下迅速并无声地挖掘地道。

我能制造美观而适用的新型大炮。

我能制造围城战中使用的冲城机、海战中抵御铁石攻击的船。

我可以让你统一全意大利。

和平的时候，我能建筑公用和私人房屋。

我能挖掘运河和设立水道。

我能雕塑大理石、黄铜和陶土。

凡有委托，我都能做，不亚于任何人。

另外，我还会画画。"

达·芬奇把绘画放在最后。他根本没有把自己当作画家。

达·芬奇最后写道：

"以上是我谦虚地评价自己。"

米兰公爵有句名言，千万不要惹你的敌人或伙伴。但是，一旦要惹的话，就要在最短时间内把他们消灭干净。

达·芬奇把自己制造武器的才能放在最上头，说明他抓住了公爵的心理需求。

公爵看完信后得出一个结论：这家伙是自大狂，是疯子。

然后，公爵录用了疯子。

还有一种说法。

公爵举办了一场才艺大赛。

达·芬奇带着自己发明的里拉琴边弹边唱，获得"意大利好声音"第一名，被公爵录用，获聘宫廷艺术总监。

总之，达·芬奇无所不能。

据说达·芬奇身强力壮，能同时打倒三个壮小伙。

在此期间，达·芬奇为公爵 17 岁的小女友画了一幅画，叫《抱貂的女子》。如果你仔细观察这幅画，就可以看出这是《蒙娜丽莎》早期的雏形。

达·芬奇是个左撇子。一般人画阴影线的时候是这样的——/////，从右上到左下。达·芬奇是这样的——\\\\\，从左上到右下。今天，这成为鉴别达·芬奇作品真伪的方法。

1483 年，达·芬奇创作了著名的《岩间圣母》，现藏于卢浮宫。

这件伟大的作品竟然被客户退货。

当时的人们认为圣母和耶稣都是生活在天上的神。

达·芬奇却把高不可攀的"神"拉到人间，以自然风景为背景。

圣母、耶稣头上也没有光环，他们变成了亲切、生动的人。

此外，耶稣变成光溜溜的婴儿，约翰没有十字架，天使没有翅膀。

在明朝，没人敢把孔子画成光屁股小孩，把孔子画成小孩也不行。

愤怒的甲方拒绝付款，并将达·芬奇告上法庭。

对当时的客户而言，达·芬奇就是家装公司的设计师。我花钱雇你，你就按照我的要求做。

最后，达·芬奇的弟子阿姆勃罗乔重新画了一幅，全部按照客户的要求改了，官司才算了结。

画画只占用达·芬奇很少的精力，他的主要工作是大型宴会总导演、道具设计兼美工。

每逢亲戚结婚、外宾来访，米兰公爵就吩咐达·芬奇，你要负责全过程，要有宴会区、演出区、娱乐互动区。要有大型喷泉，要有美人鱼雕像。要有戏剧，有喷火，有杂技，有小丑，最好弄头狗熊。

达·芬奇要设计舞台背景、演员服装，制作道具、机械设备（演天使的演员能缓缓升起），绘制宣传海报，还要设计与观众互动的游戏。

比如，如何用船将一头狼、一只羊和一颗卷心菜渡到河的另一边。

比如，让观众默想一个数字，然后通过询问观众一些问题，来推导出答案。

此外，达·芬奇还负责指导水道工程、新教堂修建、炮弹生产等。

1485年，米兰发生了瘟疫。达·芬奇想设计一个卫生城市。

城市分为两层，贵族住上层，平民住下层。城市要有大量公厕，顶部有孔可迅速排放臭气。城市没有墙角，防止市民小便。

航海家有地名，画家有作品，科学家有定律，音乐家有歌曲，政治家和军人如何让人记住他们的名字？

答案是雕像。

本书中涉及的人物，如哥伦布、麦哲伦、哥白尼、马丁·路德、马基雅维利，包括达·芬奇在内，在世界范围内无人不知。但是亨利八世、查理五世、弗朗索瓦一世的知名度，比前面的人要下降N个数量级。

米兰公爵要求达·芬奇为自己的父亲设计一座骑马黄铜雕像。

不久，有人向米兰公爵告状，说达·芬奇杀了一匹马。

达·芬奇回答，不是一匹，是十匹。

达·芬奇在研究马的过程中，发现马厩有饲料、有粪便，太脏太臭，于是设计了自动填充饲料系统、水闸系统和清理粪便系统。

达·芬奇做事像孩子，兴趣特别容易转移。

1490 年，达·芬奇终于完成了大马模型，高达七米，比意大利所有马匹雕像都高。模型在展览的时候轰动了全城。有人称之为"世界第八大奇观"。

大马模型的确宏伟震撼，但成本同样震撼，至少需要 80 吨铜。这还不包括雕刻公爵父亲的雕像所需要的铜。

法国军队突然入侵米兰。公爵把所有的铜锭用来制作大炮。

法军士兵占领米兰。他们发现了一个绝好的射击目标——一座七米高的大马雕像。

他们不停地射击，将其击毁。

直到五百年后，美国人根据达·芬奇的草稿，制作了两座青铜马雕塑。一座放在米兰，一座放在美国。

1495 年，达·芬奇接到一个大活，为格雷契修道院的餐厅创作一幅壁画。因为悬挂地点在餐厅，所以甲乙双方定下绘画主题——《最后的晚餐》。

这个题材很多人画过。一般的布局是，耶稣坐一排，十二门徒坐一排。或者耶稣坐主座，门徒坐两边。总之，不能满足所有人都"露脸"。

达·芬奇让所有人面对观众坐成一排，耶稣坐在中间。

大家安静地吃饭，直到耶稣突然说出那句最著名的话：

"你们当中有一个人出卖了我。"

可以想象，此时故事进入最高潮，每个人的表情、眼神、动作都是幅度最大的。

一位修道士记下了达·芬奇的创作过程：

"有时候，他整天都在画中漫游，从早到晚，不吃不喝，画笔从不离手。有时候，他攀上木架画了两三笔，然后突然扔下画笔，一声不吭地走了。有时候，一个或两个星期，他都不碰画笔。

不过，他每天总要在这图画面前的木架上站两三个钟头，观察、审查他所画过的东西。"

在整幅画中，耶稣和犹大是两个最重要的人物。

达·芬奇四处寻找合适的面部模特。

诗人乔瓦尼说：

"达·芬奇想画一个人的时候，他首先会考虑那个人的社会地位和情绪：那个人是贵族还是平民，快乐还是严肃，不安还是安详，年老还是年少，愤怒还是安静，善良还是邪恶。当他决定以后，就会去那类人集中出现的地方，观察他们的表情、举止、衣着和姿态。"

过去，达·芬奇从早到晚观察大自然。现在，他从早到晚找脸，长脸、圆脸、鞋拔子脸、猪腰子脸。一旦发现有特色的脸，达·芬奇就偷偷跟踪对方，观察他。挨揍的风险相当高。

如果同时遇上几张有趣的脸，时间紧来不及画怎么办？

达·芬奇也有妙招。

他把人脸分为十一类、眼睛分为十类、鼻子分为十类、嘴巴分为十类，分别用字母代替。当达·芬奇看到一个模特出现的时候，他在笔记本上写下D（头发）F（脸）D（眼）C（鼻）E（口），就代表他的脸庞了。

从1495年开始动笔，到1498年，达·芬奇还是没有找到犹大的脸。为此，他停工了好几个月。

修道院副院长对达·芬奇拖拖拉拉的作风非常不满，他向公爵诬陷达·芬奇怠工。

达·芬奇向他们解释说："我虽然没有动笔，但并没有停止工作，甚至工作得更刻苦。因为我在构思，我在酝酿怎样作画。犹大的身体画好了，却始终缺一张合适的脸。如果副院长你不介意的话，我想把你的脸画到犹大身上。"

副院长的脸当时就绿了。

也有人说，《最后的晚餐》中，犹大的形象和那位副院长确有几分相像。

犹大告密，副院长告状。

《最后的晚餐》画好不久，灾难就来了。

壁画应该这样画。先在墙上刷一层石膏，在石膏没有晾干的时候绘画，这样，颜料能渗进石膏很深，长期不掉颜色。这种画法叫作湿壁画。

达·芬奇觉得这样太麻烦，于是在干的墙面上画《最后的晚餐》。

1499年，湿气和灰尘开始破坏壁画。

1499年，法国国王试图从墙上割下壁画，将其带回法国，没有成功。

1500年，大水淹没了餐室，墙壁受潮、霉菌滋生。

1556年，已经不能看了。

1624年，有人直接在壁画那面墙上凿开了一扇门，耶稣的脚没有了。

1700 年，原壁画颜色不清楚了，两个人描了一遍。

1820—1908 年，三个好心人又描了一遍。

1946 年，炸弹轰炸，幸亏墙没有倒。

"二战"之后，又修复了 21 年。

今天你眼睛看到的《最后的晚餐》，有一大半不是达·芬奇的笔迹了。

不过，今天你已经很难看到《最后的晚餐》了。

这间"餐厅"已经被铝合金和玻璃罩住了，里面恒温、恒湿。参观者要经过三道玻璃门才能来到入口处，而每一道门都必须在前一道门完全关闭之后才开启。每次只允许 20 ～ 25 人同时欣赏，时间不能超过 15 分钟。

至少提前两个月订票。到时候还要排长队。

达·芬奇为什么画得好？因为他不看别人的画，而是看身边活生生的人。

罗马工程师维特鲁威认为，姿势优美、比例匀称的人体是一切艺术的来源，是完美世界的集中反映。他制定了一个人体美标准：

人体的中心点是肚脐。如果一个人仰卧，手脚伸展，以肚脐为圆心，用圆规画圆，那么他的手指尖和脚趾尖都在圆周上。另外，一个人仰卧，双脚并拢，双臂向两边伸直，那么，双臂的宽度等于从头到脚跟的距离。这样，可以画一个正方形，头顶、脚底、左手中指指尖、右手中指指尖在四条边上。正方形的中心则是人的生殖器官根部。

达·芬奇按照维特鲁威设定的人体标准，画了一张素描。在素描下方，达·芬奇写下了人体的完美比例：

- 从头顶部到下颌底部的距离是身高的八分之一（八头身）。
- 从前额发际线到下颌底部的距离是身高的十分之一。
- 从胸部上缘到头顶的距离是身高的六分之一。
- 从胸部上缘到前额发际线的距离是身高的七分之一。
- 双肩最宽处是身高的四分之一。
- 从乳头到头顶的距离是身高的四分之一。
- 从肘部到中指尖的距离是身高的四分之一。
- 从肘部到腋窝的距离是身高的八分之一。
- 手掌的全长是身高的十分之一。
- 阴茎的根部位于身高一半处。
- 脚长是身高的七分之一。

以这个标准衡量唐伯虎的美人，就会发现肩膀窄、手掌小。

为什么西方油画中的人物那么美？因为人体美既是艺术，也是科学。

达·芬奇画的这幅素描叫《维特鲁威人》，现藏于威尼斯学院美术馆四层的一间密室里，不对外展出。

德国画家丢勒比达·芬奇小19岁，他根据维特鲁威的著作，撰写了一本关于人体比例的书。其内容详细到五根脚趾头的大小。

以后夸一个人身材好就说，你长得很维特鲁威。

达·芬奇虽然喜欢人体。但他认为，灵魂比人体更美。他说："生命是如此美丽，凡不尊重生命的人是不配有生命的。"

除了活人，达·芬奇还观察死人，亲自动手解剖过三十多具尸体。

当时，意大利画家普遍的共识是："画活生生的人物时，先描出骨，接着添上肌腱、肌肉，最后替骨头、肌肉覆上肉和皮，会很有帮助。"

达·芬奇认为，不学解剖，画出来的裸像是"装满干果的袋子"，或者是"一捆萝卜"。

1508年的一天，达·芬奇在圣马利亚诺瓦医院同一名老人攀谈起来。老人自称年过百岁，却从来没有生过病。几小时后，这位老人安静地离世了。

老人尸骨未寒，血还是热的，达·芬奇就拿出刀子，开始解剖。他肯定没征得家属同意。

达·芬奇边解剖边画，他画的肌肉、骨骼、器官、四肢，每一幅都是艺术品，每一幅都能体会到美感和画技。如果你对绘画感兴趣，或者让孩子学画画，一定要买一本达·芬奇的人体解剖书。

中国有句俗语，叫画人画虎难画骨，知人知面不知心。

达·芬奇就能画骨。他甚至知道哪些骨是中空的，哪些骨有骨髓。

达·芬奇还知人知面又知心。他知道心脏有四个腔，有心脏瓣膜。他分别从正面、上面和右边画过一颗心脏。英国的一位医生，弗朗西斯·威尔斯花了二十年的时间来研究达·芬奇的心脏解剖图。2005年，他获得灵感，改进了心脏手术，降低了手术风险。

1505年，达·芬奇创作了《安吉利亚之战》。画面表现了"疯狂的表情、怪异的盔甲、扭曲的身体、缠绕的姿势，还有癫狂的马匹"。

这些都是大量解剖尸体打下的基础。

每个画家都会画微笑。为什么《蒙娜丽莎》的微笑最迷人？

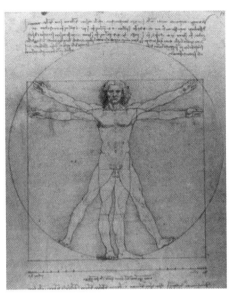

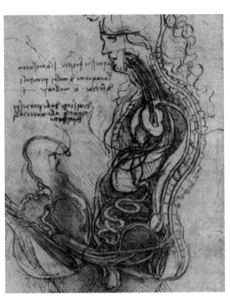

达·芬奇创作的《维特鲁威人》，为人体美界定了标准

达·芬奇的少儿不宜

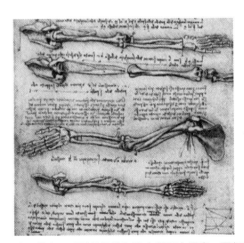

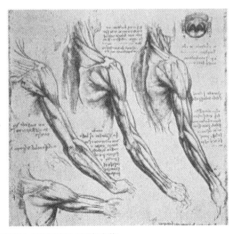

达·芬奇画手臂的骨骼和肌肉都那么逼真，更何况画人的手臂及手臂动作

因为达·芬奇剥开了尸体脸部和嘴部的皮肉，查看了里面的肌肉和神经。他研究了“让嘴唇聚拢的肌肉，让嘴唇伸展的肌肉，让嘴唇卷回的肌肉，让嘴唇拉平的肌肉，让嘴唇横向扭曲的肌肉”。

达·芬奇发现，下唇可以单独噘起，上唇没有下唇的用力不能噘起。不信你试试。

除了达·芬奇，没听说哪个画家画一个嘴唇还要亲自解剖尸体。

所以达·芬奇才画得好。

你给达·芬奇一块手表，让他去画。他会跑到手表厂工作一年，把手表的每个零件都研究透，再提几条合理化建议。然后，他才去画手表。

达·芬奇是一个完美主义者，眼里容不得一点瑕疵。

拉斐尔寿命短但作品多，达·芬奇寿命长但绘画作品少，每一幅画他都倾注了全部心血。

波提切利的《维纳斯的诞生》是世界美术教材的必选作品，米开朗琪罗的《创世记》无人不知，但达·芬奇对他们两人的作品多有批评。在别人眼中已经是超一流、完美得无可挑剔的、巧夺天工的作品，在达·芬奇的眼里却千疮百孔、惨不忍睹。

《蒙娜丽莎》通过X光检测，发现有二十个涂层。而达·芬奇整整画了四年。

达·芬奇追求完美，没有得到客户的赏识，反而屡屡遭到投诉、退货。

雇主告诉达·芬奇，我给你一万块钱，你一个月内完活。

然后，达·芬奇画了两年。

拖拖拉拉、半途而废，达·芬奇在绘画市场“臭名昭著”。

一般情况下，客户先给画家一笔钱，至少让画家买画笔、颜料。

在和达·芬奇签合同时，客户说，为了防范风险，为了做好你交不了稿的准备，我们不付订金，你先画着，画到一定程度后我们再付钱。

达·芬奇花了三年时间画《蒙娜丽莎》。他越画越喜欢，越画越不舍得给客户，最后干脆卷着画跑了，连钱也不要了。

这绝对算是诈骗。

所以，多才多艺的达·芬奇比米开朗琪罗、比拉斐尔挣得少得多，没有什么积蓄。

不过，即使那些没有完成的画作，在今天看来都是一流的艺术品。

达·芬奇的绘画水平达到出神入化的程度。他就像文学界的莎士比亚，江湖中的扫地僧。高高在上、孤独求败。

达·芬奇的绘画作品在世界范围内至少取得两项成就：

第一，拍卖价最高。2017 年 11 月 15 日，达·芬奇的《救世主》以 4.5 亿美元成交，约合人民币 32 亿元。

第二，知名度最高。如果让全世界不同国家的人说出一幅大家都知道的画，恐怕就是《蒙娜丽莎》了。

《蒙娜丽莎》这幅画里隐藏了太多的密码。蒙娜丽莎是谁？她为什么发笑？是不是因为怀孕？是不是因为牙痛？蒙娜丽莎是阴阳人？为什么远看是笑，近看是害羞？蒙娜丽莎的眼睛中是不是有 LV（即达·芬奇名字的简称）？

解读《蒙娜丽莎》的人太多，而解读的观点又完全不一样。一幅画可以写出几本书来讨论，从侧面说明了画的价值。

达·芬奇说，一个好的作品除了表现人物，还要表现其心理活动。作品不仅要传神地表现人的形象，还要表现人的思想。在这一点上，《蒙娜丽莎》做到了。

除了知名度高，《蒙娜丽莎》还创造了三项纪录：

第一，争议最大。

第二，被恶搞的版本最多。

第三，参观人数最多，每年有 600 万人左右。

达·芬奇在画《蒙娜丽莎》期间，他的父亲皮耶罗去世了。生前，他多次表示为达·芬奇感到自豪。

画家就是这样的人。他一直研究绘画，一直创作作品，他获得了荣誉和金钱。然后，他继续创作作品。

我觉得达·芬奇根本没有把自己当画家。对他来说，绘画只是记录世界的手段之一。他把自己对绘画的理解写成一本书，书的内容完全可以归纳出几条定理。达·芬奇是美术理论家，他在绘画理论的贡献就像牛顿在物理学领域一样。

达·芬奇的工作室可以说是世界上最先进的实验室，也可以说是魔法屋。工作室满地都是奇怪的东西：

● 天文学、物理学、化学、机械学、解剖学等所用的各种仪器。

● 车轮、杠杆、弹簧、螺旋、棍棒、弯管、唧筒等各种机器零件。

- 潜水钟、水晶球、放大镜。
- 用酒精浸泡的人体器官。
- 整匹马的骨架、一条鳄鱼、若干动物尸体。
- 黏土制的少女头或天使头模型。
- 熔炉、风箱、铁锤。

达·芬奇随手抓起一件东西，就能给你变个魔法。

前文讲过，达·芬奇从小就喜欢大自然，观察树、鸟、河、湖。在看水的过程中，达·芬奇产生了一些想法，并记录下来：

- 石头投入水中，水面产生波纹。光线与声音可能像水波一样传播。
- 沸腾的水能掀开壶盖，说明蒸汽可以产生能量（火电厂就是靠蒸汽推动的）。
- 实物扔到水里，看起来形状有变化（折射定律）。
- 戴着玻璃面罩、背着空气罐和有助于增加重量的沙袋下水（潜水）。
- 穿上两只大木鞋，依靠浮力水上漂。
- 建造大水闸，平时蓄水，关键时放水淹死敌人。
- 挖掘水渠，把整河的水引走，断了比萨城的水源（渴死城里的人）。
- 远距离的输水管（今天的自来水）。

达·芬奇记录了730项关于水流的发现和67个描述不同水流运动的词汇。

后人根据达·芬奇的全部笔记，从而给他归纳的身份如下：

天文学家。达·芬奇认为地球不是宇宙的中心，是一颗围绕太阳运转的行星。

他提出这些观点的时间早于哥白尼。

气象学家。发现大气折射，解释天空为什么是蓝色的。

物理学家。发现液体压力的存在，提出了连通器原理。他指出，在连通器内，同一液体的液面高度是相同的。

研究了自由落体定律，发现了惯性原理。

提出利用太阳能。

提出原子能的威力：

　"那东西将从地底下爆起，使人在无声的气息中突然死去，城堡也遭到彻底毁坏，看起来在空中似乎有强大的破坏力。"

军事发明家。发明了直升机、坦克车(车轮上绑着镰刀)、潜水艇、大型十字弓、多炮管机关枪(33管齐发)、城墙推倒机(一次推倒五个梯子)、盾剑(用盾牌挡住敌人的剑,同时打开盾牌上的一扇小门,从中弹出武器击伤敌人)。

地质学家。根据高山上有海洋动物化石的事实推断地壳在变动。

估算地球的直径为7000多英里(实际约7916英里)。

文学家。创作了很多童话故事,以下是其中之一:

女贞树对山鸟说,你吃我的果子就算了,还要用爪子抓破我的皮。

山鸟说,笨蛋!你生下来就是让我吃的。到了冬天,人类就会砍掉你的枝。

女贞树眼泪汪汪。

山鸟被人抓住,关进一个用女贞树枝做成的鸟笼。

女贞树枝说,我是不会被烧掉的,而且我能关你一辈子。

建筑及水利工程师。他设计过城市、城堡、运河、水利工程等。

发明家。达·芬奇的发明有乐器、闹钟、自行车、照相机、温度计、烤肉机、纺织机、起重机、挖掘机等。

达·芬奇发明了一种睡眠法:

每工作4小时睡15分钟,每天睡不到两小时,工作时间22小时。

这种睡眠方法有一定的合理性。自然界中大多数动物都是多次少睡的。婴儿也是。我们中午小睡15分钟,下午头脑绝对清醒几小时。

有一位画家亲测有效。不过,他很快就恢复了8小时睡眠。

为啥?画家说了:

"每天有22小时醒着,时间太多,不知道做什么,太无聊。"

达·芬奇随身携带笔记本,无论走到哪里,想起什么,随时记下来。他现存的笔记约7000页,据专家估计还有6000页没有发现。

仅仅一半的笔记,就提出这么多发明。他全部的笔记简直可以说是百科全书了。

达·芬奇是穿越回去的现代人。达·芬奇是从外星降落到地球上的。

达·芬奇是被艺术耽误的科学家。如果他不去画《最后的晚餐》和《蒙娜丽莎》,而是集中精力研究科学,他就是哥白尼和伽利略。

爱因斯坦说，如果达·芬奇的发明全部实现的话，人类至少能前进五十年。

我能建造轻而耐火的桥梁。

我能在壕沟和江河底下迅速并无声地挖掘地道。

我能制造美观而适用的新型大炮。

我能制造围城战中使用的冲城机、海战中抵御铁石攻击的船。

我可以让你统一全意大利。

和平的时候，我能建筑公用和私人房屋。

我能挖掘运河和设立水道。

我能雕塑大理石、黄铜和陶土。

凡有委托，我都能做，不亚于任何人。

达·芬奇真的能。他不是吹牛，而且，他还真的很谦虚。

1513 年，61 岁的达·芬奇来到罗马。

当时的教皇捧着米开朗琪罗，宠着拉斐尔，冷落了这位天才。

米开朗琪罗是一个不出声能干大活的倔驴，拉斐尔是个嘴上抹蜜的美男。而达·芬奇却是个出活慢的怪老头。

1516 年，法国国王弗朗索瓦来到意大利。欢迎的人群向他进献了一头机械狮子。狮子自己走到法王面前，背部打开，伸出一朵象征法国王室的鸢尾花，献给国王。

弗朗索瓦大喜。当他得知是达·芬奇的杰作后，就与大师见面，邀请他去法国。

达·芬奇于是跟着弗朗索瓦定居在法国的昂布瓦斯。他很少作画，主要在研究飞行器。

达·芬奇喜欢鸟，经常花大价钱买鸟放生。他希望自己制造的机器能让人像鸟儿一样在天空遨游。

1519 年 5 月 2 日，达·芬奇病逝。

法国国王弗朗索瓦匆匆赶来，抱着老人，看着他咽下最后一口气。

这当然是一个美丽的传说。

达·芬奇的弟子弗朗西斯科·梅尔兹说："达·芬奇的死，对每一个人都是损失，造物主无力再造出一个像他这样的天才了。"

弗朗索瓦花了 12000 里弗，从梅尔兹手中买下《蒙娜丽莎》。

为什么达·芬奇的人生都是真假难辨的段子？

因为当时他可算不上什么人物。民众关心的是教皇和国王。

当时的画家很多，达·芬奇只是其中的一个而已。而且，更多的人喜欢拉斐尔的作品。

现在，人们才知道达·芬奇是天才，是五百年才出一个的天才。

像达·芬奇这样的天才，法国物理学家帕斯卡算一个，美国工程师尼古拉·特斯拉算一个。

发明弹性定律的大科学家罗伯特·胡克，因研究广泛、贡献较多，被称为"伦敦的达·芬奇"。

中国有个词叫格物。同一历史时期，王阳明也在格物、格竹子。他得出的结论是，方知天下之物本无可格者。这完全是一种反科学的观点。

胡适说，中国的知识分子越来越远离自然对象，益发深陷于空洞的玄思或纯粹的文学追求。中国的中世纪宗教要人们思考自然、顺从自然，与自然和谐共处，却不鼓励揭示自然奥秘从而征服自然。

达·芬奇是真的格物。他对世界万事万物都有兴趣，都想研究，都想改变，从而产生了上千个发现。比如，他发现蜻蜓的两对翅膀不是同时上下扇动，而是前一对抬起，后一对落下，是错开的。

从小到老，他永远是那个以好奇的眼光看待世界的孩子。

让我们以达·芬奇的一句话来鼓励自己。他说：

"从黎明起，大地就深深地吸引我的目光。"

米开朗琪罗（1475—1564）

我看到大理石中有天使，我的工作是使她自由。

没有比浪费时间更大的伤害了。

当我手里拿起凿子的时候我才会舒服一点。

细节创造完美，但完美不只是细节。

天才就是持续的耐心。

如果人们知道我有多努力，就不会为我的作品感到惊讶了。

用脑雕刻，而不是用手。

对我们大多数人来说，最大的危险不是我们的目标太高而错过了它，而是目标太低而成就了它。

第十章

米开朗琪罗——"石破天惊"

1475 年 3 月 6 日，米开朗琪罗·博纳罗蒂出生于佛罗伦萨附近的卡普莱斯。他的父亲曾是卡普莱斯和丘西两个地区的最高行政长官（其实就是村长）。母亲在米开朗琪罗六岁的时候就去世了。米开朗琪罗兄弟五人，他排第二。

米开朗琪罗小时候由奶妈抚养长大。这位没有留下姓名的奶妈的父亲是一名石匠，奶妈的丈夫也是石匠。

米爸让米开朗琪罗去文法学校读书，将来从事法律工作。

奶妈的"石奶"发生了作用，小米表示，我想学画画。

米爸认为，村长再小也是贵族。我不允许你选择画画这种卑贱的职业。

在古代中国，丹青（画师）属中九流，排在风水大师和算卦先生之后。

小米倔强地坚持自己的想法。

米爸伸出手来。

孩子不听话，打吧！

米叔也出来给小米做细致的思想工作。

你要是学画画，我们家族的脸都被你丢尽了！

面对误解和残暴，米开朗琪罗拒绝妥协。

米爸最终让步了。把小米送到吉兰达约（大师级人物）开办的工作室。

天才加勤奋，一年的时间，米开朗琪罗就掌握了绘画的技巧。他的兴趣又转移到雕塑上面。

世界上最著名的艺术赞助商，佛罗伦萨统治者洛伦佐·美第奇刚刚创办了一所雕塑学校，由多那太罗（大师级人物）的学生贝尔托尔主持，急需学徒。

吉兰达约便把米开朗琪罗推荐过去。

米爸看小米不学绘画，改当民工，帮人家搬石头，更加后悔了。

刚学雕塑的时候，米开朗琪罗只能干苦力，负责给图书馆敲打大理石。

当时的人们认为绘画高于雕塑。达·芬奇就持这种观点。

明代的画家很多，正德嘉靖年间就有唐寅、仇英。中国的皇帝、官员、民间文人都是拿毛笔的，写字的同时就可以作画。可是，中国的士绅有几个拿锤子凿子的。所以，明代的雕塑家没听说过。

总之，雕塑不算艺术，和木匠、泥瓦匠一样，是装修工。

有一天，米开朗琪罗正在雕凿《农牧神》。

洛伦佐来了。他看了一会儿，对米开朗琪罗说："农牧神是老人，不可能有这么完整的一排牙齿。"

米开朗琪罗想了想，拿起锤子敲掉了一颗上排牙齿。

洛伦佐本来就觉得小米雕工精巧，现在又发现他很聪慧，于是做出一个决定：把米开朗琪罗带回自己家，亲自调教。

从此，米开朗琪罗有了自己的房间，有高档服装，有仆人，和洛伦佐的孩子共同进餐。这些孩子当中，有两位后来成为教皇。

一个穷小子住进了王宫，和王子们共同生活，这就是灰先生的故事。

让孩子接受最好的教育，就是让他住进名人家里。

米开朗琪罗的名声和取得的成就，远远高于洛伦佐和他的两个教皇儿子。

在这一点上，不得不让人佩服洛伦佐眼光老辣。

当时的佛罗伦萨是欧洲文化的中心、思想的花园、艺术的圣殿、大师的家园。

比如洛伦佐·吉布堤为佛罗伦萨洗礼堂北面制作一扇门。从 23 岁开始，到 46 岁完成。然后，他开始在东侧也做一扇门，73 岁时大门完工。

一个人，一辈子，只做两扇门，这就是为艺术献身。

在佛罗伦萨这样的环境中，肯定会涌现几十位艺术大师、几位天才。

米开朗琪罗的事业应该算是顺利的。唯一的不足，就是他长相平凡，甚至有些丑陋。在文艺复兴时代，一切都讲究美，人也要长得美。

我接触到很多公司，招聘的时候面试员工的外表，招标的时候面试投标者的外表。

米开朗琪罗身材不高大，躯体不魁梧。头大脸长、眼小无神。最惨的是，他的鼻梁被托里贾诺打断了。

和达·芬奇、拉斐尔的形象相比，米开朗琪罗感到很自卑。

15 岁时，米开朗琪罗完成了自己职业生涯的第一尊雕塑作品——《梯边圣母》，现藏于佛罗伦萨美术馆。

从雕塑学校毕业后，米开朗琪罗到圣斯比里托修道院学习解剖尸体。当时人死了都要在修道院举行葬礼，并埋在修道院。

在 16 世纪初，人能活到 60 岁就算长寿。三四十岁死亡者居多，20 出头的死者也不少。

解剖尸体不算什么好工作。吃不下饭，经常呕吐。

米开朗琪罗在昏暗的煤油灯下剥、切、画。要是白天，非得被家属打死不可。

1492 年，洛伦佐病逝。他的昏庸儿子皮耶罗竟然让米开朗琪罗去堆雪人。

米开朗琪罗只好离开佛罗伦萨，到威尼斯和博洛尼亚游荡并寻找机会。

正在走投无路之际，有人找到米开朗琪罗，让他创作一个作品，名字叫《沉睡的丘比特》。

米开朗琪罗不知道，这人是个奸商。他收购新品，伪装成古董高价卖掉。

把新大理石像做旧的过程是这样的：

往石像上洒甘草汁，再浇上酸奶（里面有细菌）。不舍得酸奶的话就用大便，一定要用新鲜的、热乎的（里面有细菌）。然后，用土把雕像掩起来，两个月后挖出来。

或者说，挖一个坑，把石像放在里面，天天去那里拉，拉满了就埋起来。

奸商把《沉睡的丘比特》以 200 杜卡特的高价卖给了红衣主教拉雷奥，约合人民币 50 万元。

米开朗琪罗不知道。他也是受害者，只拿了很少的钱。

拉雷奥是艺术大师，很快就发现这是一件赝品。他抓住了奸商。

奸商供出了米开朗琪罗。

红衣主教派人找到米开朗琪罗，让他到罗马去。

米开朗琪罗不敢违抗命令，于 1496 年 6 月抵达罗马，时年 21 岁。

拉雷奥没有责怪米开朗琪罗。相反，他留下米开朗琪罗，为自己工作。

米开朗琪罗创作了酒神巴克斯，一个微醺的裸男，有睾丸没有阴茎，有女人的酮体（像雌雄同体）。

拉雷奥不接受，认为作品太色情。

1497 年 11 月，法国驻罗马大使委托米开朗琪罗雕刻一幅作品《圣殇》，展示耶稣去世后，圣母玛利亚的悲伤。

在米开朗琪罗的刀下，圣母变成一个年轻、貌美、恬静、典雅的少妇，她默默地俯视着死去的儿子，无语、沉思、哀悼。

耶稣则静静地躺在圣母膝上，面无表情。

哀悼没有号啕大哭，没有泪流满面，没有表情扭曲。你看到这幅作品的时候不会感到难过，但会觉得心堵。

耶稣去世的时候三十多岁，按理说圣母应该是中年妇女。

红衣主教问米开朗琪罗，你雕刻的圣母看起来只有二十多岁。

米开朗琪罗回答说，圣母是纯洁的，而纯洁是不会衰老的。

《圣殇》一经问世，在罗马立即引起了轰动。

人们不敢相信它出自一个丑陋的 23 岁的年轻人之手。

米开朗琪罗于是半夜潜入大教堂，在圣母胸前的衣带处（非常显眼的位置）刻上了自己的名字。

这是他一生中唯一署名的作品。

从此之后，他创作的每一件雕塑作品都远远超过同行。署名实属多余。

今天，《圣殇》位于圣保罗大教堂内，去梵蒂冈旅游千万不能错过。

1501 年，米开朗琪罗就衣锦还乡了，人家当年才 26 岁。

他赚的钱，大部分都给了他的爸爸、哥哥和弟弟。

在家乡，他将再造传奇。

佛罗伦萨大教堂计划制作十二个圣经人物石像，放在大教堂的拱壁上。

1410 年，多纳太罗完成了第一个石像——约书亚。

1463 年，多纳太罗的弟子杜乔完成了大力神石像。

大教堂与杜乔续签协议，请他制作第三个人物——大卫。

大卫是公元前 1010—前 970 年的以色列王。当他还是小王子的时候，非利士人入侵以色列。敌人队伍中间有一位武士，名叫哥利亚，身材高大、力大无穷，在战场上无人能敌。

以色列人死伤无数，没有人敢出战。

大卫年幼，不能参战，就去前线给哥哥们送饭。

当他到达前线的时候，哥利亚正在阵营前骂战。

大卫听到后，满腔怒火，向父王申请出战。

扫罗王见大卫信心很大，就把自己的铠甲借给他。

大卫不要盔甲，穿着平常的衣服来到阵前，大声痛骂哥利亚，然后用抛石袋甩出一块石头打昏了哥利亚。大卫冲上前去，拔出利刃割下哥利亚的头。

大卫挽救了国家，并成为勇敢反抗强敌的象征。

佛罗伦萨大教堂从 150 公里之外的卡拉拉采购一块大石头没多少钱，运输花了一大笔费用。

收到大理石后，杜乔开始动工，很快就雕完了躯干、腿脚的大致形状，还在两条腿之间凿出了一个洞。

然后，他不干了。

十年后，安东尼奥·利诺继续在石头上敲打。不久，他也不干了。

这块大理石被丢弃在大教堂的院子里，一放就是 25 年。

扔掉吧，已经花了很多钱（开采费、运费、工钱）。

放着吧，什么都不是，还不如一块普通的石头。

普通的石头雕什么都行。这块有腿有洞的石头已经是半成品。说难听点，残次品。

这块石头的确不是一块上好的大理石，上面有裂缝。

横着放吧，挡路。竖着放吧，会倒。

大教堂仓库的存货清单上写着这块石头的名字：

一个叫作大卫的大理石雕像。

大教堂委员会准备找一位艺术家，把这块半废品雕刻成完整的作品，哪怕丑一点也没有关系，只要能站起来。

他们咨询了达·芬奇。达·芬奇摇头拒绝。

米开朗琪罗接受了这项挑战。1501 年 8 月 16 日，他与大教堂签下协议。

在创作大卫形象的时候，无论是画家还是雕塑家，一般选择辉煌胜利的那一刻：大卫拿刀站立，手提或脚踩哥利亚的头。

就像关羽接过酒杯，脚下是华雄的头。

观众看着很爽。

米开朗琪罗却选择了战斗前的大卫。就像关羽提刀出门奔向华雄的那一瞬间。

大理石的内部不是均匀一体的，它更像是若干块石头相互咬合在一起。

正如我们砸石头的时候，石头一般会分裂成几块。

当长条形石像竖立起来的时候，内部几块石头就会相互用力，特别是腿部受力非常大。时间长了，石像表面就会产生裂痕，甚至摔倒。

米开朗琪罗面临的第一个挑战，就是给大卫设计一个姿势，不仅美观，还要确保安全。

9月13号，米开朗琪罗落下了第一刀。

巨型雕塑是怎么制造出来的？

第一步，做一个小的模型，放到水箱里。

第二步，向水箱里倒入牛奶，淹没大部分模型。

第三步，先雕刻牛奶淹不到的上部。

第四步，逐步降低牛奶液面的高度，从上向下雕刻。

一座只有3.96米的雕像，米开朗琪罗竟然用了四年时间。他经常睡在雕像旁边，几天都不换衣服。

如果说画家离开解剖也能作画的话，那么雕塑家离开解剖则完全不能工作。因为他雕刻的不是皮肤，而是骨头和肌肉。《大卫》的一只右手，米开朗琪罗呈现了十五处骨头和肌肉。他还刻意拉长了小指展肌。

当石像揭幕的那一瞬间，所有人只能用一个词形容——目瞪口呆。

一个年轻有力的男人，一个英俊完美的男人，一个体态健美的男人，一个神情坚定的男人，一个肌肉饱满的男人，一个神态自若的男人，一个血液流动、心脏跳动的活人！

在这一刻，你没有觉得他是外国人，或者是白人。

你只会觉得，这是上帝的奇迹！

无可挑别！无话可说！完美！超乎想象！

米开朗琪罗塑造出来的不仅仅是一尊雕像，而是人文主义思想。

这块石头等了米开朗琪罗几十年，就是为他而生。

有人问他，大卫这么美，它的原型模特在哪里？

米开朗琪罗说，大卫的原型就在这块石头里，我只是把不需要的部分去掉而已。

有时候，我在想，我们大多数人，生下来的时候，也是一块石头，一块粗陋的原材料，我们也需要别人开发，需要自己开发。

明朝也有块石头，破裂后变成了孙悟空。

佛罗伦萨的行政长官索德里尼前去验收。此时的佛罗伦萨发生了翻天覆地的变化。法国军队入侵意大利，让米开朗琪罗雕刻雪人的皮耶罗跑了。佛罗伦萨恢复了共和国。索德里尼是行政长官，马基雅维利是他的助手。逃跑的皮耶罗时刻想收回佛罗伦萨，法国国王也想吞掉佛罗伦萨。相对于他们，年轻的共和国太弱小了。

既然年轻的、弱小的大卫能够战胜巨人哥利亚。那么，佛罗伦萨人也可以战胜前来侵犯的强敌。所以，《大卫》雕像给每一个佛罗伦萨人注入了勇气和力量。

为了显示自己的专业审美能力，索德里尼向米开朗琪罗提出，大卫的鼻子太厚了。

米开朗琪罗没有解释。他拿起锤子和小刀，爬上梯子。

只听见"咔咔"作响，石头粉屑纷纷落在索德里尼的头上。

米开朗琪罗下了梯子，请长官继续提意见。

索德里尼一边从自己的头上扒拉白灰，一边说："不错不错！你把它改得更有生机了。"

米开朗琪罗心里暗暗发笑。他只是让锤子碰了刀子。那些石屑是他从口袋中掏出来的，然后撒在索德里尼头上。

1504 年 1 月 25 日，佛罗伦萨艺术委员会正式开会，讨论把这座巨像安置在哪里。与会嘉宾阵容极为强大。首先是不用介绍的达·芬奇，其次是达·芬奇的同学波提切利，还有菲利比诺·利比以及佩鲁吉诺（拉斐尔的老师）。

原来的计划是放在教堂的顶部。不过站在地面向上仰看的话，这么好的石像就像老鼠般大小了。

达·芬奇意识到自己遇上了最强悍的对手。他提议把雕像放到室内，放到一处不起眼的地方。

其他委员则认为，大卫是佛罗伦萨的守护神，是捍卫民主政府的象征。这么伟大的作品，应该放在人人都能看得见的地方，即领主广场。

把《大卫》搬运到领主广场并不远，却动用了四十多人，花了四天时间。

安放仪式那天，全城沸腾、万人空巷。人们在雕像上贴了许多纸条，比如：

"你给我们带来了自尊心！"

"作为佛罗伦萨人，我们感到自豪！"

"人类是最有力量的！"

就这样，《大卫》在领主广场一站就是三百多年，经历风吹日晒。

1873 年，佛罗伦萨政府决定把《大卫》搬进佛罗伦萨美术学院。原址则摆放了一件复制品。

谁是世界第一知名雕像？

有人说是《大卫》，有人说是纽约的自由女神像，目前尚无定论。

不过，《大卫》是展示男性美的第一雕塑作品。

展示女性美的第一雕塑作品是《维纳斯》。

大卫左手上举，握住搭在肩上的抛石袋，无知的人以为大卫脱下衣服，拿毛巾去洗澡。

衡量一幅作品的艺术高度，就是看有没有人恶搞它。

《大卫》是广告商和网友恶搞最多的艺术作品之一。

1504 年，佛罗伦萨议会大厅落成。一头白灰的索德里尼决定用两幅湿壁画进行内部装饰。

湿壁画绘制过程是这样的：

第一步，画家先把作品画成小幅样稿（一幅小作品），交给买家认可。

第二步，画家用草纸画出与壁画实际大小一致的草稿，素描稿就可以。

第三步，用生石灰和沙子在墙壁上刷一层粗泥底子。

第四步，在粗泥底子上面再刷一层细泥底子。

第五步，把草稿贴到墙上，在有线条的地方扎上小孔，撒上炭粉，用手拍打。然后摘下草稿。墙壁上留下黑色的线条，也就是作品的轮廓。

黑色的作品轮廓在当时还有一个专用名词，叫作"cartoon"，音译就是卡通。卡通只有线条，且一般是黑色，后来人们用卡通表示报纸上的漫画，或动画片。

当时的意大利在建筑、绘画、音乐领域领先于世界，所以很多英文词汇都来源于意大利语。

第六步，再涂上一层更细的灰泥。在灰泥还没有干的时候就开始画，这样颜料就会渗透到灰泥里。涂完一片、绘制一片。

意大利有句谚语，像画湿壁画一样麻烦。

为什么这么麻烦，有必要吗？

干壁画就是提笔直接在墙上画。

我国的壁画很多，比如敦煌壁画。北京西北的鸡鸣驿，有大量的明代壁画，艺术价值很高。但是有一个缺点，这些壁画的颜料经过氧化后会变浅，有些颜色会大片脱落。

怎么办？

就是找工匠在原画上再涂一遍，有的甚至涂上三四遍。

所以我们眼里看到的很多壁画，都不是原作者的手迹。

达·芬奇《最后的晚餐》也是干壁画。你上网搜一下，看看效果（这已经是修复过的）。

索德里尼市长邀请达·芬奇和米开朗琪罗各画一幅。

当时佛罗伦萨已经形成"达派"和"米粉"，相互攻击。两位大师之间也产生了误解和敌意。

达·芬奇认为艺术的最高表现形式是绘画，雕塑次之。

米开朗琪罗认会绘画是二维，雕塑是三维，后者更高级。米开朗琪罗还嘲笑达·芬奇没有完成的"大铜马"。

达·芬奇创作了《安吉里亚之战》，米开朗琪罗创作了《卡西那之战》。

两人有事中途退出，两幅壁画都没有完成。

否则，佛罗伦萨议会大厅将成为全球艺术爱好者的"圣地"。

1505 年，米开朗琪罗赶赴罗马，为教皇尤里乌斯建造陵墓。

教皇、贵族的陵墓四周经常雕塑一些天使和圣徒。

明朝皇帝的陵墓也有文臣武将、骆驼、狮子等石像。

米开朗琪罗雄心勃勃，想创造新的奇迹。他建议至少要有四十个人像。其中包括两个天使，一个为教皇之死哭泣，一个为迎接教皇进入天堂而微笑。绘画、雕塑、诗、哲学和神学这五个领域各雕一个石像。

教皇闻后大喜。他命人在梵蒂冈宫的走廊与米开朗琪罗的寓所中间建造了一座浮桥，方便探望米开朗琪罗。有人说他们两人好似父子一般亲热。

实际上，尤里乌斯教皇绰号"恐怖战神"，是个脾气暴躁的人。

教皇的建筑总监布拉曼主导修建圣彼得大教堂。教皇的钱是有限的，坟墓和教堂，只能重点投入一个。布拉曼于是在教皇耳朵边说了米开朗琪罗不少坏话，甚至想杀掉这个竞争对手。布拉曼的朋友，拉斐尔出于帮助朋友的角度，也去诋毁米开朗琪罗。顺便说一句，达·芬奇也是布拉曼的朋友。

教皇对圣彼得大教堂充满热情，对自己陵墓的事情不上心了，也不去探望米开朗琪罗了。

米开朗琪罗看到大教堂工地在"轰隆隆"地动工，而自己已经很长时间没有收到工钱了。他去找教皇，教皇也不见他。

米开朗琪罗表面阴沉寡言，自尊心特别强。他惹不起教皇，一气之下逃回佛罗伦萨，罢工不干了。他给教皇写信说：

> "你总是相信谎话与谗言。对于真理的敌人，你给他很多酬报。至于我，你忠实的老仆辛苦地工作，你却不感动！不爱我！"

教皇急忙派五个人去追米开朗琪罗，在波吉邦古镇拦住了他。

米开朗琪罗说，要不你们五个人死，要不我死。反正我是不会回去的。

五个人只得心惊胆战地回去向教皇交差。

教皇命令佛罗伦萨地方官把米开朗琪罗送到罗马。

地方官对米开朗琪罗说："你敢违抗教皇的旨意，你甚至比法兰西国王还勇敢。"

米开朗琪罗的驴脾气爆发了。

教皇就能随便命令人吗？我难道就得服从教皇吗？我干脆去土耳其，彻底离开基督教世界，我看教皇怎么管我？

教皇急了。他率领一支军队北上，威胁佛罗伦萨。

1506 年 11 月，米开朗琪罗让步了，他委屈地去见教皇。

一见到米开朗琪罗，教皇就大声呵斥道：

"是你应当到罗马去觐见我的，而我却不得不到博洛尼亚来访问你！"

米开朗琪罗于是跪下，请求宽恕。他说自己气昏了头。

教皇坐着，怒气未消，不肯原谅米开朗琪罗。

一位主教上前来打圆场。他说："请圣父不要把他的蠢事放在心上。他是个蠢人，他的罪过都是无知造成的。这并不奇怪，搞艺术的都是白痴。"

一听到这句话，没想到教皇更加愤怒了。

他站起来大声斥责主教：

"你竟然对他说出我都没有和他说过的粗话。你才是白痴，快滚开！"

主教低头不语，不想走。

教皇的侍卫上前把他拉走了。

教皇的怒气在主教身上发泄完了，叫米开朗琪罗起身，原谅了他。

回到罗马后，教皇让米开朗琪罗停止修墓，去西斯廷教堂画天花板壁画（准确地说叫拱顶画）。据说这是布拉曼的主意。

西斯廷教堂建于 1473 年，以教皇西斯托四世的名字命名。这座教堂经常举办重要的宗教仪式。

　　1480 年，为了讨好教皇，佛罗伦萨组织了一个强大的画家代表团给西斯廷教堂画壁画，其中包括波提切利、佩鲁吉诺、吉兰达约（米开朗琪罗的老师）、罗塞利、罗塞利的弟子科西莫。奇怪的是，达·芬奇不在此列。

　　画拱顶画可不是什么好差事。人得站在或躺在 18 米高的架子上，仰头盯着天花板作画。西斯廷天花板的面积超过五百平方米，相当于 13 个《最后的晚餐》那么大。另外，天花板不是平的，两端有较大的弧度。

　　画个壁画，观众能站在画前指指点点。

　　画拱顶，人得抬头看，还看不清（距离远、光线还弱）。

　　完全是费力不讨好。

　　米开朗琪罗的特长在雕塑不在绘画，布拉曼就是想看米开朗琪罗的笑话。

　　米开朗琪罗找了一百个借口，想推掉这可怕、讨厌的差使。

　　他说，绘画不是他的专长，他会毁了教堂的天花板。

　　他说，天花板太高，够不着。

　　布拉曼说，在房顶上凿出几个洞，挂上绳子和木板，米开朗琪罗可以一边荡秋千，一边画画。

　　米开朗琪罗说，画完了，那几个洞怎么办？

　　米开朗琪罗说，让拉斐尔画吧。

　　教皇告诉米开朗琪罗，拉斐尔的活还要干好几年。你必须画，尽快开工。

　　1508 年冬天，委屈的米开朗琪罗开始买木头、钉子，做脚手架。然后，他开始构思、设计天花板的内容。一开始他准备找几个人打下手，后来发现都不中用，于是只留了一个助理，帮助他配制颜料。

　　他承包了所有的工作量。

　　米开朗琪罗绘画的主题是圣经中的《创世记》。他将其分为 9 个子题：即上帝分开光暗、划分水陆、创造日月、创造亚当、创造夏娃、逐出伊甸、诺亚祭献、洪水泛滥和诺亚醉酒。

　　米开朗琪罗躺在架子上面画画，教皇和主教们每周在下面正常使用教堂。

　　由于工作量巨大，没有人商量，米开朗琪罗承受了巨大的心理折磨和身体疼痛。在一封信中，他写道：

　　"我的精神处在极度苦恼当中。一年了，我从教皇手里没有拿到一分钱。我也不向他要钱，因为我的工作进度似乎还不配要求酬报。工作进度迟缓的原因，是技术的原因。归根结底，是因为绘画不是我的本行。我的时间完全浪费了。"

辛苦劳作一年半后，米开朗琪罗不得不休息半年。

1511 年 2 月，《创世记》二次开工。

在绘画过程中，米开朗琪罗禁止任何人观看，包括尤里乌斯教皇。

因此，教皇不知道米开朗琪罗的工作进展到了哪一步，何时完工，于是天天前去催问。

米开朗琪罗不耐烦地回答，当我能够完成的时候。

教皇气得抄起十字杖打他，边打边说："当你能够的时候！当你能够的时候！"

米开朗琪罗跑回家，赌气地收拾行李要回佛罗伦萨。

教皇马上派人送给米开朗琪罗五百金币，向他道歉。教皇说，我这都是出于好意，是关爱的表示。

米开朗琪罗接受道歉，继续作画。

与此形成鲜明对比的是，拉斐尔随时欢迎教皇前去参观他的壁画。两人每天都进行愉快的讨论。

有一次，教皇实在憋不住了，就穿上普通人的衣服轻轻溜进西斯廷偷看。

米开朗琪罗用颜料桶向下轰炸教皇。

尤里乌斯教皇大怒，命人把架子拆了，不让米开朗琪罗下来。

两个人都是犟牛，顶在一起了。

1512 年 10 月 31 日，诸圣节，《创世记》诞生了，用时四年零五个月。

《创世记》是圣经中的第一章，也是最重要的章节之一。人类的产生、人类的欲望、人类的无知、人类曾经的美好、人类犯过的罪、人类的高尚和卑微，都集中在这一章里。《创世记》中最著名的是上帝悬浮于空中，把生命传送给亚当。这幅画的恶搞程度也相当高，经常出现在广告和海报里。

教皇对壁画十分满意。唯一的意见，是人物的服装清淡朴素，应该穿金戴银，这样整个画面才会显得富丽堂皇。

米开朗琪罗说，没有必要。

教皇坚持说，这些人看起来太寒酸了。

米开朗琪罗说，他们本来就是寒酸的人。

艺术家的苦恼就在于，你的作品不能不让人评价，不能不让外行评价，但有些评价让人实在不好回答，有些评价甚至荒唐可笑。

教皇对米开朗琪罗的愤怒、再三催促是非常明智的。

因为三个月后，他就去世了。

如果米开朗琪罗再拖延半年的话，他真的是死不瞑目。

与此同时，拉斐尔已经完成了《雅典学院》《圣礼之辩》等大型传世作品。

两大高手进行了一场巅峰对决！

拉斐尔曾经多次偷看米开朗琪罗的半成品。他说了一句话：

"能活在米开朗琪罗时代，真是一种幸运。"

三百年后的歌德说：

"亲眼去西斯廷礼拜堂看看，才知道一个人能做多大的事！"

《创世记》不用去现场看，仅看看高清大图就够震撼了。

看《海上钢琴师》的表演对决，看谢尔巴科娃滑冰，有时候真的大发感慨：

建功立业不需要千军万马。

仅一个人，真的有能力把事情做得那么漂亮。

米开朗琪罗不仅是雕塑天才，还是绘画天才。

这都得感谢出馊坏主意的布拉曼和频繁督促的尤里乌斯教皇。

你的成就都是你的敌人逼着你获得的。

也有历史学家指出，布拉曼是一个温和的人，不会陷害米开朗琪罗。那些糗事都是喜欢米开朗琪罗的人杜撰的。

不过，米开朗琪罗也付出了巨大的代价。

由于长期仰视，他的脊椎已经变形。由于在黑暗中作画，他的视力已经损坏。他已经不习惯平视，读信都要举到头顶。

米开朗琪罗写道：

"我的胡子朝向天，

我的头颅弯向肩，

画笔滴下的颜色，

在我脸上画图案。

我的腰部缩向腹，

臀部变秤星，维持我全身重。

我的前身在拉长，

我的后背在缩短，

仿佛一张叙利亚的弓。"

　　这次米开朗琪罗赚了不少钱。他不结婚、不消费，大部分都给了他的父亲和三个不孝的弟弟。米开朗琪罗在信中对父亲说：

　　"只要我自己还有，我决不会令你短少。即使你在世界上一无所有，只要我在，你必不致有何缺乏。我宁愿自己贫穷而你活着，也不愿拥有全世界的金银财富而你不在人世。十五年以来，我不曾有过一天好日子，我竭力支撑你。"

　　米爸爸有五个儿子，只有米开朗琪罗一个人养他。

　　1506 年 2 月，罗马出土了一件文物，轰动了整个欧洲。这就是古罗马时期的雕像《拉孔奥和他的儿子》，创作于公元前 27—68 年之间。

　　遗憾的是，雕像不完整，没有右上臂。

　　1510 年左右，教皇的建筑师布拉曼召集罗马的雕塑家，进行一场比赛。比赛的内容是为雕像配一只手臂。

　　大部分人认为，右臂应该是伸直向前的。

　　只有米开朗琪罗认为，根据肌肉的条理，右臂应该是弯曲向后的。

　　最后，众人否定了米开朗琪罗的意见。于是，拉孔奥装上了伸直的右臂。

　　没想到 400 年后，1906 年罗马的一个工地上竟然发现了拉孔奥的右臂，果然是米开朗琪罗所说的向后弯曲的造型。

　　人们将新发现的右臂装在拉孔奥雕像身上。

　　以米开朗琪罗的造诣，如果他今天还活着，说不定能修补维纳斯的双臂！

　　拉孔奥雕像的出土对米开朗琪罗有很多启发。他获益匪浅。

　　1513 年，米开朗琪罗继续给去世的尤里乌斯教皇陵墓凿石像。他陆续创作出《摩西》《被缚的奴隶》和《垂死的奴隶》。

　　新教皇利奥十世是洛伦佐的儿子，算是米开朗琪罗小时候的玩伴。利奥十世对米开朗琪罗说，别给老教皇陵墓打工了，给我们家族干吧。

　　于是米开朗琪罗回到佛罗伦萨，为美第奇家族陵墓创作了四幅伟大的作品，《昼》《夜》《晨》《暮》，都是人体雕像。

　　国内有些小区为了显得洋气，起名罗马花园、米兰公馆。他们山寨了《昼》《夜》《晨》《暮》，放在小区里。从此，小区就有了一些陵园的味道。

　　1536 年，教皇保罗三世给米开朗琪罗布置了一项新任务，在西斯廷教堂《创世记》拱顶画的下面，祭台的后面，创作一幅壁画。

这面墙已经有四幅画，其中两幅是大师佩鲁吉诺的。

为了米开朗琪罗，教皇命人将四幅画都抹掉。

上次创作的《创世记》，是开始。这次创作主题是《末日审判》，是最后。

米开朗琪罗工作了6年，在220平方米的墙壁上画了400多个人物。

画面最上层是天国的天使。左面一组天使抱着十字架，右面一组天使抱着耻辱柱。

画面中央是耶稣基督。他身躯高大、神态威严、高举右手，即将发出最后的判决。圣母玛利亚在他身边。

八个天使一起吹号，唤醒死者，宣布审判开始。

耶稣下边是十二门徒和殉道圣徒。圣劳伦斯拿着烤肉架（被烤死的），圣巴托罗缪拿着一张人皮（被人活剥的）。这张人皮上的脸不是别人，正是米开朗琪罗自己。拿人皮的人则是让他绘制《创世记》，让他雕刻墓地的尤里乌斯教皇（也有人说是意大利评论家阿雷蒂诺）。

你让我画《创世记》，你这是剥我的皮。

再往下是人间，是被裁决者。左侧的人升向天国，右侧的堕入地狱。

最底层是地狱。冥神"夏龙"向亡魂挥舞着船桨，把他们渡过阿克隆河，扔进各层地狱。

米开朗琪罗在教皇身边拼命地工作。他虽然不说不写，但亲眼目睹了教皇的荒淫、教会的腐败、人性的泯灭、民众的痛苦。

在这幅画里，上帝在审判世人，实际上是米开朗琪罗在审判世人。

当这幅壁画揭幕时，很多神职人员目瞪口呆：

画中人物没有穿衣服，画面有一大堆生殖器。

这是一幅典型的淫秽色情作品！

而且放在圣洁的西斯廷教堂的正中央！

保罗三世的典礼官比亚乔说这幅画放在情趣酒店里更合适。

于是，米开朗琪罗把比亚乔放在画中的地狱，让蛇咬住他的生殖器。

这不是把我打入地狱，永世不得翻身吗？

比亚乔急了，跪倒向教皇哭诉。

圣父，无论如何，您得劝米开朗琪罗把我删掉。

保罗教皇幽默地说，只有上帝才有权柄把人从地狱中解救出来，即使教皇也没有能力改变。

米开朗琪罗死后，教皇才敢让画家伏尔泰拉给这些裸体人物画上布条遮羞。

伏尔泰拉因此得名——"内裤制造商"。

拉斐尔过着极度奢侈的生活，身边总是环绕着女人。

米开朗琪罗终生未婚。当一个教士讥笑他无妻无子的时候。米开朗琪罗说，艺术是我的妻子，作品是我的孩子。的确，米开朗琪罗对女人没有兴趣，对女人身体没有兴趣。他画中的女人，他雕塑的女人，都充满力量、缺乏妩媚。

相反，米开朗琪罗喜欢男性，给他们写诗：

"我卑微的尘躯不再享有，
你的迷人的脸庞与美丽的双眼，
但任何力量都抹不掉你我共枕相拥时，
两个灵魂相融所迸发的火焰。"

米开朗琪罗赚了很多钱，可以说是超级富翁。但他过得像个最穷的人。他吃饭不挑食，有什么就吃什么。他身上的衣裳几年都不换。他和助理、工人睡在工地上。太累的时候，他上床都不脱靴子，以至于靴子和脚粘在一起。

米开朗琪罗的钱大部分都给了他的父亲和几个贪得无厌的弟弟。他们买房买地，却频频写信向米开朗琪罗哭穷。

现在，米爸和米叔不会怪罪米开朗琪罗给祖宗丢人、给家族蒙羞了。

因为米开朗琪罗在人们的心目中就像神一样，甚至超过了教皇。

以前，全欧洲的人都以见到教皇为荣。

现在，教皇以认识米开朗琪罗为荣。

1546 年，保罗三世任命 71 岁的米开朗琪罗为圣彼得大教堂首席设计师。

米开朗琪罗再次抗议。我是雕塑家，不是建筑工程师。

保罗教皇对此置之不理。

米开朗琪罗只好接受这份工作。他为大教堂设计了一个直径达 42.34 米的巨大圆形穹顶。从外面看非常震撼，走进大教堂从里面看，更加震撼。

从此，大圆顶成为一种建筑风格。其中以美国国会最为出名。中国一些地方政府也山寨了不少这样的风格。

1564 年 2 月 18 日，米开朗琪罗病逝，享年 89 岁。他工作到最后一刻。他的最后一件作品与他年轻时的成名作相同——《圣殇》。

米开朗琪罗葬在他喜欢的佛罗伦萨。他的墓地紧邻着但丁墓，不远处还有伽利略和马基雅维利的墓地。

米开朗琪罗的墓龛上有三位美女石像，分别代表雕塑、绘画和建筑。

在雕塑领域，米开朗琪罗是遥遥领先的第一。

在绘画领域，米开朗琪罗可以进入前三。

在建筑领域，米开朗琪罗也是超一流的。

在文学领域，米开朗琪罗写了三百多首诗，有人说质量不亚于莎士比亚。

米开朗琪罗创造了人世间不曾有过的美景。他的作品是金字塔，是巴黎圣母院，是长城，是《哈姆雷特》，是《红楼梦》，是人类历史上未曾出现之物。

有的历史学家认为，他是人类有史以来最伟大的艺术家，没有之一。

米开朗琪罗的死亡，意味着文艺复兴的结束。

如果说达·芬奇关注的是自然，研究的是宇宙。

那么，米开朗琪罗关注的是人，研究的是人。

人既有像大卫那样俊美、勇敢、有力量的一面，也有像奴隶受束缚、受压迫、脆弱的一面。人是善是恶？是美是丑？是脆弱还是强大？是卑贱还是高尚？

米开朗琪罗不要金钱（不追求财富），不要女人，不要家庭，不要美食，不要地位，不要面子。他舍弃了人世间的所有乐趣。

他只要锤子、凿子和画笔。他只要工作，只要创造。

这种勤劳的、孤独的创作，背后是巨大的付出和痛苦。

罗曼·罗兰为米开朗琪罗写了一部传记。其中有一句话是这样的：

"世界上只有一种英雄主义，那就是看清了世界的本来面目并且依然去爱它。"

拉斐尔（1483—1520）

你需要了解那些打算购买你产品的人。

——拉斐尔

只有一件事是重要的，那就是顾客满意。

——拉斐尔

我们可以把其他人的作品称为绘画，拉斐尔的作品却是活的，有血有肉，有呼吸，每一个器官都充满活力，生命的脉搏跳动不止。

——瓦萨里

第十一章

拉斐尔——"天使在人间"

1483 年 3 月 28 日，拉斐尔诞生于意大利的乌尔比诺，其父乔万尼·桑西是当地宫廷画家和诗人。乔万尼前两个孩子都不幸夭亡了，第三个孩子起名拉斐尔，即天使的意思。

拉斐尔是在绘画工作室里长大的。他的玩具就是画笔和颜料，他的娱乐就是在木板上涂涂抹抹。

乔万尼发现唯一的儿子喜爱绘画，并且有些天赋，于是用心教他。

如果父母在某种职业上小有成就，如果孩子又对父母的职业感兴趣，大部分情况下，孩子的发展都不错。

7 岁的时候，拉斐尔的母亲去世了。

11 岁的时候，爱他的父亲也去世了。

真是不幸的孩子！

有人说，拉斐尔的舅舅奇亚尔拉收养了他。

也有人说，乌尔比诺大公的妻子艾丽萨维塔·贡萨戈收养了他。

1498 年，拉斐尔进入佩鲁吉诺（大师级人物）的工作室，学习画画。

佩鲁吉诺和达·芬奇、波提切利是同学。从这层关系上讲，达·芬奇是拉斐尔的师叔。

达·芬奇是天天观察大自然的野孩子，拉斐尔是天天观察别人创作的小画童。

他盯着别人的手，研究技法。

他盯着别人的画，研究门道。

几天后，他开始动笔，画出与原画几乎一模一样的作品。他还能发现原画的不足并加以改进，从而超过原画。

他就像一个偷拳的小子。他不需要听老师讲，他只需要看老师画。

一两年的时间，拉斐尔的画和佩鲁吉诺的画放在一起，外行分不清好坏。

21 岁时，拉斐尔画了一幅《圣母的婚礼》，其人物、动作、背景建筑物与老师佩鲁吉诺的《把钥匙交给彼得》如出一辙。外行人一看就是同一个风格。

在老师的画中，人物站得整整齐齐，不同人物之间没有任何联系。

在拉斐尔的画中，人物错落有致，不同人物正在互动。

从此，学生把老师甩到身后五条街。

拉斐尔长相俊美，像个女孩子。

他一头棕色的头发略微卷起，一副酷酷的表情增添了不少迷人的魅力。

他是个货真价实的小鲜肉 + 文艺青年。

受平图里乔邀请，拉斐尔来到锡耶纳。在这里，他从许多画家的嘴里听到两个名字：达·芬奇和米开朗琪罗。

既然要通过模仿获得成功，那就模仿世界上最好的画家。

天下谁的武功最高，我就练谁的武功。

拉斐尔立即奔赴绘画与艺术的圣地——佛罗伦萨。

1504 年，达·芬奇正在画《蒙娜丽莎》，米开朗琪罗的《大卫》已经矗立在领主广场。

达·芬奇比他大 31 岁，米开朗琪罗比他大 8 岁。

佛罗伦萨就像是艺术的海洋，拉斐尔把自己变成海绵宝宝，大口大口地汲取营养。他研究了马萨乔的画作，盯着达·芬奇与米开朗琪罗的作品，久久不肯离去。

很快，拉斐尔就学会了达·芬奇门派的"烟雾法"。

下图为拉斐尔创作的《玛塔莲娜·多尼》。亲爱的读者，你看看和达·芬奇的哪幅画最接近。

达·芬奇对自己的师侄非常欣赏、倾囊相授。

米开朗琪罗则相反。他见到拉斐尔绕着走。他说，拉斐尔这家伙是小偷，把我的画技都偷光了。

圣马可修道院的弗拉·巴托罗米奥具有高超的着色技巧。拉斐尔主动和他交朋友，向他学习。反过来，拉斐尔教他透视技法。10年后，巴托罗米奥到罗马出差。那时候，拉斐尔已经是罗马教皇的眼中红人，是闻名罗马的首席画家了。

学习别人的绘画技巧并不丢人。

当时没有规模的学院，没有系统的理论，没有经典的教材。

拉斐尔创作的《玛塔莲娜·多尼》

临摹是绘画最主要、最有效的学习手段。

拉斐尔还有一个优点，善于揣度别人的心理，从而调整自己与对方相处的方式，取得双赢的效果。

简单地说，拉斐尔善于交际，朋友多，朋友都说他好。

总之，拉斐尔是一位尊重老师、团结同学、认真学习，几乎挑不出毛病的好学生。

塔德奥·塔德伊经常邀请拉斐尔到自己家里吃饭。

拉斐尔感谢他，为他画了两幅画。

这两幅画不再是佩鲁吉诺风格，而是拉斐尔风格。

拉斐尔博采众家之长，最终创立了自己的门派。

学了这么多门派，拜了这么多老师，在拉斐尔心目中，慈祥的父亲乔万尼永远排在第一。

1508年4月，拉斐尔的老乡，罗马建筑总监布拉曼写信给他，叫他来罗马，说教皇尤里乌斯二世有大活儿找他。布拉曼因忌妒米开朗琪罗而成为"历史反面人物"。

拉斐尔欣然前往。

经过严格的面试，教皇对拉斐尔非常满意，立即解聘了一些正在干活的画家。其中包括拉斐尔的老师佩鲁吉诺。

大活儿是指把教皇的四个房间都画上壁画，工作量一点儿也不比米开朗琪罗的西斯廷教堂拱顶画（《创世记》）少。第一个房间是教皇的办公室，一般称签字厅，四面画的主题分别是《神学》《诗学》《哲学》和《法学》。其他三个房间主要是宗教内容。

其中两个房间，拉斐尔就花了4年半。

好消息是，画家年轻，画完两个房间才26岁。

所有壁画当中，最著名的就是《哲学》，也称作《雅典学院》。

公元前387年，柏拉图在雅典城外西北角阿卡德摩斯花园创立了自己的学校，取名"Academy"，后人称之为柏拉图学院。学院开设哲学、代数、几何学、天文学和动植物学等课程。著名校友有亚里士多德和毕达哥拉斯。

公元529年，学院被查士丁尼大帝下令关闭。

雅典学院位于一片茂盛的森林当中。在《雅典学院》这幅画中，拉斐尔把它移到高大恢宏的古典建筑里。拱门、圆屋顶使整个画面充满立体感。一开始并不是拉斐尔要画拱门，而是原来的墙壁上有一个半圆形的墙壁外框，拉斐尔就地取材，将其画成一个巨大的拱门，把画面的建筑和实际建筑融为一体。

整幅画中共有51个人物，每一个人物都是经过精心设计的，代表着不同的内涵。

画面正中是柏拉图和亚里士多德。柏拉图右手指向天空，寓意着理想主义。他的左手拿着他的大作《蒂迈欧篇》。亚里士多德右手手心向地，象征着实用主义。他的左手里拿着他的名著《伦理学》。两人衣服有四种颜色。其中，红色代表火、蓝色代表水、赭色代表土、浅紫色代表气。

四种颜色代表希腊的四元素说。

柏拉图的原型模特是拉斐尔极为尊重的达·芬奇。

让我们按逆时针方向一一介绍各位大师。

柏拉图左边，他的老师苏格拉底正扳着手指头和一群人讨论问题。然而，站在对面那位戴盔披甲的将领却心不在焉。他是亚里士多德的学生，举世闻名的亚历山大大帝。

最左边是腓尼基人芝诺（斯多葛派创始人），下面在柱基上书写的是哲学家伊壁鸠鲁。

再向右下，是哲学家、数学家毕达哥拉斯，他正坐在那里演算宇宙和谐的数学比率。他认为，数学可以解释世界上的一切事物。

站在毕达哥拉斯背后，包着白头巾的是伊斯兰学者伊本·路西德·阿维洛依。

站在毕达哥拉斯前面，用手指着一本大书的是修辞学家圣诺克利特斯。

他身后穿白斗篷的，是未来的乌尔宾诺大公弗朗西斯科德·拉罗斐尔（拉斐尔的贵人）。

再向右，柏拉图的正下面，斜坐的沉思者是大哲学家赫拉克利特。他的名言是：

"人不能两次走进同一条河流。"

这个人物有些面熟，原型是米开朗琪罗。

再向右，亚里士多德脚下位置的台阶上斜卧着一位衣冠不整、半裸身体的乞丐，他就是大名鼎鼎的犬儒派哲学家第欧根尼。

有一次第欧根尼在晒太阳。亚历山大大帝前来拜访他，想请他出山。

第欧根尼有些不开心地说，你快闪到一边去，不要遮住我的阳光。

拉斐尔巧妙地利用台阶，把人物拉开了层次。

再向右，秃顶者是阿基米德。他正俯身用圆规在石板上画着几何图。当年，罗马士兵拿着刀剑闯入他的住宅，阿基米德正在证明一道几何题。他不耐烦地叫士兵们出去，士兵们却杀了他。阿基米德的名言是：

"给我一个支点，我就能撬起整个地球。"

阿基米德身后，头戴桂冠、手持地球仪者是主张地心说的大天文学家、大地理学家托勒密。他关于天文与地理的知识至少主导了欧洲一千年。

正面持天文仪者则是波斯预言家、拜火教主索罗亚斯德。原型是拉斐尔的老乡布拉曼。

最靠右边的是拉斐尔的老师佩鲁吉诺，还有一说是拉斐尔的朋友索多玛（画家）。而紧挨着他的，则是拉斐尔本人，属于整场大戏的友情客串，据说他扮演的是希腊画家阿佩莱斯。

《雅典学院》这幅画中，达·芬奇、米开朗琪罗和拉斐尔，文艺复兴三杰同时出现。

除了人物，《雅典学院》背景中还有两座巨型雕塑。

左边的雕塑是光之神阿波罗，拿着七弦琴。

右边的雕塑是智慧女神雅典娜，拿着盾牌。

代表着哲学、语法、修辞、逻辑、数学、几何、音乐、天文等不同学科领域的文化名人会聚一堂，或行走，或交谈，或争论，或计算，或深思，完全沉浸在浓厚的学术氛围和平等自由的辩论气氛当中。

他们所做的都是同一件事情——追求真理！

这才是世界上最牛、最好的大学！

《雅典学院》在构图上借鉴了达·芬奇的《最后的晚餐》。

《雅典学院》向先贤致敬，向理想的希腊黄金时代致敬。

《雅典学院》是欧洲的文明、欧洲的自信、欧洲的骄傲。

《雅典学院》是一部波澜壮阔的史诗。

《雅典学院》是拉斐尔全部作品中最壮丽辉煌的一幅。

《雅典学院》可以与米开朗琪罗的《创世记》一比高下。

此时，米开朗琪罗正在西斯廷礼拜堂天花板上画《创世记》，并不允许任何人观看。他与教皇发生了冲突，逃回了佛罗伦萨。布拉曼掌管着礼拜堂的钥匙，特批自己的老乡兼朋友拉斐尔入内观看，以便学习米开朗琪罗的技法。

《雅典学院》的草稿中并没有赫拉克利特这一人物。拉斐尔后来加上他，并以米开朗琪罗为原型，应该是向米开朗琪罗表示感谢和致敬！赫拉克利特不近女人，没有朋友，和米开朗琪罗倒有几分相似。

罗马教会是天主教，崇尚希腊精神的是东正教会。

罗马教会是一神教，而希腊是多神教。

教皇能把这些人画进自己的办公室，天天观看，从一个侧面反映了教皇的开明，反映了教皇对古希腊学术精神的认可。

与《雅典学院》同一房间的其他三幅壁画，同样经典。

其中代表神学的壁画叫《圣礼之辩》，是一部基督教文化与历史的百科全书。整个画面分为两层——天上和人间。

天上最上层正中是上帝，一手托着地球，背后万丈光芒。

拉斐尔使用了大量黄金，教皇很满意。

上帝下方是耶稣，他半裸的身体显示他的伤口。耶稣两旁分别是圣母玛利亚和施洗者约翰。耶稣下方是代表圣灵的鸽子。

上帝、耶稣、鸽子寓意三位一体（圣父、圣子、圣灵）。

耶稣下方是圣人，端坐在祥云之上。从左至右分别为圣彼得（首任教皇）、亚当（裸身）、写福音书的圣约翰、大卫（以色列王）、圣斯蒂芬（第一位殉难的圣徒）、耶利米、犹大·马加比（收复耶路撒冷圣殿的英雄）、圣劳伦斯、摩西（持十诫碑者）、圣詹姆斯、亚伯拉罕、圣保罗。

　　第二层是人间。正中央摆着祭台，两边各有两位圣师，分别是圣格里高利、圣杰洛米、圣安博、圣奥古斯丁。在他们身后还有众多圣徒，如多明我、方济各、阿奎纳（万能博士）、但丁等，都是创造历史的人物。

　　他的老乡，布拉曼再次出现在画面中。

　　怪不得人人都说拉斐尔会做人。

　　如果你再仔细看，就会发现云层里有很多小天使的脸。

　　创作这幅画之前，拉斐尔绞尽脑汁，设计了三十多个版本。

　　代表诗歌的壁画叫《帕那苏斯山》。帕那苏斯山在古希腊神话中是阿波罗和缪斯女神居住的地方，是诗歌的故乡。

　　画面正中，阿波罗在月桂树下弹奏着七弦琴。他左右两边共有九位缪斯女神（英雄史诗、历史、抒情诗与音乐、爱情诗与独唱、舞蹈、悲情诗、牧歌、修辞与几何、天文学与占星学）。

　　左边有一位身着蓝袍的盲人，他就是写下《伊利亚特》和《奥德赛》的古希腊诗人荷马。荷马左边穿红袍的是著名诗人，《神曲》的作者但丁。荷马右边穿绿袍的是古罗马诗人维吉尔。

　　在他们下方靠近窗户的地方，有一个女人举着一个卷轴，上面写着她的名字"萨福"。据说画中还有贺拉斯、奥维德、彼特拉克等诗人。

　　代表法律的壁画画在一面有门的墙上。门的上方画的是谨慎、力量和节制三女神。门的左边画的是查士丁尼颁布《罗马法》，门的右边画的是教皇格里高利九世颁布的《教令集》。

　　无论是《雅典学院》，还是《圣礼之辩》，体现的都是平等讨论、思想自由。

　　当然，这些画是教皇和红衣主教商量之后的结果，不是拉斐尔一个人的创意。

　　《创世记》则是米开朗琪罗一个人搞定的。

　　《雅典学院》圆润、细致、色彩柔和、动作优雅。

　　《创世记》壮阔、晦涩、强健、粗糙、执拗。

　　拉斐尔是秀美，米开朗琪罗是壮美。

　　我觉得中国也可以创作出类似的作品。

　　《雅典学院》对应着诸子百家。老子和孔子在画面中间。老子的旁边是庄子，他或观鱼或观蝴蝶，还有慎到和杨朱（举着一根头发）。孔子的身边是孟子、颜回或子路、荀子。一身破衣的墨子、拿着墨斗的公孙盘、拿着长剑的孙子、苏秦和张仪、扁鹊（以五禽戏的姿势）、公孙衍，凑够五十人绝对没有问题。

如果有这样的画家，希望把我也画成一个认真旁听的小学生。

《圣礼之辩》可以对应儒学的"鹅湖之辩"。画面最上方是孔子，他的旁边是周公和孟子。他的下方是颜回、冉耕、子路、曾子、董仲舒、韩愈。最下方分为左右两组。左边是周敦颐、张载、邵雍、程颢、程颐、朱熹，右边是陆九龄、陆九渊、陈献章、王阳明等人。

《帕那苏斯山》可以对应诗学。中国本来就是诗歌的国度，诗人的沃壤，完全可以画独行江边的屈原、对月饮酒的李白、住草庐的杜甫、吃肥肉的苏东坡，以及白居易、李商隐、杜牧、陆游，等等。中国诗人太多了，数不过来。

20年后，1531年，明朝政府倒是建了历代帝王庙。但没有图画和雕像，都是牌位。正中间是三皇，伏羲、神农、黄帝。左一龛是五帝，少昊、颛顼、帝喾、尧、舜，右一龛三王，夏禹王、商汤王、周武王。其他有汉高祖、汉光武帝、唐太宗、宋太祖、元世祖。另外还有伯夷、姜尚、萧何、诸葛亮、房玄龄、范仲淹、岳飞、文天祥等历代名臣。

这反映了明朝人的价值观，以及他们心目中的明君贤臣、文臣武将。

拉斐尔还有一个著名的特长——画圣母，也可以称他为圣母画家。

过去很多圣母作品，选择的是耶稣死后哀伤的圣母，如米开朗琪罗的《圣殇》。也有一些画家把圣母画得放荡不羁。

拉斐尔缺少母爱。他印象中的母亲，他希望中的母亲是宁静的、贤淑的、妩媚的、优雅的、高贵的。他定义了自己的圣母。

过去，不同的人有不同的圣母标准。

现在，大部分人都认同拉斐尔的标准。

有人问拉斐尔，你画的圣母那么漂亮，现实中的模特是谁？在哪里？

拉斐尔回答说，你不会找到她，她在我心里。

拉斐尔画过很多圣母，其中最著名的是《西斯廷圣母》。

《西斯廷圣母》原来放在西斯廷教堂，和米开朗琪罗的作品放在一起。

后来，波兰国王奥古斯都买了这幅画，放在德累斯顿。

画面上，厚重的帷幔向两边徐徐拉开，圣母玛利亚怀抱婴儿基督从云中冉冉降落。她的脚边，跪着年老的教皇西斯廷二世和年轻美丽的圣徒巴尔巴娜。

此时的圣母要把儿子送到人间。送到人间的结果就是耶稣被钉死在十字架。圣母知道这个结果，但为了拯救人类，就得献出儿子的生命。因此，圣母显得有些哀伤，有些犹豫，一方面要送出去，另一方面又随时做好抱回来的准备。

《西斯廷圣母》采用金字塔构图。

一般来说，一幅画应该是上面一个人，下面左右两个人。这样显得均衡。

如果上面两个人，下面一个人，就显得不稳。

如果三个人站一排，就显得生硬。

如果四个人，上面两个，下面两个，就显得呆板。

因此，画面布局非常重要。用手机照相的时候道理是一样的。

在《西斯廷圣母》画面的最下边，拉斐尔画了两个长着翅膀的小天使，让人看了忍不住想去捏一下。就这两个小家伙，就足见拉斐尔的功力了。据说，拉斐尔的灵感来自他在街上遇到的两个孩子，当时他们俩正"渴望地盯着面包店的橱窗"。

如果仔细看，画面背景有更多浅色调的小天使的头像。

《西斯廷圣母》虽然不如《蒙娜丽莎》知名，但相差不远。

"二战"期间，希特勒政府把《西斯廷圣母》专门藏起来。苏联人找到后送到了莫斯科，斯大林大喜。德累斯顿市市民视《西斯廷圣母》为镇市之宝，多次索要。斯大林死后，苏联人将《西斯廷圣母》还给了德国人。这幅画现存于德累斯顿茨温格博物馆。

我当时在馆外溜达了两个多小时，都不知道进去看看这幅画。而且，这家博物馆还有提香、伦勃朗、维米尔、乔尔乔内的作品。

我当时真是个大傻瓜！

还有一次，我在波兰克拉科夫瞎溜达了半天，不知道达·芬奇的《抱貂的女子》就在该城的博物馆。

不懂历史、不懂艺术去游欧洲，就是睁眼瞎。

达·芬奇是个不负责任的乙方，到期总是交不了稿，甚至失联（跑了）。

《西斯廷圣母》

米开朗琪罗是个不听甲方意见的乙方。你只要告诉他做什么，不要提你自己的看法，他交稿的时候是什么样就是什么样。

拉斐尔不同，他是个极度讨好甲方的乙方。只要能赚钱的订单，他都接，包你满意。据说他只要在某地待上五分钟，就会有人来求画，拉斐尔很少拒绝。业务忙不过来，拉斐尔招了很多弟子。

拉斐尔就像一家企业的 CEO，四处接单，生意越做越大。

拉斐尔住在宫殿式的豪宅里，名下还有很多葡萄园。拉斐尔出行的时候，弟子们前呼后拥，百姓争相围观。相比之下，达·芬奇只能默默地前行。而米开朗琪罗基本不出行，吃住都在工作室。

米开朗琪罗说拉斐尔，你出门带那么多人，好像一位将军和无数士兵。

拉斐尔反击道，你一个人行走，好像一位给人施刑的刽子手。

与前两位不同，拉斐尔喜欢美，喜欢美女，有很多情妇。

富商基吉（体会一下这个名字）花大价钱向拉斐尔买一幅画。但拉斐尔正和一位情妇纠缠在一起，不愿意工作。

基吉把这位情妇请到家里，不仅管吃管住，还给钱。

拉斐尔不得不追过来，完成了订单。

有一次，拉斐尔给基吉画了一幅画，收到 500 金币。拉斐尔说 500 金币只是订金，还要再付 400 金币。

基吉说，合同里写的全价就是 500 金币，而且你这幅画就值 500 金币。不信找个专家评估一下。

拉斐尔自信地答应了。

基吉却找了对拉斐尔有意见的米开朗琪罗。

米开朗琪罗当然够格。拉斐尔只能吞下苦果。

米开朗琪罗虽然嫉妒拉斐尔，却说这幅画至少值 1000 金币。

基吉于是痛快地付上 400 金币。

尤里乌斯教皇喜欢拉斐尔。利奥教皇也喜欢拉斐尔，甚至赐给他一顶红衣主教的帽子。

红衣主教毕毕印纳想把自己的侄女嫁给拉斐尔。拉斐尔不满意，拖了六年都没有举行婚礼。

拉斐尔有自己喜欢的女人，一位面包师的女儿。

拉斐尔频繁与她啪啪，导致免疫力下降，卧床不起。

医生来了之后，拉斐尔不敢告诉他真相。

结果医生采用传统的放血疗法，拉斐尔的病情更加严重了。

1520 年 4 月 6 日，耶稣受难日，拉斐尔病逝，只有 38 岁。

米开朗琪罗曾经告诉自己弟子，"如果想长命百岁，就绝不要做这档事，不然也尽可能少做。"米开朗琪罗活了 89 岁。

拉斐尔葬在罗马万神殿中。碑文上写着：

"他活着的时候，大自然害怕被他征服。他快死的时候，大自然又担心他会死去。"

拉斐尔在创造力上不如达·芬奇，在气魄上不如米开朗琪罗。

他的优点是博采众长，不断追求细节，从而掌握了一流的画技。在《教皇利奥十世与两位红衣主教》里，拉斐尔既画出了金属制品的反光，又画出天鹅绒面料柔滑、光亮的质感，令人啧啧称奇。

拉斐尔的画，人们一看就懂，不需要介绍，人人都觉得好。

为什么？拉斐尔的画和谐、不生硬、不失衡。这就是美。

但是，为了让你一看就懂，拉斐尔在背后下了不少功夫。

在上百名画家中脱颖而出，能与达·芬奇、米开朗琪罗齐名，足见拉斐尔的实力与影响力。

拉斐尔是高产画家。英国、法国、意大利、德国、美国、俄罗斯、西班牙，很多国家都能欣赏到他的作品。

由于拉斐尔是高产画家，所以，你也有机会去拍卖会买到他的作品。

我觉得达·芬奇是画仙，像李白，才华横溢、飘忽不定。

米开朗琪罗是画圣，像杜甫，历经苦难，对社会有深深的责任感。

拉斐尔是画魔，像白居易，他的画不用解释，老太太都看得懂。

达·芬奇让我们困惑，米开朗琪罗让我们惊惧，拉斐尔让我们平静。

当然，画是没有统一标准的，画家也是没有统一标准的。

我说了那么多意大利的名画，那么，同一时期明代最著名的画是哪幅？是谁画的？

一般认为，应该是仇英创作的《汉宫春晓图》。

除了文艺复兴三杰之外,意大利的艺术大师还有很多,如基兰达奥、波提切利、提香、乔尔乔内等。除了绘画、雕塑,意大利的文学、建筑、音乐、戏剧也有突出的成果。

似乎全人类几千年的艺术大师,全部浓缩在16世纪初的意大利。

为什么意大利成为世界艺术的中心?

一是有钱。意大利多山少地、海岸线长,适合商业和海上贸易。热那亚人、威尼斯人有数百年的经商传统,其经济发达程度高于世界其他地区。佛罗伦萨还不是港口城市,就有270家织布车间、83家丝绸店。

二是有文化基础。意大利本来就是罗马帝国的中心,地理位置上离希腊又近(很多拜占庭帝国学者从伊斯坦布尔来到意大利)。从教皇到大贵族、大商人,纷纷投资翻译希腊作品,学习罗马著作。文艺复兴时期,意大利至少有十所大学,小学、中学的数量也很多,教授语法、写作和诗歌。另外,哲学和演说也是非常受欢迎的课程。中国唐宋时崇尚诗歌,比欧洲要早得多,到了明清就成为可有可无的补充了。

三是赶上了欧洲人文主义兴起。人性的美、人的智慧、人的力量,人能够创造和改变世界,人有权追求自由、幸福和快乐,这些成为艺术家创作的素材和源泉。

四是对艺术家的尊重。教皇对米开朗琪罗、拉斐尔的关爱有目共睹。神圣罗马皇帝查理五世弯腰捡起了提香掉在地上的画笔。大量的达官贵族把艺术家请为座上宾。曼托瓦侯爵夫人几乎以哀求的口气请达·芬奇为她作画。老太太晚年的时候,身边有2000幅油画。王公贵族聘请艺术家,每次创作都有酬劳丰厚的合同,并预付订金。

五是科学的发展。比如,绘画广泛借用了数学(黄金分割)、光学(透视法、明暗法)、矿物学(颜料)、解剖学,由此大大提高了绘画作品的立体感、真实感,使其达到照相机般的效果。

六是思想的包容。当米开朗琪罗把神圣的西斯廷教堂画满裸体时,教皇也没有反对。中国有位历史老师说过,明朝谁敢把孔子画成光屁股小孩?

意大利艺术开始向德国、荷兰、比利时、法国蔓延。

数量众多的艺术品,就像书籍一样,向民众普及了知识,向民众灌输了思想,最终释放了欧洲民众的创造力,促使欧洲走在了世界的前列。

米开朗琪罗去世之后,罗马的所有画师都被笼罩在三杰的艺术阴影当中,不敢挑战、不敢创新，只敢模仿。文艺复兴因此走向终点。

天才疯子卡拉瓦乔不拘一格、自成体系。他开创了欧洲文艺的新时代——巴洛克时代。

中华民族的复兴，一定需要思想复兴、文化复兴、艺术复兴。

大军征讨是历史，宫斗阴谋是历史，帝王将相是历史，宗教、政治、经济、军事是历史，艺术同样是历史。艺术家的历史贡献不亚于甚至超过大多数政治家和军事家，而且，艺术家的影响至今仍然广泛存在、永不过时。

第四部分　巨　　人

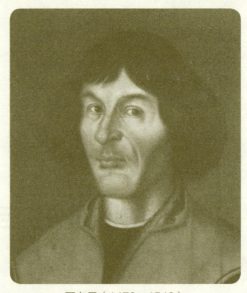

哥白尼（1473—1543）

知道我们知道的不是知识，知道我们还有很多不知道的才是知识。

——哥白尼

这个傻瓜想要推翻整个天文学！

——马丁·路德

哥白尼的学说可能会引起比路德更可恶的后果。

——教皇乌尔班八世

我信服哥白尼的观点已经有很多年了。我根据他的观点，发现了自然界很多现象的原因。

——伽利略

哥白尼在摆脱教权统治和学术枷锁，在创造精神解放方面所做的贡献比谁都大。一旦认识到地球不是世界的中心，以人类为中心的妄想就站不住脚了。

——爱因斯坦

第十二章

哥白尼——推动地球转动的人

尼古拉·哥白尼（以下简称哥白尼）于 1473 年 2 月 19 日出生在波兰北部的托伦市，距首都华沙约 200 公里。小城异常优美，哥白尼故居还在，去波兰旅游的时候千万不要错过。

当时的波兰是世界上独一无二的奇怪国家。她本身是独立王国，又和立陶宛大公国组成联邦国家，遇到大事两个主体国家共同决策。

哥白尼生于富商家庭，他有一个哥哥和两个姐姐。

哥白尼 10 岁的时候，他的父亲去世了。舅舅乌卡施大主教把他接到家中抚养。

1491 年，在舅舅的安排下，哥白尼到克拉科夫大学学习医学。克拉科夫大学成立于 1364 年，在明朝建立之前。

数年前我曾去克拉科夫游览，路盲的我没有找到这所大学。

哥白尼在大学里对天文学产生了兴趣。

舅舅对外甥说，学习天文，纯属浪费生命。这样吧，我出钱供你出国留学，学习教会法。你毕业后回国，到我的教区工作。

包生活！包留学！包就业！真是波兰好舅舅！

1496 年，23 岁的哥白尼遵从舅舅的意愿，来到意大利博洛尼亚大学攻读法律、神学和医学。

博洛尼亚大学是世界上第一所大学，成立于 1088 年，在宋朝建立之前。当时，该大学的文科、法律和医学教授接近 100 名。

在这所大学，天文学家德·诺瓦拉对哥白尼的影响最大。

当时欧洲主流社会认同的是罗马时期天文学家托勒密的宇宙观和地心说。托勒密与我国著名天文学家张衡生活在同一时代。

地心说的主要观点是：

地球不动。太阳、月亮、金星等天体围绕地球做匀速圆周运动。

托勒密本人不是基督徒。但罗马教会却认为托勒密的理论与《圣经》的表述是一致的。因为上帝爱人，上帝当然把人放在宇宙的中心——地球上。

因此，谁反对地心说，谁就是反对上帝，反对罗马教会。

诺瓦拉测过南欧一些城市的纬度。他发现实测值与托勒密的数据不一致，于是对托勒密的地心说体系产生了怀疑。

1497 年 3 月 9 日夜晚，哥白尼与诺瓦拉观察过一次掩星现象。

掩星是指一个天体在我们眼前遮住了另外一个天体。

月亮离地球最近，看起来最大，常常遮住远处的恒星（虽然后者比月亮大得多）。

如果近处的天体较小，远处的天体较大，则近处的天体遮不住远处的天体，只能在其表面留下一个小点，这种现象称"凌"，如金星凌日。"凌"有以小欺大的意思。

哥白尼在意大利四所大学学习，最终取得费拉拉大学法学博士学位。

根据哥白尼研究学者爱德华·罗森的说法，哥白尼在国外留学花了很多钱（葡萄酒、唱歌以及女人），怎么也要带个文凭回去向舅舅交代。相对来说，费拉拉大学的文凭最容易拿。听着怎么有点像《围城》里的方鸿渐。

1506 年，哥白尼拿着毕业证书回到波兰。舅舅果然给他安排了工作，教区医生兼自己的助理。工作地点在黑耳斯堡。

哥白尼经常免费为教区附近的贫苦农民看病。人们都称他为"阿斯克勒庇俄斯（古希腊传说中的医神）第二"。

阿斯克勒庇俄斯出行的时候带着一根手杖，手杖上盘绕着一条蛇。在西方，蛇绕杖是医学的标志，世界卫生组织的会徽就是蛇绕杖。

哥白尼的医学书籍和他的笔记至今保存良好。

哥白尼学会了意大利语、希腊语，加上他自幼就会的波兰语和德语，舅舅教给他的拉丁语，哥白尼至少会说五门语言。

1512 年，舅舅去世。哥白尼离开黑耳斯堡，到弗龙堡教堂任职。

弗龙堡是波兰北方的一个小镇，濒临波罗的海，紧挨着条顿骑士团，经常遭到后者的武装入侵。因此，弗龙堡教堂四周建有高大的防护城墙。

哥白尼选择城墙西北角的一座箭楼作为自己的住所。箭楼，顾名思义，就是射箭用的。

箭楼有三层，下面两层是哥白尼的办公室和卧房，最上面一层用来观测天象。

哥白尼建立了一座小小的天文台，亲手制作天文观测仪器。用今天的标准来衡量，非常简陋、非常不精确。

最好的观测时间不是温暖舒服的下午，而是冰冷残酷的冬夜。凛冽的北风吹走了碍眼的浮云，星星在天空中闪烁着耀眼的寒光。哥白尼戴上防风帽，穿上厚皮袄，哆哆嗦嗦地把仪器搬到箭楼的露台上，通宵达旦地进行观测。

在普通人眼里，这纯粹是吃饱了撑的！

哥白尼却认为：

"如果真有一种科学能够使人心灵高贵，脱离时间的污秽，这种科学一定是天文学。当你看见宇宙的庄严秩序时，必然会产生一种动力去促使你趋向于规范的生活，去实践各种道德，从而承认造物主是真美善之源。"

康德认为：

"世界上有两种东西，我对它们的思考越是深沉和持久，它们在我心灵中唤起的惊奇和敬畏就会日新月异、历久弥新，这就是我头顶的星空和心中的道德。"

我认为，观测天文的同时，应该在旁边支起一个烧烤摊。吃羊肉串可以御寒，有助于精确地记录行星轨迹。

一年多的时间，哥白尼研究天文的"傻事"就传开了，甚至传到了罗马。

1514 年，罗马教会准备在罗马召开一次历法改革会议，邀请哥白尼出席。

哥白尼没有时间参加会议。他正忙着写一篇文章。就是在这篇文章里，哥白尼第一次书面提出了"日心说"。

后人称这篇文章为《浅说》。《浅说》中写道：

一、所有天体都围绕太阳运转；

二、地球不是宇宙中心。

世界上最早提出"日心说"的，是古希腊的天文学家阿利斯塔克，比哥白尼早了一千七百多年。

哥白尼在冬夜进行天文观测（波兰画家扬·马捷科作品）

阿利斯塔克是第一个认识到太阳比地球大得多的人。他很可能认为，小的东西要围绕大的东西旋转，从而提出"日心说"。阿利斯塔克的"日心说"只是一种大胆的猜想，并没有科学依据。

哥白尼承认，自己受到了阿利斯塔克的影响。

还有一个提出"日心说"的名人，比哥白尼要早上十几年。

这位名人就是达·芬奇。他是哥白尼的老师的老师的朋友。在一篇日记中，达·芬奇写道，地球不是宇宙的中心，只是一颗围绕太阳运转的行星。

达·芬奇是凭观察和猜测得出的结论，不能用数据支持结论。

在哥白尼生活的年代，全世界百分之九十九点九九九九九九的人都支持"地心说"，反对"日心说"。

为什么？

"日心说"提出两个观点很难让人信服。

第一，太阳不动。我们明明看到的是太阳升起、太阳落下。

第二，地球转动。我们脚下的大地是静止的。

那么，哥白尼是从哪里发现了地心说的漏洞呢？

地心说认为，天体围绕地球做匀速圆周运动。

但当时的人们却发现一个奇怪的、不好解释的现象：

每两年左右，火星在向前运行过程中突然慢下来，甚至倒退向后运行，然后再向前运行。

火星逆向行驶，这是怎么回事？

地心说支持者解释说，火星在前进过程中转个小圈，然后继续向前。虽然个别时候是倒退的，但整体是前进的，是围绕地球旋转的。

人们勉强接受了这种解释。

后来，人们又发现了一些与地心说不一致的天文现象。

地心说支持者继续弥补、继续解释，把天文学理论弄得越来越复杂。火星的轨迹变成了一团缠绕的、解不开的电话线。

为错误寻找理由，结果错误越来越多，越来越大。

哥白尼发现，只要把太阳设为行星的中心，所有的数据都是对的，所有奇怪的天文现象就不奇怪了。

所以，他大胆地提出，太阳是宇宙的中心，地球围绕太阳运行。

如果太阳绕着地球转，日升日落，我们很容易理解白天和黑夜。

如果地球绕着太阳转，那岂不是一半的地球永远是白天，一半的地球永远是黑夜。

因此，哥白尼得出第二个结论，地球在自转。既有白天，又有黑夜。

1516 年秋天，波兰教会任命哥白尼担任俄尔斯丁教产总管，于是他搬到阿伦斯登堡居住。

1519 年秋天，哥白尼辞去教产总管职务，回到弗龙堡，继续研究"日心说"。

这一年，波兰发生了严重的货币危机。

中世纪，政府缺钱的时候，就铸造一些贵金属含量低的钱币花出去。收税的时候，把贵金属含量高的钱币收回来。

在历史上，英国钱币的含银量降了 35%，法国则降了 50%。

这一出一进，政府就把真金白银从老百姓的兜里掏走了。

针对这种现象，哥白尼在《论货币的信誉》一文中指出：

"熟悉贵金属的商人会有意识地收集价值比较高的良币，并花掉手头上成色不好的劣币。成色好的良币会慢慢消失，整个市场上只会剩下劣币。"

这就是那句著名的话——劣币驱逐良币。

人们把这句话归于英国的格雷欣名下。

其实，哥白尼比他早提出四十年。有人称这句话为"格雷欣-哥白尼"定律。

哥白尼还写道：

"能够削弱国家的灾难难以计数，但最重要的四种灾难是战争、道德败坏、贫瘠的土地和货币贬值。前面三种灾难显而易见，没有人不知道它们的存在。但是，第四种有关货币的灾难，只有那些最睿智的少数人才会考虑到。因为它不是一次性地，而是逐渐地、以某种隐蔽的方式摧毁一个国家。"

明朝万历年间，随着中国—马尼拉—墨西哥航路的开通，大量产自美洲的白银源源输入中国，导致通货膨胀、民不聊生。

有人说，明朝就是亡于货币灾难。

总之，不少人说哥白尼是古典经济专家。

1524 年，条顿骑士团大公霍亨仑率领军队入侵俄尔斯丁。

哥白尼部署防务、登城迎战。

骑士团用燃烧弹攻城。

哥白尼命人用浸湿的皮子去捂灭敌人的燃烧弹。

骑士团猛烈进攻五天五夜，俄尔斯丁屹立不倒。

霍亨仑恼羞成怒，派一小支部队到弗龙堡，把哥白尼的藏书、手稿和仪器一把火烧光。

哥白尼依然坚守城堡不退缩。

霍亨仑无可奈何，只好撤军，同意休战。

波兰国王齐格蒙特任命哥白尼为俄尔斯丁行政长官。

所以哥白尼是杰出的神父、官员、将军、医生、经济学家、数学家，以及研究天文的法学博士。

哥白尼对当官不感兴趣，回到弗龙堡继续研究天文。

弗龙堡来了一位女管家，叫安娜，负责照料哥白尼的饮食起居。

很快两个人就同居了。

哥白尼是教士，按照教规不能结婚。

1533 年，60 岁的哥白尼在罗马做了一系列的演讲，介绍了他的"日心说"理论，并未遭到教皇的反对。

1536年，红衣主教勋保格从罗马写信给哥白尼，建议他出版"日心说"书籍。因为另一个人的存在，哥白尼犹豫不决。

这个人就是马丁·路德。他提出新教思想，反对罗马教会。

因此，罗马教会命令欧洲各地教会监视、传唤、拘禁那些与教会主流思想不一致的人。

哥白尼和安娜同居，这是中了新教的魔咒，是无耻的。

弗龙堡主教派人强行把安娜从哥白尼身边带走。

至于哥白尼的"日心说"，弗龙堡主教肯定是听不懂的。

1539年，德国维滕贝格大学的雷悌卡斯教授赶到弗龙堡，拜哥白尼为师，向他学习。一学就是两年。

到了1541年，哥白尼已经68岁了，身体状况一日不如一日。于是，他把"日心说"手稿交给雷悌卡斯，委托他到纽伦堡出版。当时的德国是欧洲的出版中心，已经开始举办法兰克福图书展，今天仍然是世界上最大的书展。

哥白尼没有给自己的书起名字。

图书编辑安德烈亚斯给这本书起名为《托伦的尼古拉·哥白尼论天体运行轨道》，后人简称《天体运行论》。他还主动为这本改变历史的书写了序言：

"在这部著作中，您会了解恒星和行星的运动。这些运动是根据古代以及新近的观测重新确立的，并且用新颖而奇妙的假说加以修饰。您还会找到最方便的数据表格。有了表格里的数据，您可以非常容易地计算那些运动。

请购买、阅读和欣赏（这部著作）。

没有学过几何学的人，不准入内。"

安德烈亚斯不相信"日心说"。他的序言归纳为一句话，这是本科幻作品。而且，他还没有署名。

所以，那些买到《天体运行论》的读者，以为序言是哥白尼写的，以为作者说自己的书是假说，不是科学成果。

《天体运行论》共分六卷。第一卷讲的是宇宙论，论述了"日心说"的基本思想。第二卷全是数学公式，以三角学论证了天体运行的基本规律。第三、四卷用数学描述地球的运动。第五、六卷讨论了月亮和其他行星的运行规律。

书中对1509年和1511年的月食、1512年和1518年的火星位置、1520年的木星和土星位置、1525年金星和月亮的相食等，都有记载、计算。

《天体运行论》不是对"日心说"的推理假说，是科学论证。

　　《天体运行论》是人类思想史上划时代的作品，与牛顿的《自然哲学的数学原理》、达尔文的《物种起源》不相上下。

　　同年，比利时医学家维萨里出版了《人体构造》，这是另一本推动历史进步的惊世骇俗之作。

　　1543 年 5 月 24 日，哥白尼躺在病床上奄奄一息，已经不能认识身边的人。这些天来，他一直在强打精神，与死神搏斗。

　　这时候，突然有人破门而入，快步跑到哥白尼床前，把一本崭新的、冒着油墨幽香的书籍送到他面前。

　　哥白尼伸出颤抖的双手，用尽最后一丝力气，紧紧抓住《天体运行论》。他欣喜地打开了封面，看到了安德烈亚斯的序言后，口吐鲜血而亡。

　　哥白尼不是被烧死的，他是被气死的！

　　以上内容是我虚构的。

哥白尼临死前抚摩《天体运行论》

总之，哥白尼看到了自己的书籍之后，满意地闭上了眼睛，终年 70 岁。

哥白尼葬在自己工作和战斗的地方——弗龙堡教堂。

数百年来，人们在弗龙堡掘地三尺，却始终没有找到这位伟人的棺材。

直到 2005 年，专家终于发现一具无名遗骸，经测定：

该遗骸为男性，年龄约 70 岁。

通过颅骨将面部复原后，发现与现存的哥白尼画像相似，包括鼻部受损。

对其牙齿实施 DNA 检测，发现与哥白尼藏书中所夹的头发一致。

终于找到大师了！

难道哥白尼担心死后遭到迫害，因此命人把自己藏起来了？不得而知。

2010 年 5 月 22 日，波兰人在弗龙堡大教堂举行了一场隆重的葬礼，将这位国宝级的巨人重新下葬。

黑色花岗岩墓碑上装饰着六颗行星环绕着金色的太阳。

神职人员亚采克·耶杰尔斯基说："葬礼彰显了科学与信仰的和解。"

哥白尼认为自己只是发现了一条真理。他肯定不会想到，"日心说"引起了人类的宇宙观革命、政治观革命、宗教观革命、哲学观革命、科学观革命，以及人生观革命。

首先，封建政权一般把天文学列为禁区，除了政府机构，任何人不准学习、研究、议论天文。

大明皇帝是天的儿子，大明皇帝管的是天下，大明皇帝做事要奉天承运。

就在哥白尼观测天文的那些年，明朝正德皇帝每年都要大祀天地。大祀是帝王最隆重的祭祀。

《明朝那些事儿》里写道：

"天文学属于帝王学。地上的君王们觉得辽阔的土地已经不能满足自己的欲望和虚荣，便把自己的命运和天上的星星联系在一起。出生的时候是天星下凡（一般要刮风下雨），即位的时候是紫微星闪耀，被人夺位是异星夺宫，死的时候是流星落地。"

在明朝，民间研究天文学是重罪，出版天文书籍是死罪。到了正德年间，历法计算已经非常落后。这时候，朝廷不再禁止民间研究天文，但是民间已经没有人会天文了。

欧洲君主没有天的概念，但他们更信奉占星术。每逢大事，必请占星师预测是吉是凶。

其次，宗教组织一般把天空列为神的处所。

而无所不能的神可以解释一切，当然包括每个人都能看到的太阳月亮。

当"日心说"与神的解释不一致时，整个宗教体系就会动摇，整个宗教组织也将面临严重的信仰危机。

罗马教会认为，上帝爱人，以人为本，当然把人放在世界的中心——地球。如果地球、火星都围绕太阳转，地球和火星一样重要，说不定上帝也造了火星人。

不过，有几个历史事实需要在此澄清一下。

哥白尼宣传"日心说"，被反动的罗马教会烧死了。

错。哥白尼正常病逝，百分之百算是高寿。被烧死的是布鲁诺。我在查阅资料的过程中，发现大量网友为哥白尼被无辜烧死而愤慨。

罗马教会迅速查封了《天体运行论》。

错。《天体运行论》是用拉丁文写的，有很多数学知识。

说实话，当时全欧洲能读懂《天体运行论》的人，不超过一百人。

而同意其观点的，则不到十人。

因此，教皇没必要查封此书。

据说红衣主教施福治劝教皇说："我建议不要理睬这种渎神的言论，因为既然恶魔已点了火，你再去给它煽风，火就会烧得更大。因此最好的做法是不闻不问。"罗马教廷很赏识这个建议。

在当时，天空属于帝王，天空属于教皇。

天文学属于政治，天文学属于宗教。

"最终，我们把太阳放在宇宙的中心。"

当哥白尼写下这句话的时候，他剥夺了帝王神圣的光环和教皇垄断真理的权力。

《天体运行论》吹响了政治革命、宗教革命的号角。

《天体运行论》也吹响了科学革命的号角。

伽利略说，《圣经》是教人如何进入天国的，而不是教人知道天体是如何运行的。

恩格斯说，哥白尼那本不朽的著作出版后，自然科学便开始从神学中解放出来。

两个人的意思是一样的。宗教是宗教，科学是科学。宗教不包含科学。

古代政府一般不会设立科研机构，发展科学。但是，他们一定会设立机构，雇用专人，观察天象。

观测需要记录数据，数据多了需要数学，需要几何。

生活中，数学用到五位数就够了。只有天文学才需要几十、上百位数。

天文学可以说是科学之母。

哥白尼把天文学从宗教中剥离出来，从此天文学开始独立发展，并带动了数学、物理等学科。

明朝政府没把天文学从政治中剥离出来，天文学止步不前，也影响了其他科学的发展。

哥白尼鼓励人们去研究科学。他说：

"人类的天职就是探索真理。"

第谷、布鲁诺、伽利略、牛顿沿着哥白尼开创的道路继续前进。

第谷接受部分"日心说"，即金土水火土绕着太阳转，但太阳还是绕着地球转。

最出名的当是布鲁诺。他一开始到处宣传"日心说"，后来又否定"日心说"。他认为，太阳不是宇宙的中心，因为太阳又围着其他恒星转。宇宙没有中心。

开普勒发现行星运行三大定律。

伽利略用望远镜发现两条"日心说"证据。

第一，有四颗卫星围绕木星旋转。所以天体都围绕地球转是错的。

第二，金星的位相显示，金星围着太阳转而不是地球。

关于第谷、布鲁诺、开普勒和伽利略的故事，请看拙著《万历十五年欧洲那些事儿》。

哥白尼死后不到一百年，西方传教士就把《天体运行论》带到中国。

明朝末年，徐光启在编撰《崇祯历书》时，引用了哥白尼《天体运行论》中27项观测记录中的17项，对《天体运行论》中的有些章节全部引用，但对"日心说"却持否定态度。

徐光启接触过传教士，主持了历法的修订，他算是明朝精通天文知识的少数人。

大部分明朝士人对"地心说""日心说"根本没有概念。

首先他们不认为地球是圆的。他们认为大地是平的、四方的，是不动的。

其次，很多人看到太阳落入山中，就认为太阳比山小。

向他们耐心介绍"日心说"时，他们反而认为介绍的人脑子有毛病。

清朝中后期，三朝阁老、九省疆臣、一代文宗的阮元大学士依然批评"日心说"：

"动静倒置（地球和太阳到底谁动），离经叛道。"

清朝末年，李善兰在《谈天》中写道：

"（阮元）未尝精心考察，而拘牵经义，妄生议论，甚无谓也。哥白尼知地球与五星皆绕日。刻白尔（即开普勒）知五星与日之道，其行法面积与时恒有比例。奈端（即牛顿）以为皆重学之理也。"

实际上，国人接受"日心说"，也就百年左右的历史。

《天体运行论》是一场人生观革命。

弗洛伊德说过，人类幼稚的自恋曾经受过三次重大打击。

第一次就是哥白尼的"日心说"。

当哥白尼否定了地球的地位，也就否定了人类的地位。

几千年来，人们骄傲地说：

"地球是宇宙中最好的地方！

我骄傲！

我是地球人！

太阳、月亮和星星都围着我转！

我们是宇宙中唯一的高级生命！

上帝只爱我们！"

哥白尼说：

"不是太阳围着我们转，是我们围着太阳转！

不仅地球围着太阳转，金星和火星也围着太阳转！

地球不比其他星球高级。

说不定其他星球也有高级生命。

上帝爱你，也爱别人！

醒醒吧！

你和别人一样！

没有什么可骄傲的！"

哥白尼把世界搞颠倒了，把人心搞乱了。

第二次是达尔文的进化论（人原来是没毛猴，人也是动物）。

第三次是弗洛伊德的精神分析理论（人类百分之九十的事情是在稀里糊涂的状态下做的）。

总之，怎么夸哥白尼都不够。

因为他按住了太阳，推动了地球。

哥白尼故居

托马斯·莫尔（1478—1535）

你们的绵羊本来是那么驯服，吃一点点就满足，现在据说变得很贪婪、很凶蛮，甚至要把人吃掉。

我们这个时代最大的问题之一是，很多人上过大学，但很少人接受过教育。

女人的美貌可以吸引男人，但个性和品行才能抓住男人。

乌托邦人觉得奇怪的是，黄金从其本身性质说毫无价值，竟在全世界如此受到重视，以致人比黄金贱得多。一个木偶般的傻子，只要他手头有非常多的金币，就可以奴役大批聪明人和好人。

战争是唯一适宜于野兽的活动，然而任何一种野兽都不像人那样频繁地进行战争。

第十三章

托马斯·莫尔——寻找乌托邦

现在有很多人一听到相亲两个字就头疼，能不去的，就找理由不去。

有人在自己的书里提出一种新的相亲方式：

花很少的钱去买一匹小马，买主们是非常慎重的。尽管这匹马几乎是光着身子，他们还要卸下马鞍，取下所有马饰，生怕下面藏有烂疮。

然而，男人在选择决定他一生是福是祸的妻子时，他们只是依据巴掌大小的脸庞对女方做出评价，对女人的身体却毫不知晓。

所以，我建议男女双方结婚前要赤裸相见，检查对方身体是否有缺陷。

提建议的人叫托马斯·莫尔（以下简称莫尔），这本书叫《乌托邦》。

这个方式荒唐吗？

很多现代男女走得更远，他们已经开始检查对方身体的功能是否有缺陷了。

莫尔还在书中提议：

所有人每天都到公共食堂吃饭。

吃饭时年轻人和老年人挨着坐，以便学习做人做事的道理。

外出旅行，要经过城市管理者的同意。

外出旅游超过两天，就要在当地干活一天。

莫尔大约于 1478 年 2 月 7 日出生于英国伦敦的一个富有家庭。他的父亲曾任英国高等法院的法官。小莫尔在伦敦圣安东尼学校学习拉丁文。13 岁时，父亲把他送到英国最高宗教领袖坎特伯雷大主教莫顿家中生活、学习。

莫顿对聪明好学的小莫尔极为赏识。他常对朋友夸奖说："我的这个孩子，将来一定会成为名人。"

后来，莫尔真的成为世界名人，知道莫顿的人反而不多。

1492 年，莫尔进入牛津大学攻读古典文学。学会希腊文后，他可以尽情地阅读柏拉图、伊壁鸠鲁、亚里士多德等人的作品。

柏拉图的思想对莫尔影响最大，后来的评论家称《乌托邦》为《理想国》（柏拉图名著）的续篇。

在《理想国》中，柏拉图建议国家元首最好由哲学家来担任。他认为，一个理想的国家必须追求至善和正义。

老莫尔认为儿子从事古典文学不好就业，便逼迫他改学法律。

我发现在 16 世纪，法律是欧洲最热门的专业，很多名人都被家长逼迫学习法律。比如哥白尼、马丁·路德、天文学家第谷、到中国传教的利玛窦。也有很多人学习法律，却在其他领域大放异彩，比如培根、蒙田、韦达、费马。

当时人们说，在英国，不论是谁，只要学习法律，就被视为贵族。

1494 年，莫尔离开牛津大学，进入新法学院，后来又在林肯律师学院攻读英国法。两年后，莫尔成为林肯法律协会会员。

1501 年，23 岁，莫尔成为一名律师。

1504 年，年仅 26 岁的莫尔被选为议员。因为年轻冲动，他在议会上反对为英国国王亨利七世提供一笔补助金。

亨利七世大怒，将莫尔的父亲投入监狱，并罚以巨款。

莫尔自毁前程，只得以律师的身份养活自己，业余时间从事人文科学和自然科学研究。在担任律师期间，莫尔接触到大量底层人民，亲眼目睹了他们的灾难和不幸。

莫尔曾在法律协会附近的卡尔特修道院住过几年。他试图献身上帝，成为一名僧侣。后来，莫尔又觉得自己需要婚姻和性生活，于是放弃了出家这个念头。

1505 年，27 岁的莫尔娶了珍·考尔。他原本打算娶珍·考尔的妹妹。后来觉得妹妹先嫁对姐姐影响不好，于是娶了姐姐。这场婚姻给莫尔带来三个男孩四个女孩。莫尔是个好丈夫、好父亲。他还教育女儿读书识字，这在当时很少见。

虽然有幸福的家庭，莫尔在修道院里养成的生活习惯没有变。

他早睡早起、时常禁食、长时间祈祷、穿粗毛衫、虔诚地敬拜上帝。

欧洲著名人文主义学者伊拉斯谟 1499 年夏天访问英国，与莫尔相识，成为至交。按照伊拉斯谟的描述，莫尔中等身材、白皙皮肤、浅蓝眼睛、生性愉快、衣食朴素、善于交友、有幽默感、喜欢收藏异国物品。

刘易斯说："莫尔的人品无可挑剔。我们之中最好的人，站在莫尔面前都要向其脱帽致敬。"

英国人称莫尔为"四季之人"（the man for all seasons），即一个在各方面都表现卓越的全才。

我觉得他有点像电视剧中的纪晓岚。皇帝身边的红人，博学、爱好广泛、生性幽默，但坚持原则。

1511 年，珍·考尔去世，莫尔娶了一位大他 7 岁的寡妇。莫尔说他的第二任妻子"既不是珍珠，也不是女孩"。意思是说，她既不漂亮，也不年轻。

1509 年，亨利七世病逝，亨利八世即位。

新国王年轻英俊、多才多艺。莫尔很欣赏亨利八世，专门为他创作过一首长诗——《献给英国最光荣和最理想的国王亨利八世加冕纪念日》。

亨利八世召莫尔入宫，为自己服务。

在宗教改革问题上，两人保持高度一致。

亨利八世反对路德的宗教改革，亲自撰写文章批驳。莫尔帮助国王润稿。

1518 年莫尔被任命为王室申诉法庭庭长、枢密顾问官。

1521 年，莫尔被封为爵士，名字前可以加上 Sir。

1523 年，莫尔被选为下议院议长。

1529 年，莫尔成为大法官（莫顿也担任过这个职务），其地位仅次于英国国王。

亨利八世发自内心地尊重正直、博学的莫尔。如果几天不见，亨利八世还要亲自到莫尔家拜访他。

两个人坐在屋顶上，一起看天上的星星（一对好基友）。

宫廷侍卫对莫尔说："整个英国，没有人比你更得国王的宠爱。"

莫尔说："如果我的脑袋能换法国的一个小镇，国王肯定不会犹豫。"

伴君如伴虎。

亨利八世刚愎自用、反复无常、冷酷无情。莫尔比谁都清楚。

有人劝他，要舍得把你最好的东西给国王。

莫尔回答，我最好的东西，就是气节。

莫尔痛惜英国社会的堕落，知道自己的能力不足以改变现实。

他尽职工作。不能把英国变得更好，只能竭力阻止它变得更糟。

亨利八世结婚多年，只有一个女儿玛丽公主。他想先和凯瑟琳王后离婚，再娶王后年轻的宫女安妮·博林（以下简称博林），以便生下王子继承王位。

1527年，亨利国王命令红衣主教沃尔西向教皇申请离婚。

《圣经》不提倡离婚，且凯瑟琳王后是查理五世的姨母，教皇克莱芒七世在查理五世的压力下拒绝批准。

亨利八世命令英国全体贵族联名写信给教皇，向教皇表达抗议。

莫尔没有签名，他反对亨利八世离婚。

陷入爱河的亨利八世想绕开教皇离婚。于是他抛弃天主教（教皇是天主教权威），转信新教。

作为一个正直的人，莫尔深知教皇领导的天主教会腐败至极。他主张采用改良的方式，成立教士代表院，限制教皇权力。

莫尔反对新教，写文章和路德互骂，说对方是大便之类的话。

1533年，亨利八世与博林结婚。

莫尔拒绝参加博林的加冕典礼，拒绝承认博林是王后。

亨利八世对于莫尔辜负自己的信任深感恼怒。

莫尔主动辞去大法官职务。

1534年，英国议会通过《至尊法案》。法案规定，亨利八世是英国教会最高宗教领袖，全国臣民都要宣誓遵守《至尊法案》。

莫尔拒绝宣誓，被关进伦敦塔。

在狱中一年多的时间里，莫尔三次拒绝宣誓。他是职业律师、法律专家，闭口不谈拒绝宣誓的理由。法庭也不能判决莫尔有罪。

诺福克公爵劝他说，只要点一下头，只要签一个字，只要说一句话，你就可以出狱，可以继续享受荣华富贵。

莫尔说，我的良心不允许我低头。

诺福克说，违抗君王的旨意，你将要付出很高的代价。

莫尔说：

> "自由的代价的确很高。然而，即使是最低级的奴隶，如果他肯付出代价，也能享有自由。"

为了给莫尔定罪，检察官作假证，诬告莫尔说过"议会无权宣布亨利八世为教会的最高首领"。

莫尔当然不承认。

但陪审团不听辩解，一致裁决莫尔"犯有叛国罪"，判处极刑。极刑就是用马车拖、用绳子勒、开膛破肚，最后把尸体大卸八块，送到全国东西南北四个地方示众。

亨利八世听到判决结果后，辗转难眠。他知道，他要杀死的，是一个无罪的人，一个清白的人，一个高尚的人，一个热爱自己、帮助过自己的老师和朋友。

在电视剧《都铎王朝》里，亨利八世痛苦得一夜无眠。

纪晓岚就是在乾隆的床上尿尿，乾隆也不敢杀纪晓岚。因为他心里知道，纪晓岚无论怎样顶撞自己、触犯自己，都是为自己好。乾隆知道，杀了纪晓岚，自己在历史上的定位就是昏君，永远都是。

最后一刻，亨利八世将极刑改为斩刑。

1535 年 7 月 6 日，莫尔走上断头台。他幽默地对刽子手说："请帮我上去，至于下来，我自己安排好了。"

第二天，莫尔的头被悬挂在伦敦桥上示众。

伊拉斯谟说："他的灵魂之纯洁胜过白雪，在英国从来没有过像他这样的天才，而且将来也不可能再有。"

查理五世皇帝说："我宁肯用一座大城去换莫尔的生命。"

牛津大学贝里奥学院院长的安东尼·肯尼斯说："国王用恐吓和暴力强迫别人去接受意识形态，莫尔誓死反对。今天，这种事情依然普遍存在。"

1886 年，英国政府为莫尔平反昭雪，并在伦敦西敏寺等地为他树立纪念碑。

1935 年，在莫尔去世三百多年后，教皇庇护十一世册封他为圣徒。

1980 年，教皇约翰·保罗二世尊莫尔为守护上帝的殉道者。

莫尔的女儿在刑场上拥抱父亲

　　这是右派势力对莫尔的看法。

　　莫尔没有提出"社会主义"和"共产主义"，但后世的社会主义和共产主义者把提出公有制的《乌托邦》视为社会主义的源头。

　　《乌托邦》出版四百年后，莫斯科红场树立了"为劳动阶级解放而斗争的优秀思想家和活动家纪念碑"，莫尔名列其中。

　　2016年，中国科学社会主义学会举行了社会主义五百年纪念活动。

　　这是左派对莫尔的看法。

　　左右两派一致推崇同一个人，在人类历史上可谓绝无仅有。

　　英国是典型的封建社会。贵族们占有大量土地，终日宴饮游猎。教会占有大量土地，用来挥霍贪污。

　　商人有钱，却没有土地和劳动力。农民被牢牢地拴在贵族和教士的土地上。

　　生产力被束缚，人类社会止步不前。

　　部分贵族经营不善，部分贵族得罪了国王，他们的土地被没收、拍卖。

　　商人买到这些土地之后，不想再耕种庄稼，而是用来养羊，收割羊毛用来出口。这样从土地上赚的钱更多。

　　客观地说，圈地运动是经济发展和社会进步的标志。

　　然而，在圈地过程中，一些地痞恶霸不讲法律，以暴力方式抢夺农民的土地，使农民饿死，或变成窃贼和强盗。

对社会极为不满的莫尔说出了那句著名的话：

"你们的绵羊本来是那么驯服，吃一点点就满足，现在据说变得很贪婪、很凶蛮，甚至要把人吃掉。"

这句话出于那本著名的书，《关于最完美的国家制度和乌托邦新岛的既有益又有趣的金书》，简称《乌托邦》，出版于 1516 年。

同期的明朝，土地兼并现象同样严重。自明朝成立到嘉靖年间，民田减少一半，数百万人成为流民，比英国的总人口都多。

《明史》写道："诸王、勋戚、官僚请求及夺占民田者无算。"

几千年来，大部分人都过着贫穷、受压迫的生活。极少数人却占有大量财富。

至今未变。

有的人，一辈子也买不起一套房。

有的人，可以买下 30 万套房。

有的人，一顿饭能吃 10 万元。

有的人，10 万元能吃 10 年。

有的人，一身穿戴值 100 万元。

有的人，100 元一件的衣服要犹豫半天。

最让人心里不平衡的是：

富人天天吃喝玩乐，天天花大钱，还是富人。

穷人天天累死累活，天天不敢花钱，还是穷人。

富人把一顿饭钱，一身穿戴送给穷人，对他来说基本没有损失。

但对穷人来说，幸福感提高一百倍。

换句话说，一个富人在基本没有损失的情况下，可以让 10 个、100 个、1000 个、10000 个人幸福。

比如，富人自己留下 1 万套房子，拿出 29 万套房子可以让 100 万人得到极大的幸福（按一套房子住 3 个人算）。

一个国家，一个社会的发展，难道不应该让大多数人得到幸福吗？

英国思想家边沁提出"最大幸福原则"，即：

任何正确的行动和政治方针都必须做到产生最多数人的最大幸福，并且将痛苦缩减到最少，甚至在必要情况下可以牺牲少部分人的利益。

但是，人类历史上的法律一直保护富人财产。

所以 100 万个人也不能要求 1 个人交出他的房子。

为什么保护富人财产？因为法律是富人制定的。

当社会贫富差距越来越大的时候，就会出现拜金炫富、挥霍浪费、贪污受贿、嫉妒痛苦、偷抢犯罪，甚至暴力革命。

有人说，金钱买不到幸福，买不到快乐。

错。都是欺骗穷人的鬼话。

我们大部分的痛苦主要由三个原因造成：

穷、没时间、欲望得不到满足。

只要不穷，就有时间，就能满足很多欲望。

人没有财富就会痛苦。

社会财富分配不公平就会引发动荡和暴乱。

劝人接受现实，劝人安贫守道的鸡汤大师滚开。

莫尔革命性地提出，万恶之源是私有制。

私有制使"一切最好的东西都落到最坏的人手中，而其余的人都穷困不堪"，私有制就是"富人以国家的名义进行巧取豪夺"。

只要消灭私有制，实施公有制，人类的痛苦问题、犯罪问题就能解决。

在乌托邦社会里，人们的生活是这样的：

- 财产是公有的，个人没有任何财富。因此没有穷人，没有富人，没有富二代，没有微信圈里晒包、晒跑车。
- 只要劳动 6 小时，就可以免费领衣食住行生活用品。
- 所有物品都不花钱，因此不需要现金，不需要电子支付。
- 所有人穿的都一样，没有名牌。
- 不用买菜做饭，公共餐厅免费吃。
- 黄金没有价值，主要用来做马桶。另外用来给监狱里的犯人做手铐脚镣。谁出门身上戴大金链子，谁就是贱人。
- 钻石、翡翠、祖母绿都是儿童玩具。孩子长大就不需要了，扔进垃圾桶。

套用到现代社会，找对象不再考虑有房有车了。

乌托邦是"没有这个地方的意思"。然而，就在莫尔写书的时候，地球上还真有一个地方，在那里，黄金只是用来装饰，不能买东西。这就是南美洲的印加帝国。

乌托邦还有以下规定：

生活	很多人一辈子就穿一种衣服。没有豪宅，精装修完全是浪费。
娱乐	禁止酗酒、赌博、卡拉OK。业余时间用来学习。
军事	打仗用外国雇佣兵，本国人基本不上前线、不牺牲。 打赢了敌人，不要对方的战利品，因为没用。
家庭	妻子定期跪在丈夫的脚旁，子女定期跪在父母的脚旁，讲出自己的错误，并乞求原谅。
控制人口规模	多余的人口去其他岛上开发殖民地。如果当地人不愿意，就用武力把他们赶走。
性行为	严禁婚前同居、婚后出轨。 一经发现，终生没有性生活。再违反则处以死刑。
医院	医院条件一流，护士讲故事逗你开心，病人可以选择安乐死。
人命	国民性命第一。愿意用一万个敌人俘虏换回一个本国俘虏。
住房	每隔10年，大家换房住。城市乡下的人也要交换住。
法律	非常少，非常简单，人人都懂，不需要律师。
宗教	信仰自由。

莫尔提出的理想国家是，财产平等、权利平等、信仰自由，人人爱学习、人人讲道德，国家爱国民。

当时罗马教会宣传，只有相信基督耶稣，死了才能上天堂。天堂里什么都有。

莫尔却在思考一个问题，人间能不能变成天堂？

莫尔在《乌托邦》里设计了一整套国家制度、社会制度，是对欧洲现实的严厉批判。他批判罗马教会、批判路德新教、批判专制暴政、批判圈地运动、批判财产私有。

然而，当时欧洲主流社会并没有人谴责他。相反，莫尔出版《乌托邦》之后，在英国官场连连晋升。

人类的历史，就是一部乌托邦史。

全世界的聪明人，都在思考如何让世界和平，让人类共同富裕，让人类走向文明。

基督教有天堂，佛教里有"极乐世界"，道教里有"终北国"。

《乌托邦》出版八十多年后，意大利人托马斯·康帕内拉在监狱里写了《太阳城》。

德国人约翰·凡勒丁·安德里亚读了《乌托邦》和《太阳城》之后，创作了《基督城》。

英国人弗兰西斯·培根撰写了《新大西岛》，一个科学家主政的乌托邦。

法国人出版了《塞瓦兰人的历史》。

美国人也不甘落后，拍了《疯狂动物城》，其英文"Zootopia"的字面意思是动物园乌托邦。

孔子说过：

"天下为公（公有制），选贤与能（选举制），讲信修睦（诚信、和谐），故人不独亲其亲，不独子其子，使老有所终（养老），壮有所用（就业），幼有所长（教育），矜（guān）、寡、孤、独、废疾者皆有所养（社会福利），男有分（就业），女有归（家庭）。货恶其弃于地也，不必藏于己（不必保留私人财产，可以贡献出来）；力恶其不出于身也，不必为己（公共意识）。是故谋闭而不兴（不用阴谋诡计），盗窃乱贼而不作（社会治安稳定），故外户而不闭，是谓大同（乌托邦）。"

孔子的"乌托邦"，比莫尔早两千年。

只要人类社会存在，只要贫富差距存在，只要丑恶犯罪存在，乌托邦这个话题就永远不会过时。

2016年，瑞士有人提出，任何一个成年人，无论工作与否，每个月都可以领到15000元人民币的生活保障金。每个人不再为生存而勉强于自己手头的工作，每个人可以放心大胆地投入、创造自己有兴趣的事业。这项动议被瑞士人通过公投的方式否决了，但这不失是一种新的探索方向。

当很多人热情地追求、赞美乌托邦时，另外一些人却强烈反对乌托邦。

对女人而言，只有一种衣服能接受吗？永远和别人穿得一样能接受吗？不化妆能接受吗？对男人而言，不能喝醉、不能赌博、不能泡妞、不能玩游戏，能接受吗？

乌托邦的作品很多，反乌托邦的作品更多。其中最著名的有三部。

第一部是扎米亚京的《我们》。在该书中，所有人都没有姓名，以数字来区分。主人公 D503 是一名自以为生活很幸福的工程师。他爱上了 I330。经过交流，D503 发现自己的生活是虚幻的，并不幸福。

I330 鼓励 D503 站出来，改变目前的生活状态。

D503 认为，知道自己不幸福是非常痛苦的。因此他申请做了灵魂摘除术，之后他又觉得自己幸福了。

此时，他不再认识深爱的 I330。他平静地看着试图改变现状的 I330 被处死。

第二部是赫胥黎的《美丽新世界》，书名听起来很美好。

故事设定在 2532 年。那时候的人都是在试管里培养的，而且被设定为统治者、平民和贱民。在培养贱民的试管中减少供氧。他们长大后又丑又傻，只能干最累的活。想上进吧，天生智商不够，只能安于现状。

当一个婴儿长到 8 个月大的时候，护士在他面前摆上图书和鲜花。

当婴儿刚拿起这两样东西准备玩耍的时候，护士立即开启地板上的电路，触电的婴儿在痉挛中号啕大哭。护士重复电击婴儿 200 次。这些婴儿成人后，终生厌恶图书和鲜花。

喜欢鲜花的人经常开车去郊外欣赏大自然。他们减少了工作时间，增加了交通拥堵，浪费了地球资源。

前面讲过，人们痛苦的三大原因之一是欲望得不到满足。

解决办法就是消除欲望。

爱情固然是甜蜜的。但单相思呢？失恋呢？对方劈腿呢？为了免遭痛苦，那就取消爱情。再说了，每个人都没有父母子女配偶，晚上和谁睡都没有道德包袱。和陌生人做爱就像和陌生人握手一样简单。那时的人没有什么个性，与一个女性做十次和与十个女性做一次也没有区别。手淫和做爱也没有区别。因为只有生理刺激，没有心理刺激。

为了考上名牌大学，现在的孩子们不得不从幼儿园就开始补课，一学就是十几年。多痛苦啊！那就取消大学、取消中学，小学毕业就算成功。

不用思考，不动感情，降低标准，你就不会痛苦。

所有的人都变成了工蚁，一生不停地劳作，既不痛苦，也不快乐，只是活着。

第三部作品最著名，就是乔治·奥威尔的《一九八四》。因为太出名了，人人都知道，我就不详细讲了。

一旦解决《乌托邦》提出的两大问题，温饱问题和平等问题，新的问题又来了，甚至比温饱问题更危险。

《我们》书中有一句话：

"没有自由的幸福，没有幸福的自由，你只能选择其一。"

男人的乌托邦和女人的乌托邦是不一样的。成人的乌托邦和孩子的乌托邦是不一样的。你的道德标准和我的道德标准是不一样的。他的生活观念和我的生活观念是不一样的。

没有一种乌托邦能解决所有人的需求。

当乌托邦满足一部分人的需求时，必定要牺牲另外一部分人的需求。

比如莫尔规定，每个人都要劳动。到外地旅游超过两天也要在当地劳动。可是，我就想好好旅游，三天不劳动，可以吗？吃饭的时候，我不想和老人坐在一起，我想和女神、朋友坐在一起吃饭聊天，可以吗？

刚到乌托邦里，你发现有饭吃、不缺钱，这很好。

时间一长，你就发现这不能做、那不能做。

规则不是为你而是为所有人制定的。

所以，你根本改变不了规则。你对规则提出质疑都会受到严重的处罚。

那些道德规则实际上是枷锁、是噩梦。

一开始人们向往乌托邦，后来人们创建了乌托邦，再后来人们发现自己被乌托邦困住了。最后，人们流血牺牲打破了自己亲手创建的乌托邦。

另外，对现实社会的不满，其实是历史进步的最大动力。《乌托邦》里人人满足现状，人人安居乐业，就像"世外桃源"一样，几百年都不会有大的发展。一些乌托邦方案通过降低人类的欲望来提高人类的幸福指数。人类表面上是幸福了，整个社会却大步倒退了。

在今天，乌托邦又有了新的含义。当科技高度发达、物质极大丰富的时候，没有穷人，也没有人为了钱去犯罪的时候，又会面临新的问题：

第一，人的身体变得更好，还是变得更差？

现在，人们在家上班、在家购物、在家等人送饭，用声音命令扫地机扫地，用声音控制机器人干活。人会不会变得四肢退化、脑袋变大。

未来的一天，把人脑放进机器人的身体里。从此人不用吃饭、不用排泄、不用穿衣服。做爱的工具都没有了，需要高潮的时候给点电流就行。

第二，人的头脑变得更聪明，还是更傻？

现在，很多知识变得碎片化、娱乐化。人们不看书、不动脑子，理解能力和逻辑推理能力越来越差。媒体通过人工智能技术，只推送给你感兴趣的内容。虽然获得信息的渠道更广了，但获得的内容更窄了。

你以为随时可以联系世界，却在不知不觉中被你定制的信息囚禁了。

我最讨厌的就是现在的标题党。一说爱情就用狗（单身狗、撒狗粮），一写矛盾就是"谁扇谁的脸"，还有大量的"屁了""傻了"。好好的汉语全被毁了。

在《美丽新世界》里，每个人从小接受电击，终生讨厌书籍。在娱乐化时代，书籍免费送都没有人去看了，还是刷视频更过瘾。

第三，人是变成了世界的主人，还是反过来成为奴隶？

像《黑客帝国》《我与机器人》《异形》等电影作品，描述了人类成为电脑的奴隶，按照机器的指令生活。

人不会压迫人，但人造出来的机器压迫所有的人。因为人在体力和智力上都完全不是机器人的对手。

第四，人类社会越来越文明，还是越来越堕落？

有人认为，未来的人类社会物质极大丰富、科技高度发达，人人都讲道德，社会没有犯罪，世界越来越美好。

有人认为，未来的人类社会物质越来越匮乏，人类越来越道德沦丧。好莱坞这类题材的电影很多，比如《疯狂的麦克斯》《水世界》。

当核战争爆发、瘟疫扩散、生态资源枯竭时，大批人类死亡，少数幸存人类为了有限资源进行你死我活的争夺。到那时候，不需要法律，不需要道德，弱肉强食、适者生存。人退化成动物，人类回到原始社会。

有人说，乌托邦是天堂。

有人说，乌托邦是地狱。

有人说，世界的美好指日可待。

有人说，人类的威胁与日俱增。

有人说，乌托邦永远不会到来。

有人说，乌托邦就在我们身边。

马基雅维利（1469—1527）

从古至今，统治人类的一切国家，一切政权，不是共和国就是君主国。

国家实施的各种政策都是以两点为基础的：正义与强力。为了不在国内树立敌人，正义是十分必要的；而为了防御国外的敌人，强力是十分必要的。

任何人只要有装备精良的军队，就会发现无论时势如何骤转，他总是处于有利的地位。

如果确定要伤害一个人，就伤害到他不能报复你的程度。

关于人类，他们忘恩负义、容易变心。他们是伪装者、冒牌货。他们逃避危难、追逐利益。当你对他们有好处的时候，他们整个儿都属于你。可是到了你需要他们的时候，他们就背弃你了。

命运没有让我熟悉丝绸纺织业，没有让我在棉纺织业赚到钱，也没有让我在金融业出人头地，我只能思考政治，其他什么都不会。

第十四章

马基雅维利——狮子和狐狸

1513 年，正德八年，皇帝宠信江彬，典型的昏君爱奸臣。

这一年，马基雅维利完成了一部惊世骇俗的作品——《君主论》。在民众的眼里：

《君主论》=《独裁者手册》=《恶棍指南》=《邪恶圣经》。

马基雅维利＝传授邪恶的老滑头＝心狠手辣（莎士比亚评价）。

信奉马基雅维利主义的政治家＝不择手段的政客＝暴君。

虽然《君主论》是一只人人喊打的老鼠，然而：

英国资产阶级领袖克伦威尔一直珍藏着《君主论》的手抄本。

英王查理五世对《君主论》"爱不释手"。

法国国王亨利三世和亨利四世在遭暗杀时，随身都带着一部《君主论》。

普鲁士国王弗里德里希把《君主论》作为自己每天睡前的必读书。

在滑铁卢大战时，人们发现拿破仑携带着一部写满批注的《君主论》。

这本书的爱好者还有墨索里尼、希特勒和斯大林。

我是没有读过这本书，因为我一直没有机会成为君主，虽然我相信自己如果穿越回去，一定会成为明君，至少比正德皇帝、嘉靖皇帝强。

马基雅维利（以下简称马基）出生于佛罗伦萨一个没落贵族家庭，父亲是一名律师。

小马出生的时候，家中都是书，没有钱。小马自幼熟读意大利古典文学、史学，以及西塞罗的著作。成年后，马基长着一双亮晶晶的小黑眼、小脑袋、鹰钩鼻、小嘴唇，一看就是个精明的人。他爱观察，爱思考，不爱说话。

佛罗伦萨原属于神圣罗马帝国。1187年，神圣罗马帝国皇帝亨利六世授予该地区自治权，佛罗伦萨逐渐成为独立的城市共和国。

1293年，共和国颁布《正义法规》。法规规定，由7大行业协会各选出1名代表，14小行业协会共选出2名代表，这9个人组成长老会议。

长老会议是共和国最高权力机关。

7大行业协会为羊毛商、丝绸商、呢绒场主、毛皮商、银钱商、律师、医生，称肥人。14小行业协会包括铁匠、泥瓦匠、鞋匠等，称瘦人。

市长在9人中产生，称正义旗手，兼任城市自卫军司令。

马基亚维利的祖先就担任过正义旗手。

佛罗伦萨经济发达、商业繁荣，有很多跨国公司。当时巴黎有20家佛罗伦萨银行，伦敦有14家。15世纪，经营金融的美第奇家族异军突起。1434年，科西莫·德·美第奇夺取了共和国政权，建立僭主政治。

僭的意思是超越本分，指地位低下的人冒用贵族的名义、礼仪和器物等。《三国演义》第二十一回，玄德曰："舍弟见操僭越，故不觉发怒耳。"

僭主就是通过政变或暴力手段掌握政权的人。他既不是选举的，也不是世袭的。名不正，言不顺，就叫僭主。

科西莫违反了《正义法规》，成为不合法的统治者。

不过，科西莫为人慷慨大方，他用自己的财富救济穷人、建设城市、资助学者、扶危度困。他去世后，人们发现他有很多年代久远的借条。他向外借了很多钱，从不催还。人们隆重地将他追谥为"国父"。

1469年，科西莫之孙洛伦佐·德·美第奇继任佛罗伦萨僭主。他组建了一个70人委员会（相当于议会）。

这个洛伦佐不得了，可以说没有他就没有文艺复兴。

洛伦佐大力投资艺术品。他的宫廷里聚集着波提切利、委罗基奥、达·芬奇。洛伦佐把非亲非故的米开朗琪罗接到自己家里，培养他。

在此之前，佛罗伦萨就是欧洲的文艺中心之一。

文艺复兴的最初三杰，但丁、彼特拉克、薄伽丘曾在这里生活。

文艺复兴三杰达·芬奇、米开朗琪罗、拉斐尔也在这里生活。

后面，还有伽利略。

之所以要详细介绍佛罗伦萨，是因为我们一生一定要来这里一次。

佛罗伦萨的精神病医生马盖里尼收治过 100 多名游客，症状表现为心悸、出汗、胸痛、晕眩乃至幻觉、迷失。马盖里尼说，这是因为患者在一个"处处都是伟人及亡者的灵魂，弥漫着历史感和艺术感"的城市里，精神容易高度兴奋。

1494 年，法王查理八世率领着一支庞大的军队侵入意大利。此时主政佛罗伦萨的是洛伦佐的长子皮耶罗，他没有抵抗就向法国国王投降。

佛罗伦萨人愤怒了。他们赶走了皮耶罗，恢复了共和国。

多明我会修士萨沃纳罗拉成为佛罗伦萨新的精神和世俗领袖。马基在共和国政府里开始担任助理员。

萨沃纳罗拉要求市民像他一样生活，不讲究吃穿、不饮酒、不娱乐，家里不摆装饰品。他反对一切不道德的行为，鼓励所有人揭发亲戚和邻居的不轨之举。

1496 年狂欢节，萨沃纳罗拉在市政广场点燃一把大火，把家家户户搜上来的裸体画、舞会面具、华丽的衣服、纸牌骰子、《十日谈》、乐器等全部焚毁。波提切利亲手烧掉了自己的不少画作。

萨沃纳罗拉严厉苛刻的统治引起了不满。1498 年，一伙市民逮捕了萨沃纳罗拉，把他吊起来严刑拷打，但始终没有动他的右手。最后，让他用右手签下悔过书后，把他在市政广场烧死。

萨沃纳罗拉死后，索德里尼执政。他对米开朗琪罗的《大卫》像评头论足，又组织米开朗琪罗和达·芬奇两大天才在市政府大厅进行世纪对决，可惜两人都没有完成。索德里尼不具备伟大政治家的素质，但为人还算是温和而明智。

马基成为索德里尼的得力助手和智囊人物。29 岁的他出任佛罗伦萨共和国第二国务厅的秘书长，负责外交和国防。

失败的美第奇家族随时准备反扑，夺回佛罗伦萨。

新的共和国需要得到外国政府的认可。为此，马基频繁出访，到过法国、瑞士、德意志各国和意大利各城邦。他所作的《法国情况报告》《德意志情况报告》，至今都有保存。

马基近距离观察过很多君主，琢磨他们的思维方式，思考他们的治国理念，把他们放在一起打分、比较。

在军事方面，马基力争建立自己的国民军。

当时欧洲各国君主打仗，主要以雇佣军为主。

雇佣军有两大缺点，一是要价特别高；二是他们六亲不认，打了败仗还会抢劫雇主。

1505 年，佛罗伦萨成立国民军九人指挥委员会，马基担任委员会秘书。他亲自率领军队进攻比萨。

达·芬奇随军同行。他给马基出了一个计策：

开挖大运河，让阿尔诺河绕开比萨流入大海，让比萨人因缺水而投降。

数百名士兵在泥浆中奋战半天，没有效果。最终只得舍弃。

不过，马基最终还是征服了比萨，得到了斜塔。

全佛罗伦萨人为马基欢呼，称他恢复了佛罗伦萨的时运。

1502 年，教皇亚历山大六世的杂种儿子恺撒带兵来到佛罗伦萨边境的阿雷佐。这是一个极度无耻和没有底线的家伙。

马基作为外交官，前去和他谈判。

恺撒一再威胁马基。

马基不辱使命，同他论辩。

马基推荐达·芬奇为恺撒服务。有人说，马基想让达·芬奇当间谍。两个人有共同语言。达·芬奇观察自然，马基观察政治。

马基和恺撒在一起待了几个月。

有一次，恺撒邀请维利特人的首领一起吃饭。他突然翻脸把客人抓起来，全部绞死。这些对恺撒来说是家常便饭，但震惊了"老实"的马基。

但是，马基看到了恺撒的效果，百战百胜。

他惊叹道，只有恺撒才可以统一意大利。假如我是君主，我将经常仿效恺撒的行迹。

恺撒后来因病早逝。

1512 年，洛伦佐的儿子，红衣主教乔万尼带着军队来到自己从小长大的地方——佛罗伦萨。

索德里尼无力抵抗，只得投降。

存活了 18 年的共和国宣告死亡。

红衣主教亲自掌管城市，很快，他就成为新教皇利奥十世。

乔万尼前往罗马就任，把佛罗伦萨交给自己的弟弟朱利亚诺，后者成为新的僭主。

马基不想离开为之奋斗的佛罗伦萨，他想继续为朱利亚诺服务。他是共和国的灵魂人物，他有丰富的从政经验，他有庞大的外交资源。他亲自组建了国民军并指挥它攻城略地。他是佛罗伦萨最优秀的政治家。

然而，出于对共和国的愤恨，朱利亚诺却罢免了马基的一切职务，剥夺了他的大部分财产，不准他居住在佛罗伦萨，也不准他移居国外。

马基只能回到乡下。

1513 年 2 月，马基卷入了一个阴谋刺杀朱利亚诺的案件。为了证明自己的清白，他主动上门向当局说明情况。

没想到治安官把他逮捕入狱，严刑拷打，四次使用吊坠刑。

吊坠刑就是把一个人反绑双臂，用滑轮吊起来。成人的全部体重都压在双肩上，最后导致肩膀脱臼，痛苦不已。

马基宁死不屈，反而证明了他的清白。

经过多方营救，两个月后，马基带伤出狱。

禁令还没有解除。马基只得带着妻子和四子一女搬到佛罗伦萨城附近的桑·卡希亚诺，住在他父亲留下的小农庄里。

面对一家七口，这个可怜的读书人只得扶起犁头种地，操起斧头砍柴。他种植橄榄林和葡萄园，喂养山羊和绵羊。即使这样，他还是因为欠税被告上法庭。

在写给友人的信中，马基说："我的家庭都为我遭罪，我还不如死了好一些。"

马基雅维利 1513 年的逮捕令（局部）

当夜幕降临，家人都睡了之后，马基点燃蜡烛，坐到桌前，铺开纸张，拿着鹅毛笔，思绪万千。他开始回忆共和国的风风雨雨。他的一封信是这样写的：

"我脱掉农民的脏衣，换上贵族的华服，走进宫廷，又见到了老朋友。他们热情地欢迎我，为我提供丰盛的食物。

我和他们交谈，向他们提问题，他们宽厚地回答我。

四个钟头的时间，我忘掉了现实中所有的烦恼，我也没有感到丝毫疲倦。

我记下与他们的谈话，编写一本关于君主的小册子。小册子讨论君主究竟是什么？都有什么类型？怎样保持君主的位置？为什么会丢掉王位？

但丁说过：从学习中产生的知识将永存，而其他的事不会有结果。

因此，在这本小册子里，我倾注了全部想法。"

这本小册子就是著名的《君主论》。

马基想把这本书献给朱利亚诺，希望后者给他个一官半职。虽然后者把他投入监狱，并用酷刑折磨他。

马基太穷了，日子过得太苦了。他希望多挣点钱养活家人、养活孩子。

另一方面，他觉得自己这个人才下半辈子做农民太委屈了。

对于这本书的质量，马基很有信心。

他说，在过去的十五年里我一直研究治国之术，我没有睡大觉，也没有玩乐。共和国失败了，我却得到经验和教训。我这本书可以说是世界上第一本论述君主的书。每一个君主，尤其是新任君主（朱利亚诺），更应该伸出双手来迎接它。

《君主论》写了半年，又修改了将近一年，倾注了马基的全部心血。

马基不想让这本书的内容泄露出去，为别人所用。他想亲自送给朱利亚诺，或者委托自己最信赖的朋友送过去。

1516年，朱利亚诺去世。《君主论》送到了佛罗伦萨新的统治者小洛伦佐手中。他是否看过，有什么评价，都不得而知。唯一知道的是，他没有给马基反馈，没有雇用马基。

这一年，小洛伦佐还收到葡萄牙探险家柯尔萨利斯的一封信，告诉他葡萄牙人已经到了中国，采购了很多商品。

为什么美第奇家族能赚钱？他们已经建立了世界级的商情网络。

小洛伦佐错过的，是一本令英国克伦威尔、法国亨利四世、德国皇帝、拿破仑、希特勒为之着迷的书。小洛伦佐错过的，是一本惊世骇俗的著作，是最畅销的世界十大政治名著。

这本书伟大在哪里？

在欧洲，政治和宗教是不可分割的。或者说，政治服务于宗教。

著名的天主教圣人奥古斯丁提出了"双国"理论。"上帝之国"是纯洁的天国，"人间之国"是魔鬼建立的罪恶国家。

上帝之国可以理解为乌托邦，只不过，死人才有资格去。

总之，君主治理国家，一切以《圣经》为出发点。君主处理政务，一切要以神的话为准绳。

而《君主论》这本书，几乎没有引用《圣经》的文字，也没有用耶稣的话来分析政治问题，而是依据历史事件和个人经验来研究政治问题。

这就使得政治从宗教中脱离出来。

在中国，皇帝同样需要宗教来保障自身的合法性。皇帝自称天子，做事是奉天承运。

马克思用一句话归纳了《君主论》的价值：

"用人的眼光观察国家，从理性和经验中而不是从神学中引出国家的自然规律。政治的理论观念摆脱了道德，政治是一个独立的主张。"

把宗教、道德从政治中剥离出来后，政治才能变成一门独立的学科，才能更加系统地发展。

对《君主论》赞扬的不少，对《君主论》批评的更多。

大部分人认为这是人类历史上最邪恶、最腐臭的书籍之一。

臭就臭在一句话："君主让人怕比让人爱更好。君主可以不择手段。"

这真是一个千古奇冤。

首先，马基并没有想出版这本书。

《君主论》是马基写给佛罗伦萨统治者的一封私人信件，甚至可以说是求职信。他没有打算出版这本书。马基死后五年，在教皇克莱芒七世的赞助下，《君主论》得以出版。

1517年（一说1519年），马基又写了一本书，叫《李维史论》。在这本书中，马基大力赞扬理想中的古罗马共和国制度。因此，也可以说这本书是《共和论》。

马基认为，君主制、贵族制、民主制这三种政体各有弊端。君主制容易走向专制，贵族制容易形成寡头政治，民主制容易出现暴民统治。所以，要建立一种混合政体，使各方人士参与政府事务，通过"相互监督"平衡机制，既抑制"富人的傲慢"，也避免"平民的放纵"，从而促进社会福利，培养公民美德。

马基并没有强调君主至上，帝王可以为所欲为。他认为理想的政治模式要限制君主的权力。

《君主论》像《商君书》一样，主张压迫人民。

错。《君主论》写道，君主应该同人民保持友好关系。如果君主发现自己同人民对立，他所做的头一件事便是设法争取人民。只有人民才是国家的基础，只有人民的友谊才是国家昌盛安全的真正原因。

很多人批判马基这句话，"一个君主被人惧怕比起被人爱更为安全。"但是，马基的这句话后面还有一句话，"如果不能兼得的话。"所以，马基并没有反对君主被人民爱戴。

马基是别有用心的奸诈小人。

错。整体上，马基是个理想主义者和爱国主义者，并不擅长玩弄权术。他在一封信中写道：

"我活了四十三年，一向是忠诚老实和善良的人，以后也不会改变。我现在的贫穷，就是我为人忠诚老实和善良的证据。"

我终于找到自己贫穷的原因了，原来我忠诚老实且善良。

《君主论》是一本教帝王们做坏人的书。

错。

马基是说过，帝王要像狮子一样凶猛，要像狐狸一样狡猾。

请问，哪个君主不知道自己要像狮子加狐狸一样？哪个君主想当兔子加蠢驴。

其实，把狐狸和狮子换个词，就会得到百分之百的拥护。

那就是，智勇双全。

英国哲学家培根说，马基只不过大胆地说了一句长久存在的事实而已。他站出来，毫不留情地撕下了那些统治者的遮羞布，就是一种勇气和正义的表现。

马基说的话谁都不反对，但谁都不说。

卢梭说，马基自称是在给君主讲课，实际上他是在给人民讲大课，告诉他们被怎样的人所统治。《君主论》是提醒民众防范帝王。

关于狮子和狐狸。我想说的是，欧洲国王偏狮子，中国皇帝偏狐狸。

在欧洲，君主崇尚武力，他们的徽章不是熊就是狮。

他们非常强调诚信。因为每一个人做的每一件事，上帝都会记录在案。所以，每个人经常要向上帝发誓自己说的是真的。另外，中世纪欧洲强调骑士风度，不能使诈。使用欺诈手段的人，会被同时代的人瞧不起，会被历史学家瞧不起。

在中国，诈术成为一种普遍思想。《孙子兵法》强调诈术，三十六计几乎都是诈术。《三国演义》就是诈术大全，诸葛亮就是诈术的祖师爷。假投降、假撤兵、设伏兵、借东风、草船借箭，把曹操、周瑜、鲁肃、刘备玩得团团转。诸葛亮的诈术达到了出神入化的地步，成为智慧的象征，成为人人仿效的偶像。

皇帝诈、大臣诈，皇帝生活在一群狐狸当中。

然而，具有讽刺意味的是，好人不等于能力高、贡献大。坏人不等于能力低、贡献小。大量的历史史实告诉我们，像路易十六、崇祯这些仁义善良的理想主义帝王往往是失败者；像刘邦、朱元璋、拿破仑、斯大林这些务实主义者，往往是成功者。

德才兼备、内圣外王的君主，在欧洲历史上，只有一个人能做到，那就是法国国王路易九世。他以无比虔诚的宗教信仰、视死如归的战斗精神、爱民如子的道德品质，被历史学家称为"完美怪魔"。

人们之所以对《君主论》产生误解，主要原因是大多数人像我一样，根本没有读过《君主论》，更不知道《君主论》讲的是什么。

这本书的核心思想，是希望佛罗伦萨统治者统一意大利。

秦始皇能统一六国，因为六国都是王国。

意大利就复杂了。威尼斯、热那亚、锡耶纳是共和国。佛罗伦萨是僭主国。米兰、费拉拉是公国。曼托瓦、费蒙拉是侯国。那不勒斯和西西里是西班牙殖民地。最不好处理的是教皇国，万国之国。

就算意大利人自己想统一，欧洲三大强国，法国、德国、西班牙都不答应。

统一意大利无异于痴人说梦。

不说要意大利，连佛罗伦萨自己的命运都没有人能控制住。皮耶罗逃亡，萨沃纳罗拉被烧死，索德里尼逃亡，佛罗伦萨政权反复更迭。

《君主论》这样的书为什么在意大利诞生？

欧洲的政治，复杂程度高于明清时期的中国。

而意大利的政治，又高于欧洲其他国家的政治。

政治、宗教、金钱、道德应该说是相互矛盾的。但是，意大利人都想要，一个也不能少。

此事起源于教皇。

首先，教皇是宗教的代表，但是教皇要干预全欧洲的政治。

教皇强调节俭，却买卖圣职，拼命搂钱，生活极度奢侈。

教皇强调贞洁，命令教士远离女人，自己的情妇不少于一打。

罗马教会自己的政治更复杂。

帝王基本上传位于太子，只是偶有争斗。

教皇更替采取选举的方式。候选人或武力威胁，或金钱收买，更为复杂。

帝王为了把王位传下去，既要给太子留点储蓄，也不能惹怒人民。

教皇不需要传位给谁。他们可以为所欲为。

当然，我不是说教皇一无是处。他们创造了辉煌的文化、艺术、建筑、音乐和美食。

当我越来越了解教会历史，我就越来越理解意大利黑帮。

他们建立庞大的组织，帮派通过会议协调利益，这是政治。

他们不断投资经营，核心目的是赚钱。

他们信仰虔诚，以教父自居。洗礼、婚礼和葬礼是最重要的仪式，人特别齐。

他们关爱家人，绝对是模范家庭。他们对待敌人以及敌人的家人，残酷无情。

黑帮老大可以当着男人的面强奸他的妻子，打死他的孩子。

一小时后，黑帮老大光鲜地出席女儿的入学仪式，并以慈善家的身份向学校捐款。

马基的《君主论》无人赏识。他只得放下笔，拿起锄头干农活，继续过苦日子。

1518 年马基创作了喜剧《曼陀罗华》，演出后获得巨大成功。

接着，马基写了《李维史论》，表达希望意大利变成共和国的愿望。

1520 年前后，马基出版了一本军事著作，叫《兵法》，也可以叫《马子兵法》。恩格斯说"马基是第一个值得一提的近代军事著作家"。

1523 年，美第奇家族的另一成员朱利奥当选教皇，史称克莱芒七世。

克莱芒教皇觉得马基是个人才。他经历了佛罗伦萨共和国兴衰的全过程，于是让他编写《佛罗伦萨史》。

马基将新书献给教皇，得到 120 金币。他当上小官，算是改善了生活。

1527 年，这位政治家、政治思想家、戏剧家去世，享年 58 岁。

佛罗伦萨人民没有忘记他，把他葬在佛罗伦萨圣十字教堂（和但丁、伽利略、米开朗琪罗在一起）。

马基的墓碑上没有写着"伟大的某某家""政治之父"之类的颂词，只写了一句话：

"有名即可，无须再评。"

的确，谁不知道马基雅维利呢？

马基雅维利已经不单纯是一个人名了，马基雅维利是一个专有名词。

马基雅维利 = 邪恶导师。

马基雅维利主义者 = 不择手段的政治家。

马基雅维利不是坏人，《君主论》不是恶书，是推进历史进步的智慧结晶。

不过，马基雅维利这个定义上帝也改变不了，任何人都翻不了案。

就像某科学家发现了一种恶心的白蛆，后人用他的名字命名这种蛆。

蛆是恶心的，但科学家是伟大的。

中国有没有马基雅维利主义者？嘉清皇帝、严嵩、徐阶、高拱、张居正，有一个算一个，全是。朱元璋、雍正可以在世界马基雅维利锦标赛中进入前五名。

今天，读书和浏览网页，你会经常看到马基雅维利这个词。

《纽约时报》写道：

"马基雅维利一直被无情地诋毁，却也一直被空前地敬仰。

无论是在他的时代，还是在今天。

他从未过时。"

《机　会》

马基雅维利

你是谁，宛如仙女，不像世人，
能否我为稍作停留？

我的名字是机会，可惜知道我的人太少。
我的脚上好像有翅膀，我的脚上好像有轮子，
有翅膀我哪里都可以去，有轮子我哪里都停不下来。
我的头发太长，盖住了脸庞，
即使我走到你面前，你瞪大眼睛也认不出来。
我的脑后却一根头发也没长，
当我转过身离去时，你想抓住我也是徒劳一场。

那么，旁边那位美女是谁？
能否代为介绍？

她的名字我一说你就知道，就是大名鼎鼎的忏悔。
你放心，只要我一走，她就留下来天天陪你。
你终日做白日梦，整天"上网"闲聊，
所以，我不得不离开你，投入他人的怀抱！

第五部分　奇　葩

彼得罗·阿雷蒂诺（1492—1556）

诗人和狗有相似性。他们跪舔给他们东西的人，然后撕咬那些什么都不给的人。

我出生卑微，但我有权出生在世界上。我永远说，我有这样的权利。

生殖器是上天赐给我们保留人种的物品，即使悬挂在脖子上或者像饰针一样别在帽子上也行。它是哺育人类的河流，并使人们得到最快乐的享受。

对一个人而言，没有什么比判断的力量更有价值了。拥有它的人可以比作一个装满书本的箱子。因为他是自然之子，艺术之父。

第十五章

彼得罗·阿雷蒂诺——骂遍全世界的人

1492 年，哥伦布发现新大陆。

这一年，意大利阿雷佐市诞生了一个男婴。男婴的父亲是一个叫卢卡的穷鞋匠，母亲是一名妓女。人们根据他的出生地叫他阿雷蒂诺（即阿雷佐人），就像达·芬奇一样。

阿雷蒂诺长大后，否认自己的出身。他说自己的父亲是一位叫卢吉·巴奇的贵族。他说自己的母亲叫提塔，非常漂亮，经常为画家充当模特儿。

事实是，卢卡娶了妓女提塔。提塔和富人巴奇同居了。卢卡气得离家出走。提塔带着阿雷蒂诺（以下简称雷蒂）和巴奇的儿子们一起长大。

雷蒂长大后成为世界名人。

巴奇的儿子长大后没有一个有出息。他们都以雷蒂为傲。

在铁的事实面前，雷蒂宣称，我的肉体来自妓女，但我的灵魂却来自帝王。总之，我有权利生在这个世界上，永远有权利。

提塔很爱雷蒂，雷蒂也很爱自己的母亲。

12 岁时，雷蒂离家出走，来到佩鲁贾的一个书店。他通过装订书籍养活自己。文艺复兴时期，书店销售很多文学艺术书籍。

雷蒂边工作边学习。这个野小子自学成才，会写文章，会画画，有天赋。

佩鲁贾市中心的大教堂有一幅圣画，画的是抹大拉的玛利亚虔诚地跪在基督的脚下。这幅画深受市民喜爱与敬拜。

有一天早上，人们照例去瞻仰圣画，却吓得目瞪口呆。不知是谁给玛利亚的胸前画了一支笛子，在她的嘴旁边还写着几句歌词，不堪入目的那种。

全城市民都愤怒了。佩鲁贾治安官发誓要揪出这个恶意破坏的恶棍。

雷蒂在圣画旁边绷着嘴，忍着笑，观看人们的反应，然后大摇大摆走出佩鲁贾。

雷蒂在罗马当家庭仆人，在维琴察街头卖艺，在博洛尼亚当饭店掌柜。他去一座寺院做用人，因生活作风问题被开除。

1516年，雷蒂在罗马给大富翁基吉当随从。

业余时间，他开始讲笑话，写文章，很快成为基吉家里的首席黄色段子手。

葡萄牙国王送给教皇利奥十世一头亚洲象。教皇非常喜欢，起名汉诺。

1516年6月8日，大象便秘，服了泻药后死亡。

利奥教皇非常伤心。他为汉诺建造坟墓，并命令拉斐尔画一幅与汉诺等大的纪念壁画。

教皇亲自写墓志铭，最后两句是："大自然夺走了汉诺的生命，拉斐尔用艺术把它复活。"

几天后，一份叫《大象汉诺遗嘱》的文章出现在罗马街头，引起了轰动。在遗嘱里，作者模仿汉诺的口气说道：

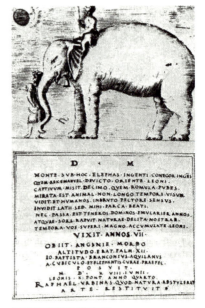

"把我的大牙留给乔尔乔主教吧，
他贪婪的口水可以流得慢一些。
把我的膝盖献给罗齐红衣主教吧，
他说谎太多了，该下跪几次了。
把我的大嘴送给夸特洛主教吧，
这样他可以一口吞下耶稣的收入。
把我的大耳朵赐给麦德锡主教吧，
耳聋的他终于可以听到别人说话了。"

文章的落款是雷蒂。

这篇文章也间接讽刺了教皇本人。

汉诺的素描和墓志铭

利奥教皇读后哈哈大笑。他派人把雷蒂请来，招待他，聘请他为教廷诗人。

雷蒂过了几年衣食无忧的好日子。

1521 年，利奥教皇病逝。红衣主教们召集会议，选举继承人。

雷蒂写文章讽刺每个选举人和候选人，把这些文章贴到一个街头雕像上。

雷蒂想骂谁就骂谁。反正这些高级神职人员，屁股没有一个干净的，贪财好色，有的是黑材料。

雷蒂骂累了，放下笔，想找个请他吃饭的人，却发现他把认识的人都骂遍了。

阿德里安六世当选新教皇。他是一位老学究式的人物，不喜欢娱乐，不喜欢玩笑。罗马的流氓诗人、无耻艺术家纷纷逃窜。

雷蒂来到曼托瓦。曼托瓦侯爵贡萨加聘请他当宫廷诗人。

不久，阿德里安教皇去世，克莱芒七世成为新教皇。流氓诗人、无耻艺术家纷纷滚回罗马。雷蒂回到罗马，寻找辱骂对象。他不知道新教皇亲法国国王弗朗索瓦，还是亲罗马皇帝查理五世。他先把教皇的书记官吉贝蒂（亲法）捧了一顿。过了几天，他发现事实正相反，于是又把吉贝蒂痛骂一顿。

吉贝蒂发誓要报复这个臭嘴汉。

1524 年，拉斐尔的好学生朱里奥·罗曼诺受一位富商委托，画了二十幅小画。小画的内容是男女床上动作大全。

雷蒂有一位好朋友叫莱蒙特，是一位版画家。他把二十幅小画要来，雕刻成模板，大量印刷销售。

吉贝蒂命人将莱蒙特关进监狱。

在雷蒂的运作下，教皇释放了莱蒙特。

在得到这二十幅小画后，为了方便读者，雷蒂决定为每幅画撰写文字说明。说明的形式是十四行诗，什么"掰开你的大腿让我仔细看看之类的"。

"画配诗"一经上市，长期霸占畅销书排行榜。

一百年后，伽利略因为阅读这本书，受到教会谴责。

克莱芒教皇不能容忍这种淫荡作品在眼皮底下流动。他下令销毁"画配诗"。目前，这二十幅画中有九幅"幸"存，雷蒂的诗都保存下来了。

"画配诗"的作者，罗曼诺和雷蒂逃离罗马。

雷蒂写了三首赞美诗。一首给克莱芒教皇，一首给吉贝蒂，一首给贡萨加侯爵。侯爵写信给教皇，替雷蒂说好话。

教皇原谅了雷蒂，叫他回到罗马，给了他一份工作，医院骑士团骑士。

雷蒂回到罗马之后，立即成为权贵们的座上宾。毕竟，一个出口成"脏"，满肚子黄色笑话的人，走到哪里不受欢迎呢？而且，雷蒂的黄色故事主角，都是罗马城的名人。

雷蒂没受过正规教育，不正规教育也没受过。但是，他说话就是和别人不一样，每个人都爱听。他就是一条大毒舌，用词极度尖酸刻薄。

雷蒂接触的都是罗马达官贵人，必须维持体面的生活，开销巨大。

他请曼托瓦大使向侯爵索取两件镶金的衬衫、两件丝制衬衫、两顶金帽。

好长时间没有消息。雷蒂有些不耐烦了。他让大使去催侯爵。

大使对侯爵说："阁下，多余的话我就不讲了。难道您忘了雷蒂那张臭嘴吗？"

不久，雷蒂收到了四件金衬衫、四件丝衬衫、两顶金帽及两顶丝帽。

臭嘴汉满意了。

俗话说，乐极生悲。

吉贝蒂是亲法派。不料，法国国王却在帕维亚战争中被俘。

这可是落井下石的好时机。

雷蒂立即抛出一篇文章，把吉贝蒂从上到下、从里到外骂个遍。

有一天晚上，大约凌晨两点左右，雷蒂在回家的路上被人拦住。对方在他胸部刺了两刀，还砍下他右手的两个手指。

幸运的是，雷蒂康复了。他用右手剩下的三个手指写文章。

不久之后，凶手上门道歉，是吉贝蒂的亲戚沃塔。

雷蒂强烈要求教皇逮捕沃塔。教皇没有反应。

为了安全，雷蒂前往曼托瓦，再度投靠侯爵。

1527 年，雷蒂编了一部预言书。在书中，他骂了很多人，特别是不肯缉拿凶手的克莱芒教皇。他说克莱芒教皇比讨厌的阿里德安教皇更讨厌，诅咒他成为罗马皇帝查理五世的俘虏。

侯爵读了这本书后，吓得半夜做噩梦。他不能老和瘟神在一起。于是他对雷蒂说，我给你 100 克朗的路费，你走吧，去脱离教皇统治的地方生活。

雷蒂于是选择了威尼斯。

威尼斯是商业共和国，贵族执政，教会力量弱，教皇指挥不动。

1527 年 3 月，雷蒂来到威尼斯。

　　五个星期之后，查理五世皇帝的大军血洗了罗马，俘虏了教皇。

　　雷蒂的臭嘴竟然神奇地应验了。

　　无依无靠的雷蒂立即写了一封恭维的信给总督格里蒂。在信中，他赞美威尼斯风景秀丽、国泰民安。威尼斯政府对政治犯和知识分子提供庇护。

　　最后他"威胁"道，我能使君王感到恐惧，但我能使您放心。

　　总督收到信后，哪敢怠慢这位大臭嘴。他立即邀请雷蒂到自己家，热情款待。总督保证，一定为他向教皇说情。至于在威尼斯的生活费，由他全包。

　　雷蒂看中了一处豪华别墅，是多米尼克主教的。于是，他写了一封信给主教，大肆赞美主教，说他为人慷慨。

　　主教为了不得罪这张臭嘴，只好把这栋别墅送给他住。

　　而那封信就是租金。

　　威尼斯画派"三杰"之一，丁托列托亲自为雷蒂的别墅画壁画。不久之后，别墅里就挂上了提香、皮翁博、罗曼诺、布龙齐诺、瓦萨里的油画，院子里还有圣索维诺和维托利亚提供的雕像。

　　雷蒂的生财之道就是给王公贵族写信，在信中把对方吹捧一番。

　　这些人收到信后，得意洋洋地拿出来向亲朋们展示。"看！雷蒂给我来信了，称赞我是一个伟大的人。"然后给雷蒂的账户打钱。

　　如果有人收到信后没有反应，雷蒂就会公开发表一篇文章，把对方骂个狗血喷头。对方就会名誉扫地，成为欧洲人茶余饭后的嘲笑对象。

　　有人说了，骂人谁不会啊。

　　大部分人还真不会，特别是写文章骂人。

　　雷蒂的骂人文章一出来，立即在意大利、法国、英国、波兰、匈牙利成为畅销作品。德国人只看两个意大利人的文章，一个是他，一个是马基雅维利。由于雷蒂主要骂罗马名人，他的文章在罗马都是当天售罄。

　　我用个通俗的解释，雷蒂是街头八卦小报的大记者、主编兼报社社长。

　　当时的欧洲没有网络、没有电视、没有报纸，娱乐方式极少。因此，雷蒂的文章既提供了欧洲名人的资讯，而且读起来幽默搞笑。

　　在那个年代，笑话都是奢侈品。

　　幸灾乐祸是我们的本性。我们都盼着别人倒霉。特别是比我们地位高，比我们过得好的人倒大霉。我们不花钱就能从中得到快乐，极大的快乐。

　　欧洲的教皇、皇帝、公爵高高在上，没人敢惹他们。

　　雷蒂却爆他们的料，揭他们的短。

你在读雷蒂文章的同时，也在发泄对人生贵贱不平等的怒气。

而教皇、皇帝、公爵一旦成为雷蒂文章的主角，也会被自己社交圈的人嘲笑，大失脸面。

所以，著名戏剧家阿里奥斯托称他为：

君王克星、王公之鞭。

雷蒂敢写这样的文章，也说明他的勇气。

普通人做梦都想跪倒在教皇面前，亲吻他的鞋子。

雷蒂却敢扒教皇的裤子。

当有人说雷蒂投机取巧时，雷蒂解释说，我批评的人，我是指出他们的错误，希望他们改正。我表扬的人，我是鼓励他们成为那样的人。

雷蒂生活奢侈、入不敷出。

他创作了戏剧《玛菲莎》，献给了老朋友贡萨加侯爵。

侯爵一高兴，给他很多礼物。

雷蒂很高兴，继续向侯爵索要礼物。

侯爵说战争耗费了很多钱，现在经济困难。

雷蒂威胁侯爵。

侯爵这次态度十分强硬。

雷蒂勒索没有成功。于是又向侯爵献上一部喜剧。侯爵给他 50 克朗。

侯爵的油水榨得差不多了。雷蒂准备再找个大主顾。此时，已经有人看上了他的独特价值。

罗马皇帝查理五世和法国国王弗朗索瓦正在进行持续的、有你没我的斗争。他们投入了数以百万计的金币，以及超过十万的士兵。

他们两人发现雷蒂也是一种超级武器。一个人、一支笔，就可以把对手扔进粪坑，成为全欧洲人的笑柄。

法国国王弗朗索瓦送了雷蒂一条 600 克朗的金链子。链子的形状就是一根舌头，上面写着一句话，说谎就是力量。弗朗索瓦承诺每年给雷蒂 400 克朗，但没有兑现。

罗马皇帝查理五世和他的儿子分别送给雷蒂一件珠宝，总价值 700 克朗。

弗朗索瓦赐给雷蒂骑士头衔，但没有年金。

雷蒂不满地说，没有钱的头衔就像小巷的墙，谁都可以尿他。

雷蒂投靠查理五世。

查理五世大喜，立即请他到帕多瓦去。

雷蒂一进城，就像明星一般受到民众的欢呼。

查理皇帝上前迎接他，和他骑马并行。皇帝对他说，西班牙的每位绅士都读你的作品。你的文章一发表后，他们看不到就不睡觉。

晚宴上，皇帝请鞋匠的儿子坐在自己的右首。

欧洲是一个等级极度森严的社会。

皇帝和妓女的儿子平起平坐。

这是多么不可想象的事情！

可见臭嘴真的管用！

查理五世要去德国，他邀请雷蒂和自己同行。

这是多大的荣誉。

雷蒂却不愿意做皇帝的奴仆，于是溜回威尼斯。他说：

"没有人像我这样幸福，饿了就吃、困了就睡、累了就坐。我的全部时间属于自己。"

弗朗索瓦为了对付查理五世，和土耳其苏丹结盟。

雷蒂发表文章，痛斥索朗索瓦。让法国国王脸上无光。

查理五世立即给雷蒂加一倍的薪水。

然后，雷蒂又写信给土耳其苏丹，吹捧对方，又得到一大笔钱。

英国国王亨利八世也送给雷蒂一大笔钱。因此，本书提到的四位帝王，都是雷蒂的客户。

雷蒂是真正的世界之主。罗马皇帝、英法国王、教皇、红衣主教、苏丹、公爵、侯爵都是他的贡臣。据估计，君王给他的赞助费高达 2.5 万克朗。

雷蒂说，你们勒索人民，我勒索你们，性质是一样的。我甚至比你们还高尚一些。

对于那些依附于皇帝和教皇的文人，雷蒂说，我们同样从帝王手中拿到报酬。也许你们的才华远远超过我。但是，你们屈服于他们的意志，接受他们的命令，违心地吹捧他们。我却不必在君主面前屈膝，而是和他们平等地谈判。

明朝有很多文人艺术家。吴承恩、汤显祖、冯梦龙，他们都是非常失意的人。别说是皇帝，就是宫廷里的官员也不会尊重他们。如果他们在欧洲，不仅会受到各国国王的接见，还能得到赏赐。

雷蒂对艺术有独到的领悟力和鉴赏力。他既能报道帝王逸事，还能点评艺术家和艺术作品。他有很多艺术家朋友，关系最好的就是提香。两人的工作有些类似，一个是卖文章，一个是卖油画。

提香可是与达·芬奇、米开朗琪罗齐名的人物。

雷蒂经常和提香喝酒，还有女人作陪。

雷蒂给很多帝王写信，称赞提香，他相当于宣传和提升了提香的个人品牌。提香也因此获得很多订单，他把收入的一半分给雷蒂，雷蒂相当于提香的经纪人。

提香也给雷蒂画了两幅肖像。

雷蒂经常评价艺术家和艺术作品。他相当于在他的《世界名人丑闻报》上开辟了一个文艺专栏。有人说他是近代艺术评论之父。

雷蒂对艺术有独到的眼光。不过，他的自信过了头，终于和米开朗琪罗干了一仗。

1537年，他听说米开朗琪罗要创作壁画《末日审判》，于是写信给米开朗琪罗，先将对方吹捧了一番，然后提出了自己的设计方案，希望大师采纳。如果大米同意，他可以打破自己的誓言（永不回罗马），亲自到罗马指导米开朗琪罗。

在创作时，米开朗琪罗连教皇的话都不听，何况是雷蒂。不过，他还是客气地表达谢意，并揶揄说，自己怎能忍心让自己的朋友打破誓言。据说米开朗琪罗把雷蒂画成《末日审判》中的圣巴托罗缪。

雷蒂大怒。这个世界上还有人敢拒绝我臭嘴雷蒂？当《末日审判》完工后，雷蒂准备把这幅作品骂臭。他说：

"不错，我是写黄色作品。但我用的是体面的语言，高雅的字眼。您创作的是高尚的主题。但这幅作品中的圣徒没有现世的端庄，天使没有天堂的荣光。您的表现完全不像一个天才。如果您不把画中的裸体用树叶遮挡的话，这幅作品适合放在妓院，而不是教堂。请原谅我的直率。我因为爱您而不得不指出您的缺点并使您生气。我也厌恶这样的我。"

最后雷蒂威胁道："要知道，皇帝和教皇也会给我回信的。"

米开朗琪罗没搭理他。

为了找回面子，雷蒂要求米开朗琪罗给他一幅画，算是扯平。

米开朗琪罗不想理他，但雷蒂的信一封接一封，连续好几年。米开朗琪罗没办法，找了一个三流画家，画了一幅画给他。

除了骂人的文章，雷蒂也创作了很多戏剧作品，经常以妓女为主角，充斥着淫词艳曲。

"一看见女仆的双腿，我的生命力复苏了、被唤醒了，当鼓风机鼓风时，我想变成一段木头跃入火中。"

在《对白》一剧中，他认为修女背叛信仰，主妇背叛丈夫，而娼妓则忠于其职业，为报酬付出一个夜晚的劳力。给士兵钱，他们杀人。给妓女钱，她们工作。既然都是做坏事，我们为什么要称赞士兵而贬低妓女呢？

雷蒂的剧中有各种各样的人物。廷臣、妓女、骗子、仆役、放荡的青年和吹牛的军人。当时的人一笑而过。现在来看，这些作品可以说是真实反映丑恶阴暗的镜子。

雷蒂写了一连串的宗教性作品，由于水平之高，甚至于德高望重的维托利亚·科隆纳也予以赞美。

雷蒂还是非常有才华的。

拉伯雷、莫里哀，包括莎士比亚，都受到他的影响。

雷蒂家中有一个名贵的黑檀木箱，放着他最值钱的东西——信件。

教皇、君王、红衣主教、贵族、艺术家、诗人、音乐家和贵夫人写给雷蒂的信。也有雷蒂写给别人的信，赞美信或勒索信。他把这些信出版成书，厚达875页。

雷蒂从小家境贫寒，少年颠沛流离。到罗马后，穷困的他目睹了高级神职人员的奢侈生活，触动特别大。

雷蒂爱钱，变着法儿从王公贵族手中讹钱。他说过一句话特别适合他自己：

"诗人和狗有相似性。他们跪舔给他们东西的人，然后撕咬那些什么都不给的人。"

雷蒂有钱，而且钱来得容易，两页纸就能换几千美金。

但雷蒂不是一个钻到钱眼的小人。相反，他非常大方。

雷蒂身边的人只要开口，都能得到他的馈赠，金币、珠宝、字画都行。每年圣诞节，雷蒂送礼物送到破产。

穷人没有衣服穿了，孩子生病了，坐牢的想出来，想当士兵没有好兵器，走在路上被人抢了，想出远门没盘缠，不想工作只想吃饭。

雷蒂全管，也不去辨别对方说的是真是假。

他说，别人把我当作威尼斯国库的管理员。

就连大商人美第奇都说，自己绝不敢在雷蒂面前称大方。

雷蒂甚至放弃了版税，以便使图书便宜一些。

雷蒂从 1527 年到 1537 年，花掉了一万克朗。

有好几次，他都要露宿街头了。

雷蒂自豪地说，我认识的人当中，只有我帮助他人最多，因此我可以算是世界首富了。

雷蒂简直是杀富济贫的好汉。

雷蒂想成为红衣主教，所以一直没有结婚。他家里有 20 个女人。

有些是他的情妇，为他生下孩子。有些是怀了别人的孩子，在他家生活。有些是妓女不想工作，就吃住在雷蒂家里。有些女人就是爱他。

1550 年，雷蒂的同乡尤里乌斯三世成为新教皇。

1553 年，雷蒂去罗马，希望能得到一顶红衣主教的帽子。教皇只封他圣彼得武士。不过，他又得到了一大笔巨款。

1556 年，雷蒂中风去世，享年 64 岁。有人说，雷蒂看到一只猴子钻进靴子，挣扎着要出来，大笑不止，结果一口气喘不上来，窒息而死。

雷蒂葬在圣卢伊亚教堂。

有人曾经给他写过一首诗，刚好可以作为他的墓志铭：

这里躺着托斯卡纳的诗人阿雷蒂诺。

他骂遍全世界。

只有上帝得以幸免。

因为诗人说，他不认识上帝。

雷蒂不傻。他不骂上帝是因为他知道上帝不怕勒索，不给他赎金。

雷蒂出身穷、长得丑、没学历、品德差。

雷蒂没有爵位、没有军队、没有神职。

雷蒂却说，我自由、我享受、我快乐、我管理自我，我是真正的国王。

他凭着一杆笔成为教皇和皇帝的座上宾。他住在宫殿一样的房间里，家里摆满了一流艺术家的作品，还有无数女人。

雷蒂可以说是成功学的典范了。

他有勇气。他以一介平民公开辱骂皇帝、国王、教皇。

他有才气，著作等身。特别是他有自己接地气的语言风格。

他的辱骂并不过分，他的黄书也属正常。

当时的帝王将相，贪财好色，的确做过很多坏事。当时的知识分子，阿谀奉承，的确丑态百出。雷蒂的作品并非无中生有，就是社会的真实反映。

当时的罗马，在教皇眼皮底下就有数百家妓院。雷蒂写几本黄书算什么？

意大利能出现达·芬奇、米开朗琪罗、马基雅维利，也能出现雷蒂这样的怪胎奇葩，这是社会宽容的体现。

阿雷蒂诺利用民众的舆论制约帝王，这是民主精神的体现。

阿雷蒂诺不受宗教束缚，凭着自己的个性生活，这是人文精神的体现。

阿雷蒂诺创造了新闻业。今天，媒体已经是一个国家最重要的力量。

弗朗索瓦·拉伯雷（约 1493—1553）

做一个快活的人，一个友善的人，一个开怀畅饮的人，这是我梦寐以求的目标，也是我的无上荣幸和光荣。

人与人之间，最痛心的事莫过于在你认为理应获得善意和友谊的地方，却遭受了频扰和损害。

人生下来，睾丸都不一样大，凭什么富贵要一样多呢？

没有钱就是最大的痛苦！

智慧绝不进入丑恶的灵魂。知而不悟无异于行尸走肉。

第十六章

弗朗索瓦·拉伯雷——"吃吧！喝吧！"

2012 年，莫言获得诺贝尔文学奖。

法国媒体称莫言是"中国的拉伯雷"。

拉伯雷是谁？和莫言有什么关系？

1493 年，拉伯雷出生于法国的拉德旺涅。他的父亲是希农的律师和莱尔内的司法总管。大约在 1510 年底，他在离家不远的方济各修道院成为一名见习修士。十年后，他成为一名正式修道士。

我们身边都有一个爱讲笑话、讲段子的"话痨"。拉伯雷就是那样的人。

当然，能讲笑话、段子的人，一定是酷爱读书、知识渊博的人。

修道院相当于寺庙。一个僧侣不念经，天天讲黄色段子，同事们爱听，修道院院长肯定不干，多次批评和责罚拉伯雷。故事书、段子书，在修道院院长眼里，肯定不是什么正经书，一律没收，全部烧掉。

活泼开朗的拉伯雷备受打击后，对教会限制思想自由的做法愤愤不平。他离开修道院到蒙彼利埃学习，两个月就获得医学学士文凭。

毕业后，拉伯雷到里昂的教会医院工作。在行医过程中，他接触到社会的不同阶层、各色人等。病人除了身体上有病，心理上也有病。在某种程度上,个人病是社会病的反映,社会病是国家病的反映。

拉伯雷看到了很多病人,也看到了法兰西王国的痈疽和溃疡。

1532 年 8 月,里昂市的书店里开始销售一本奇怪的小说,名字叫《庞大固埃传》,作者叫亚勒戈弗里巴·奈西埃。该书通俗易懂,是笑话和段子的集合,所以上市后立即遭到疯抢,其两个月的销量超过《圣经》在该市九年的销量。

作者在书中写道:"高尚的酒鬼们,还有你们,最最亲爱的癞痢麻子们,这本书不是写给别人的,就是写给你们的!"

这本书就是著名的《巨人传》,作者就是拉伯雷医生。亚勒戈弗里巴·奈西埃是拉伯雷字母的重新组合。汉字也可以,比如我的名字可以组合成,玛而岷。这样读者就不知道是我了。

1534 年,拉伯雷又以同样的假名出版了《巨人传》的前传。主人公是庞大固埃的父亲高康大。后人称《巨人传》前传为第一部,《庞大固埃传》为第二部。

《巨人传》第一部的主要内容为:

高康大出生的时候,母亲的子宫膜破裂了。于是婴儿从里面跳出来进入腹腔,然后一直向上爬,最后从母亲的左耳朵里蹦出来。

高康大落地的时候没有像通常的婴儿那样哇哇大哭,而是对前来庆祝的嘉宾大声喊道:"喝啊!喝啊!"

高康大的父亲高朗古捷国王于是给儿子起名高康大(大嗓门的意思)。

高王子是个巨人,一天要吃一万七千多头奶牛的奶。有一次,他解开裤裆,掏出那玩意儿,一泡尿冲走二十六万零四百一十八人。

高王子慢慢长大了。有一天,他给父亲津津有味地介绍了各种擦屁股的材料:

"我擦屁股用过头巾、枕头、拖鞋、布包、篮子——擦得屁股生疼,难受极了。后来还用过帽子。您知道吗,帽子有皮革的、毛皮的、丝绒的、麻纱的、绸缎的,但最好是用皮毛,擦得屁股干干净净。

我还用母鸡、公鸡、小鸡、牛皮、野兔、鸽子、鸬鹚、律师的公文包、风帽、女帽、假鸟擦过屁股。

所有擦屁股的东西当中,一只绒毛丰满的小鹅最好。不过拿它的时候,需要把它的头弯在两条腿当中。肛门会感受到一种非凡的快感,既有绒毛的柔软,又有小鹅身上的温暖,热气可以直入大肠和小肠,上贯心脏和大脑。"

高国王听完之后哈哈大笑。他对众人说:

"不是我向你们炫耀，听完我儿子一番话之后，我就看出他很有悟性，非常的敏锐、聪慧、出众、非凡，如果加以好生调教，智慧必将日增，达到登峰造极的程度。所以，我要为他聘请一位才高八斗的老师。"

高国王首先聘请了一位经院派学究型老师——杜博士。杜博士一教就是几十年，因为梅毒发作而死。高国王又聘请了一位经常咳嗽的若老师。

经过两位老师几十年严格的教育，成功地把好玩好动的高王子教成一个糊涂、痴呆、失去健全判断力的傻子，一个循规蹈矩，不敢越雷池一步的老实人。

在一次吃晚饭的时候，一位叫厄台蒙的年轻人举止得体、侃侃而谈。高王子却用帽子遮住脸，"没有人能逼出他一句话来，就像逼不出死驴子放屁一样。"

高国王满面羞愧，事后勃然大怒。他立即辞退若老师，又请了一位精通人文主义的巴老师。

巴老师没有急于授课。他先让高王子继续按照过去的方式学习，从而发现问题。然后，巴老师给高王子一剂泻药。

高王子服药后，把先前跟那些老师所学的内容忘得干干净净。

接着，巴老师设计的课程如下：

● 每天早晨四点钟起床，观察天象。
● 学习外语：希腊语、拉丁语、希伯来语，甚至阿拉伯语。
● 室外锻炼：游泳、哑铃、驾船、爬树、捆草、劈柴、锯木、打麦穗。还有些锻炼直接同军训结合起来，比如骑术、枪术、箭术。
● 吃饭时，谈论桌上的面包、酒、水、盐、肉、鱼、水果。谈论蔬菜的品质、特性、营养力及这些食品的制法。趁机学习食品、卫生、医药知识。
● 运用骰子和纸牌学习数学。
● 学习音乐、唱歌、弹琴。
● 练习书法（古罗马的楷书）。
● 出门参加文人学士的集会。
● 拜访经常出国的人。
● 组织学生参观冶炼金属、铸造枪炮。造访宝石工、金器工、石匠、化炼师、造币工、织毡工、纺织工、丝绒织工、钟表匠、制镜匠、印刷工、乐器制造匠、洗染工等。
● 德育。仁爱、勤劳、勇敢、正义。要保护被压迫的人，安慰受苦痛的人，援助有急需的人。

● 每月安排一次郊游，接受大自然的熏陶，观察树木花草。

巴老师强调学习的过程一定要轻松愉快，"与其说是一个学生在学习，毋宁说是一个国王在消遣。"

经过巴老师调教，高王子果然变了一个人，成了一个全才。

高康大受教育的过程看似荒诞，实际上，却有真人真事。

达•芬奇就是高康大这样的"巨人"，而且是"巨人中的巨人"（恩格斯语）。

高康大吃饭

他是私生子，不能上大学，不能担任医生、律师、银行经理，所以，他的父亲没有把他送到学校。达•芬奇没有被典籍"洗脑"，没有被老师管束。他自学成才，成为一代伟人。

中国明末的大海商汪直比拉伯雷小8岁。他经营中日贸易，其营业额超过浙江全省收入。他手下人员多达五千人。他长期占据日本岛屿，连日本人都不敢惹他。直到今天，日本人民年年纪念他。在今天，他绝对是人才、奇才。可是在明朝官员眼中，他是贼、是盗、是奸民。

大海商汪直痛斥明朝的科第制度培养的是"酸腐儿，无壮夫"。

正德年间，国子监祭酒陆深说：

"今日举子，不必有融会贯通之功，不必有探讨讲求之力，但诵坊肆所刻软熟腐烂数千余言，习为依稀仿佛、浮靡对偶之语，自足以应有司之选矣。其浮华而无实用。举天下之人才皆误于科举。"

陆深当年居住的地方，今天称为陆家嘴。

正德年间，大学士王鏊曾说过：

"夫古之通经者，通其义焉耳，今也穿凿支离，以希合主司之求，人之才不如古，其实由此也。"

拉伯雷在书中写道：

"一个孩子不是要填满的花瓶，而是要点燃的火炬。"

我在《万历十五年欧洲那些事儿》中写过蒙田的故事。蒙田的教育思想深受拉伯雷的影响，卢梭也可以说是拉伯雷的"学生"。从五百年前到现在，法国教育的核心理念就是注重个性、轻松学习，从自然中学习，反对死记硬背。

高王子长大后，建了一所德廉美修道院。修道院除了有教学楼、图书馆外，还有运动场、足球场、骑马场、游泳池、打靶场、舞台、游乐场等。

传统的修道院要求修道士贞洁不淫、贫穷自安、严守教规。

德廉美修道院的规则只有一条：想做什么就做什么，Just do it！

男女修士可以公开场合谈恋爱，人人可以正大光明地赚钱。

拉伯雷自己在修道院里受了打击，心灵上留下阴影。因此，他设计了一个理想的修道院，一种乌托邦。在这里，人的自由不受束缚，人的意志不受压迫，人的享受不被批评。

这不就是现代化的大学吗？

拉伯雷认为，巴黎大学、法国修道院的那些知识分子是伪君子、假善人、老顽固、装正经，冒充老实，实则是藏头缩脑的坏胚子。这些人不配进德廉美修道院。

再看看同时期的明朝。数百万儒士把脑袋扎进"四书五经"里，死记硬背。对儒学理论的理解，要参考朱熹的注解，不能有自己的想法。到处都是孔乙己、范进、伪君子、书呆子、迂腐的酸儒。明朝很多皇帝，包括崇祯，也是书呆子。另外，明朝还有钱谦益、崔呈秀等大量的、背信弃义的、毫无底线的无耻文人。

观察大自然、观察社会、思考科学的人几乎没有。

整个社会没有办法培养实用的、有创造力的人才。

我劝天公重抖擞，不拘一格降人才。

可是人才不是天上掉下来的，是培养出来的。

《巨人传》为什么成为畅销书？

因为它是一本笑书、脏书、骂书。

首先它是一本笑书。一开始，拉伯雷就写道：

"亲朋好友，你们读书之前，
请先把一切成见消除。

书内既无邪恶，亦无毒素，
主要是一些笑料。
因为我实在写不出别的材料，
与其写哭，不如写笑，
因为只有人类才会笑。"

《巨人传》包括了幽默、笑话、反讽、冷嘲、诙谐、戏谑、隐喻、挑逗、诱惑、幻想、白梦。作者写得也比较随意，絮絮叨叨，变着法儿逗你。

有位网友总结得很好。他说《巨人传》行文之放肆，故事之荒诞，讽刺之尖锐，挖苦之刻薄，幽默之巧妙，人性之洞察，笑话之低俗，脏话之泛滥，荤语之无忌，简直令人发指！简直不可理喻！

拉伯雷是一流的讽刺大师。他说：

"我的书不是请读这一章、请念这个注释。而是，干了这一章、品品这一节、喝了这一注释。"

《巨人传》是一本"脏"书。我统计了一下，该有出现23个睾丸，95个屁股，94个屁，54个粪，81泡尿，28坨屎。

对于男女最敏感的东西，作者称它为：

"小塞子、小钻子、珊瑚枝、桶盖子、洞塞子、堵眼棍、钻眼机、鲜红小香肠、我的小傻瓜。"

《巨人传》充斥着黄段子，不亚于《金瓶梅》。比如，靠近巴黎的一里地比远离巴黎的一里地要短得多。拉伯雷解释说：

"法国国王在巴黎挑选了一百名壮男，一百名美女，给他们钱，让他们结婚，并派他们到全国各地去。法国国王给他们提了一个要求，他们每次做爱的时候都要在当地安放一块石碑，算是一里地。一开始，壮男美女精力旺盛，立的石碑一块接一块。后来身体越来越虚，体力越来越不支，立的石碑越来越少。一里地也变长了。"

拉伯雷写道：

"如果你们对我说：'师傅，你写的这些东西实在无聊，想来你这个人不大正经。'我将会回答你们，要是你们看过它，那说明你们也不是正经人。"

《巨人传》是一本骂书。

脱口秀怎么吸引人？一个词——毒舌。

拉伯雷就是毒舌。他想说什么说什么，想写什么写什么，想骂什么骂什么。

政治的、宗教的、法律的，上上下下、里里外外、方方面面，他一个不漏、统统骂遍。重点部分还要翻过来、掉过去地骂。

有时候骂得不过瘾，再回来骂一次。

拉伯雷痛恨等级森严、讲究尊卑的封建社会。他说，我想今天有不少的皇帝、国王就是从挑担子的、卖柴火的祖先来的。反过来说，救济院里的穷人，还有乞丐，很可能是过去皇帝的直系后代。

对于法律，拉伯雷说，法国的法律是蜘蛛网，只敢捕捉小苍蝇、小蝴蝶，却不敢惹怒大牛蝇。

法国的法官是"穿皮袄的猫，靠贿赂生活"。他们的价值观是：邪恶就是德行，恶毒就是善良，背叛就是忠诚，盗窃就是馈赠，抢夺就是箴言。因此，要把法官打得"像青蛙一样蹦跳"。

法国的税务官是高级榨汁机，将"葡萄压榨得如此干净，不剩一丁点儿汁水"。

巴黎圣母院是法国教会不容冒犯的象征。高王子却把巴黎圣母院的大钟从钟楼上取下来，挂在马脖子下面当铃铛。

对于故去的几位教皇，拉伯雷说他们在地下有了新工作：

教皇卜尼法斯八世成了洗锅洗碗工；教皇尼古拉三世在公厕卖手纸；教皇亚历山大专管捕捉老鼠；教皇西克斯特专门给梅毒病人治病。

神职人员是"无能又阳痿的猎狗"，他们"披上教士的衣服后就再也没放过任何一个猎物和母狗"。他们遇到坏人行凶作恶时只会念经祷告，遇到老百姓时则是"可怕的猛禽"。

至于富丽堂皇的巴黎圣维克多图书馆，里面的藏书有：

《法学的遮羞布》《英雄的巨卵》《主教的爱情解毒药》《巴黎大学娼妓穿着打扮法规》《分娩的修女》《在大庭广众放屁的艺术》《忏悔发霉的芥末瓶论》《宫中被骗的丈夫》《束缚的婚姻》《学术的污秽》《论大便法》《罗马的吹牛大法》《狡猾的神父为六人伪造十字架》《贵妇人的荒淫生活》《方便大便的后开叉裤》等。

《巨人传》表面上是笑、是脏、是骂，但并非如此。

拉伯雷说《巨人传》不是"虚构的噱头和满纸荒唐言"，读者"若是浅尝辄止，光看表面，轻率地评价这部作品，是不严肃的，有失偏颇的"。

那么，读者应该怎么读呢？作者说：

> "你得像条狗。用训练有素的鼻子去闻，用敏捷有力的大腿去追。经过辛苦地阅读和不断地思索，你就能撬开骨头，吮吸最富有营养的骨髓。
>
> 通过勤奋阅读，你会变得更聪明，更有深度。
>
> 你会发现书中隐藏着毕达哥拉斯的符号。
>
> 你会发现这本书向你们揭示最神圣和最惊世骇俗的神秘，无论宗教，还是政治，或者经济。"

的确，《巨人传》的背后，是古典思想和民间文学结合的百科全书。

正如《红楼梦》里有诗、词、歌、赋、曲、谣、谚、赞、诔、铭、偈语、联额、灯谜、酒令、骈文、拟古文等各种中国文体一样，《巨人传》里有谜语、童话、寓言、稗史、小剧、打油诗、行语、俗语、双关语等。《巨人传》里有天文、地理、数学、哲学、神学、音乐、植物、医学、建筑、法律、教育等知识。《巨人传》里有大量希腊、罗马的名人名言、名人逸事。

《巨人传》是一本通俗版的百科全书，有的版本光注释就将近3000条。

拉伯雷就是恩格斯所说的多才多艺和学识渊博的巨人。

拉伯雷说，泻肚子的人，屁股上不愁没屎。爱看书的人，肚子里不愁没货。

拉伯雷告诉读者，如果快快活活地读《巨人传》，就可以达到身心舒坦、腰肢轻松的效果，必要的时候就着酒去读。对于批评《巨人传》的蠢驴，拉伯雷咒他们屁股生大痔疮，烂得不能走路。

归根结底，《巨人传》是一本宣战书。它对教权、对封建制度、对一切腐朽黑暗的东西给予猛烈地鞭挞。高尔基说拉伯雷是"一个善于而且也敢于暴露无耻而丑恶的生活方式的作家"。

拉伯雷爽了、痛快了。

法国教会怒了、抓狂了。他们把拉伯雷告上巴黎法院。

法院宣布《巨人传》是禁书。

1537年，拉伯雷获蒙彼利埃大学医学博士。业余时间，他开始写《巨人传》第三部。完稿之后他不敢出版，通过各种关系联系到法国国王弗朗索瓦。

弗朗索瓦是文艺国王，允许拉伯雷出版新书。

拉伯雷在新书卷首特意加了一首献给法国王后的诗。

在这种情况下，1546 年，拉伯雷以真名实姓出版了《巨人传》第三部。

第三部比前两部委婉得多，但内容还是一样，跳着脚破口大骂。

不久，第三部和前两部一样，也成为禁书。

更加严重的是，出版商、拉伯雷的好友埃蒂安被判处死刑，当众烧死。

拉伯雷不得不逃到德国的梅斯。

1547 年，弗朗索瓦病逝，亨利二世成为法国新国王。他的王后是凯瑟琳·美第奇，佛罗伦萨统治者小洛伦佐的女儿。马基雅维利的《君主论》就是献给小洛伦佐的。

拉伯雷立即献诗一首。

亨利国王于是批准拉伯雷回国。

亨利国王还颁发文件，禁止其他人印制或修改《巨人传》的内容。因为市面上到处盗印《巨人传》。还有人借用拉伯雷的名字写自己的书。

为了养活自己，拉伯雷担任巴黎西南墨顿的本堂神父。

1552 年，《巨人传》第四部出版。结果一样，继续查禁。

1553 年，拉伯雷在巴黎逝世。

1564 年，《巨人传》第五部出版。

《巨人传》第三、四、五部讲的是高康大的儿子庞大固埃和巴汝奇出海探险、寻访圣瓶的故事。类似于唐僧带着徒弟去取经。高康大是从母亲的耳朵里蹦出来的，庞大固埃的出生更神奇。

怀孕的王后肚子里先走出六十八个人，每人赶头一头骡子，骡子驮着盐。接着走出来九只单峰骆驼，驮着火腿和熏牛舌。七只双峰骆驼，驮着咸鳗鱼。后来又有二十五车韭菜、大蒜、葱、陈葱。

最后，庞大固埃出来了，浑身是毛。

巴汝奇就是猪八戒。他贪财好色、浑身毛病。他说："我的那根小棍棒得经常活动活动，不然我真的是没法活呀。"

不过，巴汝奇还说过一句至理名言：

"没有钱就是最大的痛苦！"

这句话真的是真理！伟大的真理！

封建社会以安贫乐道为荣，以想发大财为耻！

如果明朝政府倡导赚钱、引导百姓赚钱，说不定明朝还不会灭亡。

庞大固埃和巴汝奇探访"联姻岛""钟鸣岛""判罪岛",经过一番奇遇之后,终于到达了他们的目的地——灯国。

灯国有一座寺庙,里面有一个喷泉,喷出来的不是水,而是酒。

庞大固埃终于发现了寻找已久的圣瓶。

正当他不知道如何打开或者使用圣瓶的时候,空中传来一个声音:"喝吧!"

这就是他们历经千难万险要寻找的答案。

我觉得像一个相声。某人被蚊子咬得睡不着觉,打开一个有秘方的小纸条,上面写着两个字:"挠挠"。

所谓喝吧,就是教导人们"畅饮真理、畅饮知识、畅饮爱情"。

拉伯雷在书中写道:

"什么都要学!希腊语、拉丁语、希伯来语、阿拉伯语,这些语言都是经典的语言。艺术、几何、占星、炼金,没有什么是人不能涉及的知识领域。要研究自己,研究人类,研究这个世界。总而言之,我希望看到一个'知识的无底洞'。"

几十年后,英国出了一位名人。他说,我要把一切知识都纳入学习的范畴。因为,知识就是力量。不错,这位名人就是弗朗西斯·培根。在培根的解释里,知识就是科学。科学可以改变世界。

唐僧到了西天之后,没想到西天的神仙同样索要贿赂,同样以奸诈待人。那么,唐僧究竟取到了什么经?明朝人如果只喝儒学理论(还是被阉割后的理论),是不可能复兴的。

《巨人传》可以算是骑士小说、荒诞小说、自然主义小说、人文主义小说、现实主义小说的起点。《巨人传》也是法国长篇小说的起点(中国长篇小说的起点比法国早)。

蒙田、巴尔扎克、雨果、莫里哀都深受拉伯雷的影响。《巨人传》也深受各国作家的青睐。如塞万提斯、托尔斯泰、马尔克斯,以及莫言。

如果说达·芬奇、哥白尼、维萨里等人在不停地创造。那么,拉伯雷则是在不停地破坏。他到处寻找社会的毛病,唤醒人们,让人们起来破坏旧社会,为新社会腾出地基。

中国过去叫反帝反封建,欧洲叫反教反封建。总之,都要反封建。

封建制度不灭亡，国家就不能强大。

农民起义成功后，建立的还是封建制国家。

推翻封建制度只能由资产阶级来完成。

资产阶级需要思想武器，《巨人传》就是超级核武器。

拉伯雷嘲笑全世界。但嘲笑的背后，是对世界邪恶现象的强烈抗议，是对世界美好未来的巨大期待。

封建制度束缚了上千年的生产力。时代在进步，社会在发展。人类只要掌握了科学，在学问上成为巨人，就有力量和黑暗势力作斗争。

拉伯雷说，印刷术普及了，人人接触知识成为可能，你看看路上随便一个马车夫、一个刽子手，可能非常有学问，可能比什么德高望重的教士还有学问。

16 世纪上半叶，欧洲是一个巨人频出的时代，托马斯·莫尔、马丁·路德、哥白尼、哥伦布、米开朗琪罗、维萨里、科尔特斯，其中达·芬奇还是巨人中的巨人。

拉伯雷描写了巨人，他自己就是一个值得世人尊敬和怀念的巨人。

1500—1644 年，明朝中后期有很多能人，但没有出现巨人。

明朝的李贽和拉伯雷一样，对明朝社会进行了辛辣的讽刺。他痛骂当权官吏：

"昔日虎伏草，今日虎坐衙。大则吞人畜，小不遗鱼虾。"

他痛骂假道学先生：

"阳为道学，阴为富贵，被服儒雅，行若狗彘。"

可惜李贽没写成小说，他的思想也流传不广。

归纳起来，拉伯雷反对君臣尊卑，反对教会腐败，反对法官不公，反对灌输教育，反对压抑欲望，鼓励自由（他的写作风格就是一种自由），鼓励赚钱，最终呼唤有头脑、有能量、真正推动历史进步的巨人。

我觉得郭沫若有句话总结得特别好。他说：

"哥白尼是从科学阵地进攻西欧封建中世纪的先锋，拉伯雷是从文学阵地进攻封建制度的先锋。"

因此对于我的书，我想说的是：

"吃啊！喝啊！别客气！"

雅各布·富格尔（1459—1525）

国王当位，银行掌权。

只要活一天就想赚钱。

世界上许多人对我怀有敌意。他们说我富有。我的富有是上帝赋予的光彩，并没有损害到任何人。

第十七章

雅各布·富格尔——世界首富

奥格斯堡是德国一座漂亮富裕的古城。古城中心地段有一个小区叫"富格之家",目前大约有150人居住。这个小区的房子只租不售。每套房子面积约50平方米,每年的租金是1古尔盾,合人民币不到7元。

也就是说,一杯咖啡钱就可以在市中心的房子里住上5年。

"富格之家"这个小区成立于哪一年呢?1516年,超过500年了。

因为当年的租金是1古尔盾,所以今天还是1古尔盾。

也就是说,500年没涨过房租。

今天,如果你去那里参观的话,门票50元人民币。人家住一年才7元,你看一眼却要花50元。

这是怎么回事呢?

富格尔是500年前德国的一个大商人。他赚了大钱,为了回报奥格斯堡市民,投资1万古尔盾兴建"富格之家",低价租给市民。

这是世界上最早的廉租屋。

本章讲述的就是这位传奇商人的故事。

1367 年，德国人汉斯·富格尔离开了家乡的小村庄，到奥格斯堡的一个织布厂当工人。

那时流行一句谚语："城市的空气给人以自由。"

600 多年前，城市就比农村机会多。

汉斯织了几年布，就发达了，不当工人了。

他是怎么发达的？

方法很简单。他娶了织布工业协会会长的女儿，后来也当上了协会会长。

很好的方法，值得学习。

发达之后，汉斯开始大批采购棉花，然后将棉花分销给各个小织布作坊，然后销售小织布作坊的成品。他负责采购和销售，制造环节则留给小工厂。

有了钱之后，汉斯开始经营调味品、酒类。

汉斯去世的时候，把产业交给儿子雅各布。雅各布不断扩展业务，直到 1469 年去世。他妻子接管了企业。

本书的主角富格尔是雅各布的第三个儿子，在奥格斯堡出生并长大。可以说是富三代。他家的窗户是玻璃而不是油纸，他家的床上有羽毛床垫，他家的客厅有银质高脚酒杯和枝形吊灯。

14 岁时，富格尔到威尼斯分公司学习生产、销售、记账和数学。

银行要会算利息，外贸要会算汇率，卖东西要会度量衡，货物装船要算体积，赚了钱还要算分红。当时的意大利教育非常强调数学，其青少年数学素质位于世界前列。

当时，意大利已经广泛采用复式记账法。1494 年，卢卡·帕乔利发表了名著《数学大全》。这本书第三卷第九部第十一篇的题目为《计算与记录要论》。就是这篇文章，被认为是世界会计理论的起点。卢卡·帕乔利被称为"会计学之父"。他还是达·芬奇的数学老师兼好友。

历史学家说，复式记账对世界的影响"大到无可比拟"。资产、负债、成本、费用、折旧、利润和亏损这些词汇都来源于复式记账。

没有复式记账，就不可能有大公司。

富格尔接班的时候，富格尔公司最重要的商品是麻纱布（混合了棉花和亚麻的布料），利润有限。

要想把公司业务提升十倍，就得寻找那些顺应历史潮流的业务。

比如，达·伽马通过海路来到印度，这就是最大的商机。

葡萄牙虽然从印度弄来胡椒、珍珠和宝石。不过，这些货物只有销售完成后才能变成黄金白银。靠谁销售？王子、公主、公爵显然不能上街当售货员。再说，葡萄牙王室在欧洲各地也没有销售机构。

嗅觉敏锐的富格尔立即在里斯本设立公司，帮助葡萄牙王室将东方货物销往欧洲各地。

为了多赚钱，葡萄牙王室决定向印度一次派出 22 艘船去采购。采购量增加了 10 倍，采购资金哪里来？当然还是富格尔。

22 艘船回来了，葡萄牙王室赚了大钱，他们就把富格尔排除在香料贸易之外。

不过，他们还得向富格尔采购铜。这些铜是能够销往印度的少数商品之一。否则，葡萄牙人就只能空船前往印度。

富格尔也投资了麦哲伦那趟著名的环球航行。

在欧洲中世纪，放高利贷是一种极端卑鄙无耻的事情，放贷人的地位和流氓地痞差不多。在莎士比亚名剧《威尼斯商人》中，夏洛克成为人人喊打的老鼠。

很多地方法律规定，不准租房给放贷人。直到今天，还有人称放贷人是吸血鬼。

莎士比亚在《哈姆雷特》中写道：不向别人借钱，也不借钱给别人。

如果整个社会都是这样，资本就失去了流动性，也不能创造价值。

为什么要有很多上市公司？就是把百姓手中的闲钱投资到社会上最好的、增长最快的公司里。差的上市公司，资金会流出。因此，股市就是钱和产业在自然匹配、优胜劣汰，财富得到最好的增值。如果人人都把钱放在家里，国民经济就不会发展。

拉伯雷在《巨人传》中写道：

"头不肯把眼睛借出来指导手和脚的行动，脚不情愿支撑躯体，手不听大脑使唤。心脏也恼火了，不愿意拼命工作，让脉搏跳动。肺只对自己呼吸，肝脏不愿为别的器官供血，膀胱不再对肾有恩，拒绝接受尿水。大脑因为这一切反常运动，渐渐疯了，神经也失去知觉，肌肉不再活动。

总之，整个没有借贷的世界将变得疯狂。"

是的，如果没有借贷，今天大多数中国人只能租房子住。

欧洲中世纪的第二个共识是：有钱人肯定是坏人。

耶稣都说了，富人进天国，比骆驼进针眼还难。

明朝同样如此。士农工商，商人的地位最低，还最坏。比如为富不仁、无奸不商。农民有钱了可以穿丝绸衣服，商人却不行。虽然农民的丝绸衣服是从商人的店铺买的。

古人对钱爱不释手，对有钱人深恶痛绝。

对老百姓来说，挣十个花八个，花超了就忍几个月。

王公贵族不行，奢侈的生活标准绝不能降低，宁肯负债也要维持面子。当然，国王的生活费倒是花不了几个钱，最大的开销是战争。

一场仗下来，就是几百万两银子。你没钱，不打别人，但搁不住别人打你啊。

这就是一个悖论，直到今天还是如此。

即穷人不缺钱或缺小钱，富人缺大钱。

从国王到伯爵夫人，从教皇到王子，都需要钱。

可是，谁有钱呢？

公爵伯爵有钱，不过他们有的是城堡和土地，是不动产，不方便使用。

现金才是硬通货。

整个社会，现金主要在大商人手里。

于是，国王、贵族开始向商人贷款。

像富格尔这样的商人呢，慢慢开始经营金融业，变成银行家。

贵族们贷款，拿自己的庄园抵押。

国王贷款，用王宫里的珠宝抵押，甚至用皇冠抵押。

再后来，国王贷款，就赋予商人商品专营权。比如，进口法国葡萄酒，以后全国只允许你一家销售。其他人要经营的话，就是违法。

富格尔公司还经营货币兑换业务。欧洲各国都要向教皇缴纳捐税。各城市又要向王室缴纳捐税。大量的金银长途运输，既不方便又有危险，而且还慢。明朝就有这个问题，如果把广州的一笔现金运到北京，至少需要两三个月。真用钱的时候，等不及。

欧洲比明朝还有一个麻烦的地方——货币不统一。

客户会问，我在英国存进英镑，在荷兰取出荷兰盾，行吗？

富格尔公司就能提供这种业务。他们在欧洲各地设立营业处。客户将钱存在某个营业处时，营业处当天写信给总部，总部形成汇总报告后发给欧洲各营业处。这样，客户可以在欧洲多地迅速取出外币。

尤里乌斯教皇问富格尔罗马分行的经理，取出30万金币需要多长时间。

经理回复他，一小时。

当时欧洲国王一个月也拿不出这么多钱。

佛罗伦萨的达提尼集团也是这么操作的。1382—1410 年，该集团 500 多本账本至今保存良好，还有 12 万封信，平均每天 12 封。这表示集团总部与欧洲各分支机构每天都保持着信息交流。

1525 年，富格尔金融公司拥有 18 家分行。

在经营金融的同时，富格尔发现了第三个产业——采矿业。

欧洲的君主需要大量金属。

一方面制造武器，打仗的时候必不可少。甚至谁的金属（武器）多，谁就是胜利者。

另一方面制造货币，用来购买香料、丝绸和珍珠。

采矿业是技术含量较高的行业，涉及地质勘探、机械设备、天然能源以及化学知识。投资矿业成本高、风险高，但收益也高。

当时多数矿山归国家所有。国王派官员去采矿。

明朝就是这样。一般管矿山的都是太监。

官员管矿，上欺君主、下压矿工、外榨供应商，国王最后得到的很可怜。

欧洲国王于是把矿业开采权高价卖给私人，马上拿到大量现金。

私人呢，不仅能盈利，还是暴利。

1493 年，马克西米利安成为神圣罗马帝国皇帝。他多次向富格尔借债，用匈牙利和蒂罗尔的银矿和铜矿做抵押。到 1501 年时，富格尔公司已经在德国、奥地利、匈牙利、波希米亚和西班牙建立了矿区。

开采的矿山越来越多，赚到的利润会越来越少。为什么？因为产量高了会降低价格。富格尔和两个铜矿老板结成铜业寡头，控制产量、维持高价。今天的石油输出国组织也是这么做的。

1514 年，马克西米利安封富格尔为伯爵。这个织布工的孙子终于成为贵族、光宗耀祖。

王公贵族可以为自己树立雕像，作家、艺术家有作品，富人也要流芳百世。富格尔命人做了大量的铜牌肖像（不缺铜），作为礼物送人。

富尔格公司经营商贸、金融、矿业，已经是一家多元化的跨国集团。

钱可以像母鸡生小鸡一样赚利润，钱也可以做更大的事情，干预甚至左右政治。或者说，把政治当生意做。

马克西米利安是神圣罗马帝国皇帝，是名义上欧洲的最高领导人。他野心勃勃，想花钱当教皇。他把 4 箱子皇家珠宝抵押给富格尔，换成现金去贿赂红衣主教。他卑鄙的愿望没有实现。

马克西米利安快退位时，有意让孙子查理继承他的皇位。然而，他的金库只剩下四面墙壁。为此，他再次向富格尔借钱。

与此同时，法国国王弗朗索瓦也在借钱贿赂选举人。

选举还没有结束，马克西米利安病逝。

年轻的查理和富格尔不熟悉，聘用了富格尔在银行界的一个竞争对手。

神圣罗马帝国皇帝还有一个称号，叫德意志国王。

作为最富有的德国人，富格尔决不允许德国国王用其他人的钱。

他对查理说，如果你用别人的钱，我可以让你当不成皇帝。

他甚至让一个选举人告诉查理，即使是贿赂金，他们也只收富格尔的。

布兰登堡侯爵一开始支持法国国王。富格尔许诺他娶马克西米利安皇帝的孙女，并且得到一大笔嫁妆。布兰登堡侯爵听从了富格尔的建议。

查理最终同富格尔签约，借到了相当于两吨黄金的贷款，顺利当选神圣罗马帝国皇帝。

到了还款时间，富格尔就会向查理皇帝追债，一点儿也不客气。

在信中，富格尔要求查理皇帝"归还我的钱，要将利息计算在内，不要拖延"。在信的末尾，富格尔自称"皇帝陛下最卑下的仆人"。

没见过仆人向主人追债的。

银行家借钱给欧洲国王。如果国王不还债，银行家就借钱给国王的敌国，敌国就可以推翻国王。

1525 年，查理皇帝在帕维亚之战中俘虏法国国王弗朗索瓦，可以向后者索取大笔赎金用来还债。

富格尔投资查理皇帝是对的。

明朝正相反。《万历十五年》一书中写道："（官员）最常见的方法是利用职权，向市井商人勒索，其公行无忌有如抢劫。这种种触目惊心的情形，使稍有良心的官员无不为之忧虑。"

皇帝是银行的优质客户，另一个有权有钱的组织就是教会了。

富格尔先是开发了德国教会，接着是北欧，然后是匈牙利、波兰。

皇帝是选举的，主教也是选举的。所以，富格尔同样能够干预主教的选举。

阿尔布雷希特已经是两个教区的大主教，他还想成为另一教区的大主教。

罗马教会一直反对兼职，一个人占据三个大主教位置在历史上是从来没有的事情。

但是，罗马教会认为，钱比脸重要。只要阿尔布雷希特有钱，就给他脸。当时，罗马教皇利奥十世急需钱来修建圣彼得大教堂。

阿尔布雷希特没有钱，他向富格尔贷款交给教皇，教皇将第三个主教区给他，他向第三个主教区的人民销售赎罪券，获得的收入用来偿还富格尔的贷款。

教皇拿现金，富格尔得利息，阿尔布雷希特得主教。

大家都有好处，那钱是从哪里来的？

当然是贫苦的老百姓。

这件皆大欢喜的事情引起了维滕贝格大学教授马丁·路德的不满，最终导致了宗教改革，导致了反对教皇的新教产生。

天主教徒反对高利贷，新教徒却支持利息和借贷。

富人有了钱会做什么？穿名牌、买豪车、泡夜总会。

富格尔不是这样的人。他的确有钱，有四座豪宅，里面都是油画和雕塑。他也建了一座图书馆，德国最好的图书馆，藏有大量的名人手稿。

富格尔赚钱的目的不是为了花钱，而是赚更多的钱。

富格尔和巴菲特有一点是相同的，即工作是最大的乐趣。他们没有兴趣，或者说没有时间去炫耀、玩女人。所以，经营如此大的企业，富格尔从未感到痛苦，睡眠良好。

当有人劝他去享受时，富格尔回复："只要活一天就想赚钱。"他一直工作到生命的最后一天。

晚年的时候，富格尔遭到了巨大的批评。因为当时的穷人太多了，很多人饿死。而富格尔的家里却堆满了金币。

富格尔说："世界上许多人对我怀有敌意。他们说我富有。我的富有是上帝赋予的光彩，并没有损害到任何人。"

后来，他请律师康拉德·波廷格为寡头、垄断、利润和利息进行辩护。波廷格写道："每个商人都有权为商品定价。因为他们也有做赔本生意的时候。"的确，面包厂每天给超市供1000个面包，每天晚上都有几十个卖不出去，不得不销毁。显然，这部分成本要加到那些卖出去的面包里。

富格尔死于 1525 年，享年 66 岁，没有子女。

富格尔集团由他的侄子安东继承。

在遗嘱中，富格尔提出为穷人建廉租房，即今天的富格之家。

富格尔经营 33 年，年平均回报率为 12%。他的遗产相当于当时欧洲年度总产值的 2%。

维基百科有一个近代史富豪榜，计算方法是该富豪的财产占当年全国 GDP 的比例乘以美国现在的 GDP。其中，美国石油大王洛克菲勒以 3500 亿美元位列第二。冠军当然是富格尔，4000 亿美元的资产，是今天世界首富的三倍多。

富格尔葬在家族投资的教堂里。他为自己撰写的墓志铭宣称，在赚钱方面，他是国王。

1607 年，西班牙国王腓力三世宣布国家破产，而富格尔集团是西班牙最大的债主之一，公司损失巨大。

1658 年，富格尔公司解散。

富格尔公司之所以倒闭，是因为对历史趋势的判断犯了方向性的错误。

当时的欧洲，西班牙一直在衰落，荷兰一直在崛起。

荷兰是人类历史上第一个资产阶级共和国。整个国家成立一个大公司，叫荷兰东印度公司，是世界上第一家跨国上市公司，其贸易额占全球的一半。

富格尔公司不幸成为荷兰的竞争对手。

公司解散后，富格尔家族成员成为议员、法官或神职人员。他们有家族基金会，持续赞助音乐与艺术。

明朝政府的理念是省钱。皇帝不能盖宫殿，皇帝不能出行，国家最好不要打仗。政府花钱少，收税就少，民间的钱多一点，老百姓就不会造反。

道理都没有错。问题是，大家的精力都放在省钱上了，没人想着去挣钱。

欧洲国王正相反。他们不断打仗、不断浪费，总是在负债、总是在借钱。很多国王一辈子都欠别人的钱，比如罗马皇帝查理五世。

这反倒促使他们想着法儿去挣钱。他们把钱当成国家兴亡的最重要因素。

封建政府的目标不是发展经济、追求富裕。是维持现状、是不思进取。

明朝政府的目标是天下太平。

大地主认为大商人卑贱。

但大商人有个性、有野心、有决断力，比大地主强得多。

大商人是革命家，是旧秩序的破坏者。他们只有推翻了地主阶级，才能

富格之家

释放生产力，才能推动社会进步。

今天，德国人将富格尔的雕像放进德国名人堂，和马丁·路德、哥白尼（哥白尼的出生地有领土争议，德国人把他当同胞）、爱因斯坦、康德、莱布尼茨、贝多芬共处一堂，足见富格尔在德国人民心目中的地位。

同进名人堂的，还有富格尔的客户，神圣罗马帝国皇帝马克西米利安一世。

如果明朝能够允许资本家的存在，也许不至于灭亡。

与富格尔同期的明朝海商汪直做中日贸易，他的年收入超过浙江省的财政收入。汪直多次呼吁明朝政府开放贸易，被明朝政府称为贼，并且将他杀掉。等到崇祯的时候，到处缺钱，只有向老百姓收税这一条筹资途径。其结果，只能逼老百姓造反。

实际上，明朝有钱人不少。

明朝的财富主要集中在那些什么事也不做的朱姓王爷手中，还有很多在贪污受贿的官员手中。那些官员一个个自视清高，把凭本事挣钱的商人视为蝼蚁，自己搂起钱来从不脸红。

经营致富的商人见了贪污受贿的官员还要下跪，这就是封建社会的怪状。

彼得·勃鲁盖尔（约 1525—1569）

就连万物之母，大自然，也会称赞他。

——墓志铭

人人都见过怪人勃鲁盖尔的作品。他的画是魔鬼般的滑稽可笑的大杂烩。

——夏尔·波德莱尔

我不认为勃鲁盖尔是一个风景画家，因为他的画里有太多的指涉和隐喻，他更像是一个诗人。

——塞佩尔

第十八章

彼得·勃鲁盖尔——怪画家

1525 年，勃鲁盖尔出生于安特卫普东部的一个农民家庭，长大后拜科克为师，学习绘画。1550 年，科克去世，他的女儿玛利亚大约 5 岁。

1551 年，勃鲁盖尔成为安特卫普画家行会的画师。这一年，他前往意大利观摩学习。勃鲁盖尔看了米开朗琪罗和拉斐尔的真迹，看了那些耶稣画、圣母画之后，下定决心，我要画点别的。

专业的美术评论家们认为：勃鲁盖尔画技不好、价值不高。

但收藏家们却争相购买，因为这些画太独特了。

神圣罗马帝国皇帝鲁道夫二世收藏了勃鲁盖尔的大部分作品。

佛兰德斯三杰中，名气最大的鲁本斯至少收藏了 12 幅勃鲁盖尔的作品。

勃鲁盖尔的画作本来就不多，以至于他的儿子手中一幅都没有。

再往后，拿破仑把鲁道夫二世手中的藏品一股脑儿抢回巴黎。

拿破仑失败后，勃鲁盖尔的主要作品回到了维也纳，至今仍在那里。

今天，勃鲁盖尔的《雪中猎人》出现在千家万户的客厅里，出现在电影里，出现在书籍封面上，甚至印在中国美术教材上。

这种现象引发了人们重新思考，勃鲁盖尔的作品究竟是不是一流的？

2002年，他的一幅非常小（A4纸一半）的不知名的画《把醉鬼推入猪圈》（听这名字就知道他的风格），拍出330万英镑，按当年汇率换算约为4300万元人民币。

利用简单的数学公式，勃鲁盖尔桌面大小的画大概值6亿元人民币。

1555年，勃鲁盖尔回到安特卫普，创作风景版画。这期间，他创作了《上学的驴子》《大鱼吃小鱼》《儿童游戏》《尼德兰谚语》等作品。

1563年，勃鲁盖尔的师母，科克的遗孀听说勃鲁盖尔和女仆传出绯闻。她立即写信给勃鲁盖尔说，我的女儿玛利亚18岁了，你娶不娶？你不娶，她就嫁给别人了。

38岁的勃鲁盖尔当然认识玛利亚。他收到信后，立即回到家乡，娶了老师的女儿。

娶到年轻时抱过的小女婴，真是人生赢家！

婚后，两人移居布鲁塞尔。

勃鲁盖尔六年内育有两子一女，然后去世。

对，他的人生平淡无奇，就这样介绍完了。

下面还是讲讲他的画吧。

一般来说，欣赏绘画是一件严肃而无趣的事情，以至于很少有人主动去看画展。请问你上一次买票看画展是什么时候？

不看画展是因为枯燥。但有一种画你却是非常想看的。

什么画？

漫画。

勃鲁盖尔就是漫画高手，还是幽默画，怎么看都看不够。

我们先说说《尼德兰谚语》。整个画面都是人，做着各种各样的动作。每个动作表示1个尼德兰谚语，大都可以找到对应的中国谚语和成语。比如：

一个人用头撞墙，对应中国俗语"不撞南墙不回头"。

两个人露着屁股一起拉屎，表示关系密切。对应中国俗语"关系好得穿一条裤子"。

一个人一只手拿着火把，一只手拿着水桶，对应中国俗语"自相矛盾"。

一个人伸展双臂，想同时拿长桌两头的面包，对应中国俗语"鱼和熊掌不可兼得"。

　　一个女子正在给丈夫穿上蓝色的斗篷，这象征着她有不忠的行为，对应中国的"给老公戴绿帽子"。

　　在牛掉进坑里淹死后开始填坑，对应中国成语"亡羊补牢，为时已晚"。

　　在猪前面撒玫瑰花，对应中国成语是"对牛弹琴"。

　　一个人俯身钻进球里，对应中国成语"不入虎穴，焉得虎子"。

　　再说第二幅作品《儿童游戏》。画面上超过 230 名儿童在玩 80 种游戏。

　　当我看到这幅画的时候，立即被画面吸引住了。我在网上到处寻找高清大图，下载后放大再放大，仔细观看。我甚至根本不相信画中的内容。

　　我上小学的时候，家里穷，没有钱买玩具，同学家里都一样。但我们玩过的游戏并不少，什么滚铁环、跳山羊、吹气球、抽陀螺。

　　几个月前，我有一次正好拿着一根棍子。我于是放平左手食指，把棍子竖直放上去，然后松开右手，用食指顶着棍子不倒。

　　我突然想起，我小时候就玩过这种游戏。

　　我上面提到的这些项目，《儿童游戏》这幅画里全有。

　　没想到我小时候玩的游戏，竟然在四百多年前的欧洲就有，真的不可思议。

　　《尼德兰谚语》和《儿童游戏》这两幅作品，充分体现了勃鲁盖尔作品的典型特色：

　　第一，画面都是一坨一坨小人儿，少则四五十，多则上百。

　　第二，每幅画都有几十个故事，像百科全书。

　　当然，看这些画不只是为了好玩。它们都是风俗画，是记录老百姓生活的画。

　　实际上，勃鲁盖尔有点像摄影师。他是在记录生活、记录历史。

　　除了风俗画，勃鲁盖尔还创作了很多荒诞画。

　　为什么？因为容易销售。

　　在《乐土》这幅画里，三个人平躺在地上。

　　一个开口的鸡蛋正跑向躺在地上的人。

　　一只鹅觉得自己熟了，主动躺到盘子里。

一头烤乳猪身上插着刀子，请人吃掉自己。

一只烤熟的鸽子，正飞向一个人的嘴巴。

这比躺着吃饺子，躺在沙发上吃爆米花还享受。吃爆米花还要用手，把手弄得黏糊糊的。现在只要张着嘴就行，比葛优还舒服一百倍。

当然，一个没有思想，只是为了搞笑的画家是成不了大师的。

我们来看看勃鲁盖尔的一幅画——《盲人的寓言》。

在这幅画中，背景是一派宁静的田园风光，耸立的教堂、错落的绿树、质朴的农舍、悠闲的耕牛、追逐的飞燕，世界竟是如此美好。

画面中间是六个人，六个盲人。他们前后排成一列、互相扶持，沿着画面的对角线由左上方向右下方行走。

其中，领头的第一个瞎子已经以四脚朝天的姿势跌入沟中。

第二个瞎子被他拉着，已经向前扑倒。

后面四个瞎子，相信也会全部落入坑中，一个不少。

那一瞬间，上帝肯定在发笑，这些愚蠢的人类。

这幅画中有上帝吗？没有显示。

不过，画面上那座教堂显然是一个暗示。

该画取材于《圣经》中的一句话："若使盲人领盲人，二者必皆落入坑中。"

初看此画，真是太搞笑了！

仔细想想，这幅画难道不是人类社会以及自己当前状态的真实描述吗？

历史著作多如牛毛。人类还是不肯吸取教训，一次又一次重蹈覆辙，一次又一次站起来再摔一次。

看这幅画时，我们肯定在发笑，这些愚蠢的瞎子！

扪心自问，我们是看画的人，还是画中的人？

我们自己不瞎吗？我们能够看清人生前途的坑吗？

不知道什么时间，不知道什么地点，我们就会以一个优雅的姿势倒下。

这幅画看起来很夸张，实际上很真实。

这幅画看起来很可笑，实际上很可悲。

画中六个人都是盲人，但致瞎的原因不同。有的是摘除眼球，有的是角膜白斑，有的是眼球萎缩。他们之所以把头抬得很高，就是想多利用耳朵、鼻子等其他感官。这些细节反映了勃鲁盖尔的观察力。

我们再看《通天塔》这幅画。该画同样取材于《圣经》。故事是这样的：

那时，天下人的口音、言语都是一样的。

人们说："我们要建造一座城和一座塔，塔顶通天，免得我们分散在全地上。"

耶和华看到后说："看哪！他们成为一样的人民，都是一样的言语。如今既作起这事来，以后他们所要作的事，就没有不成功的了。我们下去，在那里变乱他们的口音，使他们的言语彼此不通。"

于是，耶和华使他们从那里分散在全地上，他们就停工不造那城了。

勃鲁盖尔描绘的通天塔高大宏伟，工地上人头攒动。但是，不同的人建造不同风格的塔身，使塔显得生硬、非常不协调。

我们经常说地球是一个村，可是，不同的国家、不同的种族、不同的信仰，让人与人之间充满着误解、冲突，战争，导致家破人亡。

勃鲁盖尔还有一个公认的头衔——农民画家。

在古代，农民脏、臭、丑、下贱，是乡巴佬、土包子。

农民和美丽、整洁、高贵是没有任何联系的。

在中世纪，如果你画农民画，那结果只有一个：

你的画没人说好，没有购买，甚至连你本人都成为他人的笑柄。

勃鲁盖尔却穿上农民的衣服，到农村去，参加农民的活动，和农民交朋友。

当时的农民不过是蝼蚁，是被压迫的对象，谁去关心他们的喜怒哀乐。

但是，农民也是人，和贵族老爷一样有人情冷暖，有喜怒哀乐。

而且，农民还天真、纯朴、憨厚。

贵族和知识分子才虚伪、奸诈。

达·芬奇、拉斐尔画的贵夫人，显得端庄、有修养，显得很美。

勃鲁盖尔画的农民，身材矮墩墩、表情傻乎乎，显得很可爱。

农民吃不饱饭，吃不起肉，穿着像乞丐，住在像监狱一样的土坯房里，儿子被贵族老爷鞭打，女儿被贵族老爷奸污。

但是农民仍然勇敢、乐观、顽强生长。

自人类社会诞生以来，每个国家百分之九十都是这样的人。

大家可以搜索一下《农民的婚礼》这幅画。反正我是很感动。

虽然是将近五百年前比利时的图景，但我觉得和我曾经参加过的河北农村的婚礼大体相似。

勃鲁盖尔死的时候，他的两个儿子一个五岁，一个只有一岁。

勃鲁盖尔的岳母抚养两个外孙并教他们学画。

勃鲁盖尔的画太有特色了。他们只要把父亲的画再画一遍，就能卖出高价钱。

《有滑冰者和捕鸟器的冬景》这幅画，他的儿子复制了50份，其他人又复制了90份。

勃鲁盖尔的人生很平淡，但他的每一个幅画都很奇特。

有人说勃鲁盖尔的画和中国画最相似，因为他画了很多风景画，而中国人特别擅长画山水。

夏尔·波德莱尔是这样评价勃鲁盖尔的：

"描绘农民、欢乐的粗人、粗俗的胖子、苍白的瘦子、具有细微差别的箴言、可笑的巴别塔、惊人的风景、悲喜剧般的鸟儿、热闹的婚礼的勃鲁盖尔。他是绘画中最美丽、最稳重、最华丽、最芳香、最诚实、最文明的。他是现代艺术和现代风景画的创造者，他预见了一切：光、气氛、生物和事物的神秘生活。他是世界的柱石，弗拉芒艺术的奇迹！"

和一般人聊画家的时候，聊文艺复兴三杰的时候，你知道的别人也知道，别人知道的你也知道，显不出你的水准。

因此，你可以关注一些名气不大，实质是一流的画家，如勃鲁盖尔，如丢勒。把这些画家生平和作品研究透。演讲的时候，需要向异性炫耀的时候，你就介绍他们，对方保证哑口无言，对你佩服得五体投地。

第六部分　教　士

拉斐尔《教皇利奥十世与两位红衣主教》，约 1518 年，155.5 厘米 ×119.5 厘米，现藏于意大利乌菲兹美术馆。中间人为利奥十世，他的眼光似乎有些紧张。彩图能看出他的天鹅绒面料的质感和前面金银器的光泽，足见拉斐尔细腻的画工。左边是他的表亲，未来的教皇克莱芒七世。

第十九章

教 皇 们

中世纪的教皇是欧洲最高宗教领袖。

耶稣的弟子彼得是第一任教皇。

1059 年之前，教皇由神圣罗马帝国皇帝提名并任命。1059 年之后，罗马教会逐渐摆脱了皇帝的控制，自己选举教皇。

教皇相当于委员长，他手下有二十多名红衣主教（委员）。老教皇去世后，由委员选举新的委员长（教皇）。

教皇和委员在罗马办公。欧洲各国设有大主教，大主教下有主教，主教下有神父等神职人员。

16 世纪时，罗马教会在欧洲有教堂数十万，神职人员超百万。

教皇认为自己是上帝在人间的代表，是世界最高宗教领袖。教皇有权罢免欧洲国王。

宗教改革之后，基督教分为天主教和新教。其中，天主教承认罗马教皇为最高宗教领袖。今天，全世界天主教徒超过 13 亿。

本书选择了正德、嘉靖年间几位有代表性的教皇，向大家做个简单的介绍。

第一节　亚历山大六世——"爱神"

罗德里戈·博吉亚，史称亚历山大六世，史上最淫荡、最无耻的教皇。

他出生于西班牙，是教皇加里斯都三世的外甥。罗德里戈12岁时就用刀子捅死了一名仅仅是语言粗鲁的男孩。

罗德里戈25岁的时候，舅舅任命他为瓦伦西亚大主教，罗马教廷副法官。

瓦伦西亚教区和副法官给他带来了源源不断的收入。只要给钱，副法官就能给你想要的判决结果。为了钱，他放过了一个亲手杀死自己女儿的恶父。

当别人对此颇有微词时，他反驳道：

"上帝的旨意并不是让罪人去死，而是让他们活着并为自己的罪孽付出代价！"

罗德里戈在罗马盖起了豪华宫殿。他吃饭的碗碟是镶金的，他睡觉的床是象牙的，他穿的衣物是绣花丝绸的，他的图书馆收藏了大量的古籍珍本。

罗德里戈夸下海口，说他家的金子能堆满整个西斯廷教堂。

罗德里戈的花费明显高于同时期明朝的皇帝。

罗德里戈身材魁梧、长相英俊。从侧面看，他活像一头淫荡的公山羊，每天都在寻找不同的猎物，甚至和母女同床。

瓦诺莎·德·卡塔内是他的长期情妇，给他生了4个"侄子"。

教士不准结婚，不能有子女。

在公开场合，教士称自己的私生子是侄子或侄女。

教皇庇护二世也是流氓。即使流氓对罗德里戈的淫荡生活也看不下去了。

他写信给后者说：

"孩子，我听说4天前你和几个放荡的锡耶纳女人在一起，艳舞不断，浪语声声。而你则忘了自己的身份与地位，和她们从下午一直厮混到晚上。像你这般年岁的神职人员应该时刻把自己的尊严和职责铭记在心。你为了满足自己的色欲，把那些女子的丈夫、父亲、兄弟和其他亲戚拦在了门外。整个锡耶纳城都在谈论那个荒唐之夜。我的不快已经无法用语言形容。"

罗马教廷反复劝解基层教士要守贞，不能包养情妇，不能找妓女，不能手淫。老百姓也要禁欲，减少性生活。

结果呢，他们比谁都淫荡。

1492 年，教皇英诺森八世去世。他的人生和"八"字紧密地联系在一起。他是八世，当了八年教皇，有八个情妇，生下八个儿子和八个女儿。他提拔了八个亲属，发布过八个教皇训令。

罗德里戈已经 61 岁了，他决定不惜任何代价戴上教皇的三重冠冕。虽然他是一名不讨好的西班牙人。

对于每一名有选举权的红衣主教，罗德里戈都不放弃。送城堡、送主教区、送修道院、送葡萄园。

头号竞争对手，红衣主教阿斯卡利奥·斯福尔扎来自米兰公国望族。

罗德里戈把他叫到一旁，给他一张纸，让他写个数。

第二天，载满金条的骡子队进入斯福尔扎的豪宅。

成本最低的一张选票来自威尼斯主教。他 96 岁了，收太多的钱花不完。

最终，罗德里戈成功当选，史称亚历山大六世。

世界上最卑鄙的人却坐上了教皇的宝座，世界上最邪恶的人却要帮助世人纯洁。

当上教皇之后，亚历山大立即踹掉老情妇瓦诺莎，换成了更年轻、更水灵的吉乌利娅·法尔内塞。小姑娘才 16 岁。

罗马市民不叫她吉乌利娅，而尊称她为"教皇婊"。

"教皇婊"的身体不是免费的。他的哥哥立即成为主教，后来成为教皇保罗三世。

亚历山大的儿子恺撒有一次设宴，把栗子撒在地上，让 50 名赤身裸体的妓女爬着将栗子捡回。教皇就在现场，他欢愉地观赏而不是制止。历史学家将这次事件称作"栗子芭蕾"。

明朝《金瓶梅》的故事是编的，亚历山大教皇的故事是真的，后人称他为"爱神"。

亚历山大既然敢花钱，就有本事挣回来。

最直接的办法就是卖官、卖主教。

主教的位子是有限的。只有主教死了，才能空出一个。

教皇的办法是，看谁不顺眼，就用毒药把他毒死，然后出售他的位子。

1502 年 4 月 21 日，红衣主教费拉里去世。亚历山大卖出 50 万杜卡特。

次年 4 月，红衣主教米基耶基去世。亚历山大教皇派人冲进他的庭院，抢了 15 万杜卡特的财产。当时，死者的身体还没有僵硬。

红衣主教朱拉诺在亚历山大刚登上教皇宝座的时候，就逃往法国，不敢回来。

对于世俗贵族（不当主教的），亚历山大也有办法。他把自己最宠爱的女儿卢克雷齐娅嫁给他们，然后侵吞他们的财产。卢克雷齐娅订过 2 次婚，结过 3 次婚。

亚历山大家族无恶不作。

有一部电视剧叫《博吉亚家族》，就是讲他们一家的丑事。

具有讽刺意味的是，亚历山大本人也是被毒死的。很可能是他想毒杀别人的时候失手了。

1503 年 8 月 6 日，教皇亚历山大和他的儿子恺撒在一位红衣主教的别墅中就餐。中午 12 点，教皇突然不省人事。据他的助手伯查德回忆，教皇的嘴就像炉子上的水壶一样冒着白沫。他的尸体像气吹的一样鼓了起来。最后，尸体爆裂了，每一个孔都散发出硫黄一般的恶臭。

威尼斯大使写道："那是人们见过的最丑陋、最怪异、最恐怖的尸体。"

有人认为，罗马教廷也是最丑陋、最怪异、最恐怖的组织。

当然，亚历山大坏，并不表示他无能、懦弱。当法国国王路易十二率领大军来到罗马城下，威胁要把亚历山大废黜的时候，老谋深算的亚历山大稍使手段，就使年轻的国王跪倒在他脚下。

他的主要业绩是，调解西班牙与葡萄牙两国的矛盾，协调它们签署了《托尔德西里亚斯条约》。

第二节　尤里乌斯二世——"战神"

亚历山大教皇死后，红衣主教选出年迈多病的方济各出任教皇，史称庇护三世。

在教皇选举史上，经常出现高龄教皇。

为什么呢？

当中年的、有实力的两位候选人僵持不下的时候，他们先选举一位年纪较大的教皇过渡一下，然后积攒实力，下次再斗。

另外，教皇选举有一条规定：所有选举人封闭起来，不准回家。如果到了一定期限还选不出来，就减少食物供应，只给面包。过了一段时间再没有结果，连面包也没有了。

这些红衣主教一来年纪偏大；二来天天大鱼大肉，所以选举时间长了谁也受不了。有时候，他们干脆选一个最没有势力的候选人。

上次选举的时候，庇护三世拒绝接受亚历山大的巨额贿赂，并多次批评他。

不幸的是，这位有志改革的教皇在位还不到一个月就去世了。

教皇西斯笃四世的侄子朱拉诺当选新教皇，史称尤里乌斯二世。当年，亚历山大刚当上教皇，他就跑到法国避难去了。

新教皇在登基仪式上宣布，以后禁止贿选教皇，行贿者将被罢免一切职务。

朱拉诺喜欢通过战争手段解决问题。他起名尤里乌斯，就是因为崇拜战无不胜的恺撒大帝。

当时，瑞士是小国、穷国，因山地多不适合耕种，年轻人都出来当雇佣军。有时候，欧洲两国交战，士兵都是瑞士人。

尤里乌斯教皇曾担任洛桑主教，对瑞士很熟悉。他要求瑞士政府为他提供 200 名雇佣兵。一些德国商人愿意出钱，他们认为和教皇建立良好的关系可以保护他们的投资。

1506 年 1 月 22 日，150 名瑞士士兵进入罗马。从那时起一直到现在，教皇都由瑞士人提供保护。教皇的瑞士卫队是世界上持续时间最长，最古老的军队，至今超过五百年。

瑞士卫队队员誓词如下：

"我发誓，我将忠实、忠诚、光荣地服务于教皇及他合法的继承人。

我全心全意地将我的所有力量奉献给他们。如有牺牲的必要，我也会以生命捍卫他们。

当教皇空缺时，我对所有的红衣主教做出同样的承诺。

此外，我发誓对我的指挥官和部队里其他的弟兄长官们尊重、忠诚和服从。

以上宣誓！"

1527 年，西班牙的三万军队攻破罗马，烧杀抢掠。当时，瑞士卫队约有 189 人。其中，42 人紧紧围绕在教皇身边，协助他成功逃到圣安格鲁城堡避难，其余 147 人全部阵亡。

无一逃跑、无一投降。

此战，瑞士人一举成名。

有人认为，瑞士周边都是大国，不得已才成为中立国。

实际上，瑞士是小国，但绝对是没人敢惹的强国。

　　教皇是宗教领袖，也有自己的领地，可以称之为教皇国。

　　既然是国家，既然有军队，教皇就可以侵占别国的领土，别人也可以侵占教皇的领土。大部分情况下，教皇怂恿德国、法国、那不勒斯相互作战，自己作壁上观。

　　尤里乌斯教皇不一样，他亲自率领军队，亲自在一线作战。在这一点上，他有点像出格的正德皇帝。

　　正德皇帝是年轻冲动。尤里乌斯教皇是老当益壮。68 岁时，他在大雪中行军。每次尤里乌斯教皇出战的时候，都要求身在罗马的 24 名红衣主教同行。这令 24 个又胖又老，只喜欢钱和女人的主教们苦不堪言。

　　在米兰德拉之战中，尤里乌斯教皇身边的侍卫在炮火中纷纷倒下。他却站起来，冲着敌人高喊："看看谁的弹子更大，是法国国王的还是教皇的。"

　　他旁边的人听到的却是，教皇要和法国国王比谁的蛋子（睾丸）更大。

　　老教皇取得了一系列的胜利。他征服了佩鲁贾和博洛尼亚，打败了威尼斯，把帕尔马和皮亚琴察并入教皇国。得胜归来，教皇下令在罗马举行盛大的凯旋仪式，就像罗马帝国的执政官。

　　所以，历史上称这位教皇为战神。

　　在拉文那战役被打败后，郁闷的尤里乌斯教皇蓄须明志，表示不扳回来一局就一直留着，这违反了教皇禁止蓄须的规矩。

　　教皇经常在罗马组织嘉年华会。

　　愤怒的公牛被放出牛栏，奔上街头，由携长矛的骑士当街屠杀。

　　犹太人被迫穿上奇装异服，在规定的路线奔跑。两旁的观众则羞辱他们，甚至有人骑马追赶他们，用尖矛伤害他们。

　　将一段时间积攒下来的死刑犯同时处决。刽子手由丑角打扮，就像一场演出。

　　妓女也不甘寂寞，举行选美比赛。

　　当然，人们更熟知的是尤里乌斯教皇对文艺复兴的贡献。他请米开朗琪罗为自己雕凿坟墓，又强迫米开朗琪罗去西斯廷教堂画《创世记》。他雇用拉斐尔装饰自己的办公室，于是《雅典学院》诞生了。

　　尤里乌斯教皇决定开建新的圣彼得教堂。

　　当时，圣彼得教堂已经有 1100 年历史了，随时可能倒塌。由于建筑技术落后，没有办法加固，因此最好的办法是拆掉重建。教堂于 1505 年开始动工，直到 1626 年才竣工。这就是你为什么要去梵蒂冈看这座教堂的理由。

尤里乌斯有三个私生女，自己得了梅毒。

当时罗马 6 万居民中，娼妓近 7000 人。每个妓女都向教皇交税，成为罗马教廷收入的重要组成部分。

美剧《权力的游戏》当中，财政大臣"小指头"拥有君临城最好的妓院，那也是为了给国家创收。

其实早在两千多年前的中国，齐国首相管仲就批准经营国立妓院。

当时的人们并不认为妓院是羞耻的，相反，妓院对社会、对家庭都有好处。少女被强奸诱奸的概率大大减少，她们安全了。男人也安全。那些好色之徒如果没有发泄渠道，他们就会骚扰已婚少妇，男人戴绿帽子的概率大大增加。

米开朗琪罗设计、建造的尤里乌斯二世墓碑。由于经费问题，精力问题，现有的墓碑比原方案要小得多（Jean-Christophe BENOIST 摄）

第三节　利奥十世——"智慧之神"

接替尤里乌斯的利奥十世教皇是伟大的洛伦佐·美第奇的次子。利奥十世原名乔万尼，从小就接受了良好的教育，后来在比萨大学学习三年。

当亚历山大当选教皇的时候，利奥十世气愤地评论道：

"我们被世界上最野蛮的恶狼抓住了。逃跑吧，或者被他生吞活剥。"

乔万尼 8 岁时被父亲安排为弗兰西杜斯堡修道院院长。14 岁当选红衣主教。去往罗马之前，他即将病逝的父亲给了他一封信。信里教导他说：

"我的儿子，罗马是万恶的渊薮，到了那里你务必要生活朴素。华丽衣服和珠宝都不适合你的身份。你应该从大量书籍中吸取营养。即使你的侍从也要学识渊博。"

当选教皇之后，利奥十世把父亲的谆谆教导抛之脑后。他对自己的兄弟说：

"现在，让我们尽情享受上帝恩赐给教皇的大权吧！"

利奥教皇没有多少情妇，他喜欢男孩。

利奥十世喜好音乐、诗文和戏剧。他走到哪里都带着乐队，需要的时候随时表演。梵蒂冈教廷经常举办音乐会。

艺术家、诗人，凡是有学问的人向教皇开口，他必回应。写文章、写诗，只要说敬献给他，一定能得到金子。

利奥十世把梵蒂冈学院改造成罗马大学，高薪聘请学者。被迫害的德国学者勒克林受到教皇本人保护，完成了《希伯来语提要》。

为了得到古代名人学者的手稿，利奥教皇悬赏重金、不惜代价。他说："造物主赐给人类的，再也没有比研究典籍更美好，更有用了。典籍使我们获得人生的点缀和指引。"

小时候，米开朗琪罗就住在利奥十世家里。

不过，两人脾气不合。利奥十世更喜欢拉斐尔。他又把受到冷落的达·芬奇请到罗马，热情招待。

不管哪位教皇，包括历史上所有的教皇，都不如达·芬奇、米开朗琪罗、拉斐尔等几位艺术家出名。

在利奥十世时代，罗马教廷成为世界上最有文化的宫廷，成为欧洲文明的中心。有人说，希腊时代的雅典或奥古斯都时代的罗马，都不如利奥十世时代的罗马繁荣。

利奥十世大力发展文化产业。很多向往文艺复兴的人从外地搬到罗马。利奥教皇在位的 13 年，罗马盖了上万栋的住屋，GDP 翻了几番。

利奥十世随身携带一个红色的丝绒袋，里面都是钱币。穷人、病人、寡妇，只要你有本事见到教皇，就一定能得到钱。

罗马人称教皇为"太阳王"，一个发光发热的人。

利奥十世沉湎娱乐，喜欢打猎和钓鱼。他经常举办大型宴会，一次能吃一百道菜。这些菜中有鹦鹉的舌头、斑鸠的心脏，亚洲和美洲的水果，全部用银盘装着。

利奥十世生活奢靡，光奴仆就有600多人。他的大手大脚使得罗马教廷陷入严重的财政危机。为了完成圣彼得大教堂的建造，他大力发售赎罪券。由此引起马丁·路德的反击，导致宗教改革，新教兴起。

1522年，利奥十世去世，年仅46岁。

查理五世皇帝的老师，荷兰人亚德里安四世当选为新教皇。

亚德里安教皇曾任鲁汶大学的副校长。他长期在比利时和西班牙工作，没有沾染罗马教廷的腐败臭气，也没有情妇和私生子。

亚德里安为人正直，下定决心要改革教会。他对红衣主教们说，很多年了，可恶的、讨厌的事情在圣彼得的宝座上发生。滥用职权、违反戒律，每一件事都沾上了邪恶。

新教皇大力削减开支。他遣散了大量的仆人，过着节俭的生活。他废除了那些买官卖官的合同，也没有提拔自己的亲戚。

可惜的是，这位教皇在圣彼得的宝座上只坐了一年就去世了。以他个人的力量，是不可能改变陈腐的教会的。

下一任教皇，克莱芒七世竟然是一个私生子，以及鸡奸者。

第四节　克莱芒七世——"罗马之劫"

克莱芒七世也是美第奇家族成员，还是私生子。

当时，查理五世皇帝和法国国王弗朗索瓦正在争夺意大利的米兰。

克莱芒七世站在法国国王一边，反对查理五世。

1527年查理五世命令阿尔瓦公爵率领三万军队征讨教皇。大军攻破罗马，实行疯狂洗劫。史学家写道：

"妇女，不论其年纪如何，都在街道上被强奸了，尼姑被成群赶入妓院，教士被迫肛交，平民遭到屠杀。在长达一个星期的屠戮和毁坏之后，第伯尔河上漂浮的尸体超过两千具，数以万计的尸体等着埋葬，此外还有数千被掏空内脏的尸体横在街道上，被饥饿的老鼠和野狗啃食。大约400万达克特（ducat）以赎金的形式易手，那些能交出赎金的人得以幸免，其他人被屠杀。坟茔被刨开，圣徒的遗骨被拿去喂狗，遗体上的珠宝被剥去。档案和图书馆被付之一炬。这场屠戮和抢劫一直延续了八个月，直到食物吃光、没有人能再交出赎金并且瘟疫出现的时候才停止。"

克莱芒七世被囚禁在罗马天神堡。

查理五世最终释放了他。但他再也不敢同皇帝作对。

自 11 世纪以来，法国国王和英国国王是一对天敌。皇帝和教皇是一对天敌。皇帝拥有军队，多次攻入罗马，俘虏教皇。教皇则多次把皇帝开除教会。

教皇身为名义上的世界领袖，自身难保，对各国的管辖也是非常有限的。

英国国王亨利八世申请和凯瑟琳王后离婚。克莱芒七世迫于皇帝的压力，一直拒绝批准。亨利八世一怒之下，宣布英国变成新教国家，脱离教皇管辖。

1533 年，克莱芒七世的秘书约翰·威德曼斯特向教皇和两位主教解释了哥白尼"日心说"体系。教皇听了之后非常高兴。

作为美第奇家族成员，克莱芒教皇熟悉马基雅维利，雇用他为自己服务。马基雅维利去世五年后，克莱芒七世批准并赞助了《君主论》的出版。他没有想到，这本书在世界上引起了轩然大波。

1534年，在去世前几天，克莱芒教皇委托米开朗琪罗在西斯廷教堂创作《末日审判》。

第五节 总 结

耶稣的弟子彼得是首任教皇，耶稣的弟子保罗是《圣经》最重要的传播者，他们一生都过着贫穷的生活，而教皇却像帝王一样富有。

上行下效，红衣主教、大主教、主教，中高级神职人员，大部分都是富翁，大部分都包养情妇。

这还不算，包括教皇在内，很多神职人员恶事做尽，集各种罪孽于一身，还劝老百姓要节约、要守贞，要把钱奉献给他们挥霍。

虽然教皇们有这样或那样的毛病，但是，几乎所有教皇都不是无能之辈。

他们出身名门望族，受过高等教育，在成为教皇之前担任过很多职务，有长年工作经验。红衣主教想成为教皇，仅仅有钱是不行的，还要有策略，有人脉。

教皇不是瞎子，他们也知道教会的腐败。

也有一些操守良好的教皇。他们制定严苛的教规，他们禁止买卖圣职，他们清除一批靠金钱和关系当上主教的家伙，他们要求懒散的神职人员履行职责，他们强调教士单身，不得和女人同居。

每次都是不了了之。

在 16 世纪之前，欧洲还没有一种力量可以抗衡罗马教会。虽然遭到很多名人的批评，教皇并没有意识到危机来临。托马斯·莫尔就提出过，强化红衣主教会议，限制教皇权力。

随着地理大发现，商人阶层兴起，人文思想传播，特别是印刷术的普及，各个方面以排山倒海的洪荒之力冲击罗马教会。

当教皇意识到的时候，甚至教皇还没有意识到的时候，一场灭顶之灾已经来临。

人们反对的不是腐败，不是个别教皇，他们反对的是罗马教会垄断真理，反对的是罗马教会束缚人的自由。

哥白尼的"日心说"，把科学从宗教中解放出来了。

马基雅维利的《君主论》，把政治从宗教中解放出来了。

大商人的出现，把经济从宗教中解放出来了。

《巨人传》等人文思想的出现，把人权从神权中解放出来了。

亨利八世的出现，把国家、政府从宗教中解放出来了。

国家利益不再服从教会利益，人权不再服从神权，真理（科学）不再服从《圣经》，这就是宗教改革的核心思想和追求的成果。

应该说，很多改革并不是针对罗马教会的。比如德国农民起义，表面上反对的是神父，实际上反对的是压迫他们的所有德国权贵。

但是，罗马教会垄断了一切，所以成为所有人攻击的目标。

当然，所有反对的力量都不主张推翻教会、取消教会，而是督促教会改革。毕竟，无神论者（不信耶稣）和泛神论者（万物皆神）在欧洲几乎没有。

其中，对罗马教会打击最狠，甚至把教皇踩在脚下的人，是德国的一名普通教授。

这名教授就是马丁·路德。

马丁·路德（1483—1546）

我不能，也不愿收回我的观点，因为这样违背良心，既不安全，也不正当。

这就是我的立场，求神帮助我。

我觉得自己彻底重生了，就像是进入了天堂的大门。

即使知道明天世界将会毁灭，今天我还会种下苹果树。

谎言就像滚雪球，时间越长，变得越大。

人类像一块木头、一个石块、一把泥土或一撮盐一样地不自由。

当一切过后，我们忘记敌人说过什么，却深深记得朋友的沉默。

我只是教书、传道、写作，除此之外并没有做任何事。一切都是天道的功劳。

第二十章

马丁·路德——把欧洲分成两半儿的人

1505 年是个不平凡的年份。

明朝正德皇帝继位,英国亨利八世继位,俄罗斯瓦里西三世继位。

这年 7 月一个闷热的夏日。一个大学生在探望父母之后,准备返回学校上课。当他经过史道特亨村时,电闪雷鸣、大雨如注。

可怜的年轻人差点被一道闪电击中,吓得他直接趴在泥坑里不敢起来。

被雷劈死实在是太耻辱、太滑稽了。

小伙子抬头向天,大声哭求:

"圣亚拿(一个保护神),救我!如果我不死,我一定会成为一名修士。"

风雨过后,这名叫马丁·路德的小伙子从大学退学,进入圣奥古斯丁修道院。

不当学生当和尚。路德的父亲气得暴跳如雷。

1483 年,路德出生于德国艾斯莱本镇的一个普通农民家庭。他父亲是个矿工,有点儿积蓄后投资了一个小矿,还当上了村议员。路德是家中九个孩子中的第八个。因经济困难,他的母亲不得不打零工来补贴家用。

路德父母经常体罚孩子。

路德长大后写道："我的双亲待我极为严厉，使我的性格变得十分怯懦。我承认我犯过错。但他们惩罚的时候从来不分场合、不分方式。"

路德上学后，也经常遭受老师的体罚。

今天的欧洲，父母和老师打孩子都是犯法的。

过去的欧洲，父母和老师不打孩子是不正常的。

幼年的压迫在路德心中埋下了反抗的种子。

1501年，路德进入埃尔福特大学哲学系，学习拉丁文、语法学、修辞学、逻辑学、道德学和音乐，顺利获得本科学位。

在父亲的建议下，路德学习法律，顺利获得硕士学位。数百年来，法律一直是欧洲的热门专业，毕业后收入可观，还能接触王公贵族。直到今天，法律专业仍是欧美热门专业。1505年被雷劈的时候，路德正在攻读法学博士。只要一毕业，马上就有一份收入可观的工作。

路德的兄弟都不争气。路德的爸爸把自己养老的希望全部寄托在路德身上。没想到这个不肖子要出家为僧。僧人是没有工资的，靠别人的施舍和劳作养活自己。

路爸悲愤地问路德，将来你拿什么养我？

路德回答，我可以为您念经、为您祷告。

如果你的儿子要出家为僧，不知道你会做何感想。

父亲气得发誓不去修道院看这个不肖之子。

路德在修道院里学习很刻苦，生活很艰苦。路德后来写道：

"我是一个好修士，严守纪律。礼拜、祈祷、阅读，从不拖延。我可以宣称，若有修士能因着遵守纪律就能到达天堂，那应该就是我。

在这里的伙伴，只要是知道我的，都能够为我作证。"

当路德第一次主持弥撒时（相当于厨师学校毕业，第一次当众做全套菜肴），父亲带着全家二十多人前去捧场。

1508年，路德进入维滕贝格大学，获得圣经硕士。

1510年，路德受命前往罗马。

这将是一场朝圣之旅，就像一名中国高三的学生前往牛津剑桥参观一样，充满着期待。然而，在罗马，路德看得目瞪口呆。

本应该虔诚、节俭的罗马教会总部人员，白天拼命捞钱，晚上拼命享受。他们住豪宅、戴珠宝、吃大餐、玩女人。

说句毫不夸张的话，当时的罗马教会是人类历史上最贪污腐化的组织，没有之一。同时，他们又宣称自己肩负着上帝神圣的使命，要求其他人节俭、苦修。

英国大主教莫顿（托马斯·莫尔的老师）称罗马为"精液和月经血横流之地"。他劝教皇制止这种罪恶。

教皇说，根本没必要，而且也制止不了。

1512年，路德在维滕贝格大学获得神学博士学位。他留校成为教授。

教皇利奥十世想在罗马盖圣彼得大教堂，盖世界上最大的教堂。

唯一的困难是没有足够的钱。

阿尔布雷希特主教想花钱买红衣主教，也没钱。

他向富格尔家族贷款，把买官钱送给教皇。

教皇拿到钱后，把红衣主教的位置卖给他。

阿尔布雷希特当上红衣主教，向百姓收钱，偿还富格尔家族的贷款。

收钱的途径是销售赎罪券。

赎罪券是什么东西？

按照天主教教义，圣人直接升天堂，恶人直接下地狱。不好不坏的普通人，死后要经过一道清洁程序，灵魂变干净之后才能升入天堂。

清洁的过程叫炼狱，清洁的手段是火烧，异常痛苦。

活人当然体会不到炼狱的痛苦。可是，谁没有故去的父母亲人呢？至少还有爷爷奶奶。所有故去的亲人正在被火烧、被虐待。

花小钱买赎罪券，地下的亲人可以减刑。花大钱买赎罪券，亲人可以立即停止炼狱，升入天堂。

阿尔布雷希特雇用了一名销售赎罪券的主管。这个人可以说是最早的销售天才，并在历史上留下大名——约翰·特策尔。

特策尔为赎罪券设计了一条很吓唬人的宣传语。

把你的硬币往箱子里一扔，"叮当"一声，烧亲人的烈火立即降温一半。

再扔一个"叮当"，亲人的头从火里出来了。

再扔一个"叮当"，亲人的胸部从火里出来了。

再扔十个"叮当"，亲人全身从火里出来了。

不扔"叮当"，你死去的母亲正在烧呢，你死去的父亲正在哭号呢。你这个冷血的家伙，你对你的至亲不闻不问，你还是人吗？

这让我想起了冥币。这边一烧，那边就有钱花了。

当路德看到教会销售赎罪券后，他坐不住了。

这简直是荒谬至极！

他立即写了一篇文章，痛斥赎罪券是骗钱的把戏。为了扩大影响力，1517 年 10 月 31 日，路德把这篇文章贴在维滕贝格教堂的大门上。

这篇文章共 95 句，史称《九十五条论纲》。

在文中，路德认为，罪行不是商品，不能买卖。

你把钱给教皇，教皇也没有权力赦免你的罪行，只有上帝可以。

因此，如果你有罪的话，不要花钱，直接请求上帝原谅。

教皇用赎罪券的钱修建大教堂，不如把这些钱直接分给穷人。

路德写这篇文章，是一个书呆子想阐述赎罪券的是非，并通过文章建议教会兴利除弊。所以文章题目叫《论纲》。

路德没有想到，他已经惹下杀身之祸。

路德没有想到，他一个人竟然把欧洲分裂为两个。

路德没有想到，日后上百万人死于这篇文章。

这是人类历史上最短小，却最有杀伤力的论文。

路德是否将《九十五条论纲》贴在教堂的大门上，此事历史上有争议。不过，路德把《论纲》寄给阿尔布雷希特，这件事是真的。阿尔布雷希特把《论纲》送到美因茨大学进行审查，同时抄送了一份给教皇。

高高在上的教皇利奥十世自然不会把一个小小的德国教授放在眼里。他也不认为《论纲》有什么威胁。他希望德国人自己搞定，不要烦他。

1518 年 4 月，罗马教会要求德意志教区长斯道皮茨举办一次会议，当场批判路德。为了批倒路德，斯道皮茨给了路德充分的发言时间，好找出他的错误。会场上很多人对路德轮番轰炸，但路德的发言也赢得了不少同情者和支持者。

罗马教会听说批判路德的会议失败了，于是发了一张传票给路德，要他在 60 天内到罗马出庭。

显然，去了就回不来。

路德所在地区的领主是腓特烈，外号"智者"。他想保护路德的安全。

他提议，教皇可以派代表和路德单独会谈。与其把路德事件公开化，不如大事化小，小事化了。

10 月 12 日，在奥格斯堡，红衣主教迦耶坦受教皇委托召见了路德。

路德谦卑地俯身致敬。

迦耶坦十分客气。他说，只要路德撤回前言，一切既往不咎。

路德说，如果我决心撤回前言，就没有必要来这里了。

迦耶坦说，在 1343 年的一份教皇教谕中有这样一句话，耶稣的功劳是赎罪券的宝藏。

路德说，如果真有这样的话，那我就撤回前言。

迦耶坦得意地打开那页书。

路德得意地指着那行字念道，耶稣的功劳取得了赎罪券的宝藏。这里写着"取得宝藏"，不是"是宝藏"。

迦耶坦说，教皇是上帝在人间的代言人，教皇是《圣经》的最终解释者。不管任何人如何理解《圣经》，最终的标准答案都在教皇那里。

路德说，在教皇和《圣经》两者之间，我认为《圣经》高于教皇。在信仰问题上，即使是一个普通的信徒，只要有充分的理由，都可以高过教皇。

路德当面拒绝了迦耶坦的劝告。他回到房间后，不敢停留，立即逃回维滕贝格。

为了防止迦耶坦怂恿教皇采取严厉的惩罚措施，腓特烈写信向教皇解释说："关于路德是否异端，现在在大学中有争议，不能定论。"

另一方面，他劝路德闭嘴，安静一段时间。

1519 年 1 月 12 日，神圣罗马帝国皇帝马克西米利安逝世。实力雄厚的西班牙国王查理和强硬的法国国王弗朗索瓦摆出一副势在必得的架势。教皇支持的人却是腓特烈，因为后者最弱。教皇尊重腓特烈的意见，暂时没有采取行动。

因戈尔施塔特大学的神学家约翰·埃克是路德的老朋友，但他强烈反对路德的观点。

1519 年 6—7 月，埃克邀请路德的同事卡尔施塔特在莱比锡进行一场公开辩论。埃克最初希望与路德展开辩论。此时路德正在闭嘴期，只能观辩不语当君子。

两人辩论到一半的时候，路德终于按捺不住，加入战队。

埃克说，耶稣曾经对彼得说："你是彼得，我要把我的教会建造在这磐石上。"彼得有石头的意思，因此，"磐石"就是彼得。彼得是首任教皇，所以，耶稣授权教皇解释《圣经》。

路德说，磐石是耶稣本身，不是彼得。

埃克说，罗马时代有一份文件，提到罗马教会享有众教会的首领地位。

路德说文件是假的（后来证明果然是假的）。

埃克气急败坏地说，你想想约翰•胡斯的下场。

约翰•胡斯是布拉格大学校长。他说，凡是《圣经》里没有出现的内容，都不应当被视为真理。教皇的很多话在《圣经》里没有，所以不必听。

1414年，胡斯参加一次宗教会议，被教皇的人活活烧死。

路德说，我不承认罗马教会的权柄来自神。但我不想同它（罗马教会）作对，也不想推翻它。

整个辩论会持续18天，双方都不肯让步。

主持会议的乔治亚伯爵不得不宣布休会。你们这些人没完没了，伙食费都是花我的！

一开始，路德只是指出销售赎罪券是错的。接着，又对改进罗马教会提了一些建议。因为这场辩论，路德指出罗马教会的权力来源有问题。为了赢得辩论，路德认为教皇无权解释《圣经》。

路德本来指出房子有一扇窗子破了。被房子主人痛斥后，"气急败坏"的路德反击道：

"你的门也是破的！你的地板也是破的！你的天花板也是破的！你的整栋房子都是破的！"

本来只有《九十五条论纲》一篇文章，现在又有了路德在各种场合的发言。得益于印刷术的发展，大量路德言论被印制几千份，上万份，进入千家万户。每一份都有指责罗马教会和教皇的内容。全欧洲似乎都在评论教皇。

当年的教皇可以烧死胡斯，现在的教皇无论如何也烧不完那些印刷品。

教皇这头大象被路德这只蚂蚁咬痛了。

1520年6月15日，教皇下令：

一、焚烧路德的所有书籍。

二、路德本人必须在60天内认错，宣布收回他的41项言论。

否则将路德开除出教会。

开除教会的人将直接下地狱，连炼狱的机会都没有。

世界领袖，所有子民的父亲，教皇向路德宣战了。

不肯认输的路德决定反击。他在《致德意志基督教贵族公开书》一文中提出一个大胆的观点：

人人可以为祭司。

什么意思？

当时欧洲人分神父和平民两类。平民和上帝沟通，必须通过神父进行。

路德认为，平民不通过神父就可以直接和神沟通。

人人都可以当神父。

这句普通的话后来演变为一句惊天动地的话：

上帝面前人人平等。

教皇、红衣主教、大主教、神父，你不要管他们级别有多高。在上帝面前，你和他们是平等的。在上帝眼里，你不低于他们。

后来，这句话演变成另一句话：

法律面前人人平等。

在《论基督徒的自由》一文中，路德提出了一个更重要的观点——因信称义。

参加宗教仪式、背诵《圣经》、做好事、捐钱给教会、买赎罪券，这些都不会让你成为义人。上天堂只有一条途径，你从内心里相信上帝。

有人花高价买头炷香，有人遇到急事才临时到庙里拜拜，有人犯了罪去神像前面叩头。有理智的你去想想，神会保佑这样的人吗？

我给寺庙捐大钱，我身上带着神像，我天天读经。

神会保佑我吗？

有一个问题困扰了我很长时间。那就是：

为什么好人不长寿，而祸害活千年？

按照路德的说法，在上帝眼里，没有好人坏人。好和坏都是人的评价。在上帝眼里，只有义人和不义的人。义人上天堂，不义的人下地狱。

好人如果是义人，他活得短，是上天堂享福去了。

坏人如果是不义的人，他活得长，犯的罪多，以后在地狱里受折磨也多。

10 月 10 日，路德收到教皇的诏书。

他算好日子，故意拖延到 12 月 10 日，然后举行了一场隆重的直播仪式。

路德在城市广场面对同事、学生和市民，宣读了教皇的诏书，然后扔进火堆。当时欧洲还没有流行烟草，否则场景应该是这样的：

　　路德用打火机点燃诏书，然后用诏书点燃嘴里的烟，然后抖抖诏书，从嘴里吹出一股长烟。

　　路德根本不把开除教会当回事。他说，如果我是罪人，不管教皇是否把我开除教会，上帝都会惩罚我。如果我不是罪人，又何必怕教皇呢？

　　1521 年 1 月 3 日，教皇公开将路德革除教籍，他告诉查理五世，该你出场了。

　　教皇只有宗教法庭，只能消灭路德的灵魂。

　　皇帝有世俗法庭，可以消灭路德的肉体。

　　1521 年，正德十六年。

　　查理五世皇帝决定在沃尔姆斯召开一次帝国会议，审判路德是其中一项议程。

　　当然，路德本人很可能不参加。

　　为了显示公正，皇帝向路德颁发往返路条、来去自由。

　　4 月中旬，路德来到大会现场。面对朋友的好心规劝，路德说，纵使沃尔姆斯的恶魔像房顶上的瓦片一样多，我也不怕。

　　查理皇帝坐在会场正中的宝座上，旁边站着的是他的弟弟费尔南多大公。除此之外，还有六位选帝侯，二十四位公爵，八位侯爵，三十位大主教、主教和主持，七位大使，十位自由城市的代表，还有许多王子爵士，及教皇的使臣，阵容强大。他们当中，大多数人和审判路德无关，但谁都不想错过这个历史机会。

　　的确，这将创造历史。

　　当时土耳其大军正进攻欧洲，匈牙利危在旦夕。但没有人关心。四个月后，贝尔格莱德失守。

　　4 月 17 日，会场大门打开，路德迈步进入，面对所有权贵。

　　皇帝代表上前，用手指着大厅中间桌上的二十本书问道：

　　"路德，你要如实回答，这些书是不是都是你写的？"

　　路德扫了一眼，用拉丁文和德文分别答复说："是的。"

　　皇帝代表接着问："你是否撤回这些书和书中的内容，或者你仍然坚持书中的观点？"

　　路德突然紧张起来，他说：

　　"陛下，各位大臣，有关信仰和灵魂得救问题，这事关基督教最根本的教义，我不能未经考虑草率答复。耶稣说过，'凡在人面前不认我的，我在我天上的父面前也必不认他。'故此，我谦逊地请求陛下给我时日，使我的回答不至于违反神的话语。"

会场很多人叫嚷起来，让路德立即认罪。

皇帝倒是很大度。他让代表回复路德，给他一日宽限。

会场所有人都认为路德怯懦了，他很可能要让步。

第二天，当着所有人的面，路德郑重回答道：

"我的良心受神的话语捆绑，我的行为受《圣经》约束。除非《圣经》能说服我，否则，我不能，也不愿收回任何意见。如果我撤回自己的观点，就是为专制统治服务，就是为邪恶打开了窗户，甚至大门。

我不能违背良心，那样既不安全，也不正当。

这就是我的立场。我别无选择。

求神帮助我。"

有神职人员大声抗议，要求逮捕路德、烧死路德。

德国诸侯则暗暗高兴。他们支持路德，并加入新教。这样做有两个好处，一是不再向教皇交税；二是不再让教皇任命自己地区的主教。

面对分歧，查理皇帝左右为难。他需要教皇帮助他对付法国，但他也不能得罪德国诸侯，以及德国人民。

自从路德来到沃尔姆斯，他就成为这里的明星和偶像，风头远远盖过皇帝。

教皇特使写道，百分之九十的市民在呼喊路德的名字，剩下的百分之十则咒骂该死的罗马教会。

查理五世宣布大会暂停，并允许路德离开沃尔姆斯。

随后，皇帝召开了小范围的闭门会议。他提出了自己的意见。路德有罪，应立即逮捕并择时烧死他。路德著作列为禁书，全部焚毁。

会议发布的公告指出，"路德教导的言论，会导致叛乱、分裂、战争、谋杀、强盗、纵火，及基督教国家的崩溃。"

皇帝处罚路德有两个理由。一是小小的路德死不足惜，却能换来教皇的支持。二是自己信奉天主教，而德国诸侯受路德影响加入新教。德国诸侯和自己信仰不和，越发不容易领导他们。

皇帝还是有远见的。后来德国诸侯果然起兵同皇帝作战。

查理五世给了路德一个月的悔罪期。一个月后，人人都有权抓捕路德。

路德在沃尔姆斯会议（左边在宝座上的是查理皇帝）

不久传来各种小道消息。路德被人绑架了，路德被人暗杀了。

总之，没人知道路德去哪了。

很多影视剧是这么拍的。路德坐着马车匆匆离开沃尔姆斯。经过一片黝黑的森林时，一队举着刀枪的士兵截住他，给他戴上头套，把他带走了。

其实绑架路德的人，恰是他的保护人腓特烈。

他把路德秘密送到瓦特堡，不让路德出来。

路德只好关起门来，翻译《圣经》，从拉丁文翻译成德文。

罗马教会规定《圣经》只能用拉丁文书写，不能翻译成德文、英文和法文。欧洲绝大部分百姓看不懂拉丁文，只能听从神父的解释。至于如何解释，当然是有利于罗马教会的解释。

英国学者廷德尔忿忿地说："如果教会允许我把《圣经》翻译成英文，我可以在短短几年之内，使扶犁耕田的农家子弟比主教更懂《圣经》！"

廷德尔流亡德国，翻译并印刷了 6000 册英文版《圣经》，偷偷运回英国。

英国政府闻讯如临大敌。他们盘查所有在英国停靠的船只，只要发现英文版《圣经》当场没收。伦敦主教想了一个"损招"。他派人花高价购买每一本英文版《圣经》，然后集中焚毁。

历史就是这么诡异。英国政府禁止出版英文版《圣经》。

1536 年，罗马教会将 42 岁的廷德尔处死。

路德对教会的无情揭露唤醒了农民对神职人员的痛恨。他们捣毁教堂、殴打神父，最后开始抢夺贵族的财产。诚然，农民是社会的底层，是被压迫者。他们追求公正，但他们没有理论武器，只有暴力机器。他们没有建设，只有破坏。

1522年3月，路德不顾自己被通缉的身份，从瓦特堡返回维滕贝格。他大声谴责暴力、咒骂农民。最终，农民起义被平息。

欧洲主流学者对腐败的教会强烈不满。他们督促教会立即进行改革。他们认为破房子要修补，不必拆掉重建，重建比不修还危险。

他们批评教皇，却强烈反对路德。欧洲主要大学，包括科隆大学、鲁汶大学在内，纷纷站出来支持教皇，反对路德。

历史学家施莱登写道：

"一个男人独自承受了全世界的恶意和冒渎。"

承受巨大压力的路德经常以辱骂作为回应。

路德说教皇本来应该是改革者，却无所作为，是"穿红衣的巴比伦淫妇，为了追逐情夫无情地抛弃了自己的孩子（教会）"。

教皇回复说，路德是上帝葡萄园里的一头狐狸。

路德说英国国王亨利八世是"把头颅装进麻袋里的蠢货"，是"一头猪，一座粪堆，一条蝰蛇的后代，一个撒谎的小丑，嘴上有泡沫的疯子"。

亨利八世说路德是"恶狼"，是"将异端哺育成熟并携带出地狱的狗"。

路德说红衣主教对他的斥责比一头驴弹琴还难听。

"我还有屎和尿，用它们擦擦你们的嘴然后享用美味吧。"

现在有一个路德语录生成器网站。你点击一下，就会弹出来一句路德骂人的话。下面还有这句话的出处，证明不是编的。

路德还干了一件事情。他激烈地反对"日心说"，咒骂哥白尼是傻瓜。

路德不会想到，哥白尼对罗马教会的破坏力，对教皇的伤害，比他要大上百倍。

有九名修女希望逃出修道院，过普通人的生活。她们秘密写信向路德求助。

路德把一辆拉鲱鱼的车子送进修道院，把九个人偷偷接出来。然后，路德把八名修女打发走了，留下来一个做自己的妻子。

路德后来承认，一开始他并不爱凯特。之所以选择与之结婚，他有两个目的：

一是让父亲高兴；二是让教皇生气。

教皇不允许教士结婚，路德偏要结婚。从此，结婚成了新教的规矩。

不过，路德最终不可救药地爱上了凯特。妻子有知识，有头脑，在很多方面可以帮助他。两个人生活得很幸福，育有六个孩子。

路德写道："汉斯正生乳牙，开始说话。这是婚姻的乐事，教皇不配享受。"

路德一边享受自己的生活，还不忘记讽刺教皇。

路德还有一个伟大的发明。

当时欧洲流行一种用滚动球碰倒瓶子的游戏，但瓶子的数量与摆放没有统一的标准。路德规定瓶子的数量为九个，并摆放成钻石形状，即"一二三二一"。

每个瓶子都是一种罪恶，所以我们要打倒它们。

下次你打保龄球的时候，可以认为每一个瓶子都是亿万富翁，或者是情敌。

路德多次表达了对音乐的热爱。后世的德国人深受路德影响。音乐成为德国人生活中不可缺少的食粮。伟大的音乐家巴赫就是路德的同乡和校友。

1546年2月，路德死于故乡艾斯莱本。

一年后，查理五世皇帝率领大军进入艾斯莱本。有人劝他破坏路德的坟墓。

查理五世说，我的敌人是活着的人，而不是死人。

1552年，德国新教诸侯向查理五世宣战，并打败了他。查理五世被迫签下《奥格斯堡和约》，承认德国诸侯有信仰新教的权利。

由德国开始，荷兰、苏格兰、英国、丹麦、瑞士、瑞典，西欧一半的国家脱离教皇，成为新教国家。新教的荷兰和天主教的西班牙打了80年。新教的英国和西班牙对峙了40年。法国打了30年宗教内战。接着，全欧洲的宗教战争持续了30年。

随着大英帝国的扩张，今天的美国、澳大利亚、新西兰也是以新教为主的国家。

新教有很多分支。其中一支因特别信奉路德，被称为路德宗。目前信徒分布在100多个国家和地区，接近1亿人。

一切变化都是因为那道闪电。

也许连上帝都看不惯罗马教会的腐败，用闪电提醒路德去行动。

2005年11月28日，德国电视二台投票评选有史以来最伟大的德国人，路德名列第二位，超过爱因斯坦、贝多芬、康德、歌德、马克思，足见他的历史分量。

路德为什么如此重要？

自西罗马帝国灭亡以后，基督教统治了欧洲一千年。史学家称这一千年为黑暗的中世纪。为什么？

因为《圣经》垄断了一切思想。人们什么都不用学。

凡事都去问神父，人们什么都不用想。

路德的价值体现在：

再神圣、再强大的罗马教会也不能垄断真理。

凡事不需要问神父，你自己去问上帝。自己思考、自己寻找答案。

为了避免新冠病毒传播，前一段时间欧洲各国政府禁止人们去教堂参加活动（见不到神父）。如果马丁·路德活过来，他一定说：

"我早就说过了，生活可以没有神父。"

允许人思考，就会释放人类巨大的潜能。

几十年后，法国思想家蒙田说了一句名言："我知道什么？"

蒙田的意思是，我们每个人所接受的思想、知识，是正确的吗？是全面的吗？是不是还有很多我们不知道的东西？

蒙田被认为是怀疑论代表者。怀疑就是对现实不认可，是寻找答案的起点。

又过了几十年，法国另一位思想家笛卡儿又说了一句名言："我思故我在。"正是这句话，把欧洲带入理性主义时代。

把路德、蒙田和笛卡儿三个人的思想串联起来，就是：

我可以自己找答案——我不知道哪个答案是真的——理性思考，你就能找到答案。

所以，宗教改革比文艺复兴重要一百倍。

当然，如果不是路德，也会有其他宗教改革者站出来。由于罗马教会的腐败，激进的改革者很多，温和改革者更多。只不过是路德点燃了火花，引起了爆炸。

明清时期，中国没有出现大的思想动荡，也没有引发社会变革。

当然，中国也有聪明人，也有很多人看到了社会的弊端。

王阳明高呼："今天下波颓风靡，为日已久，何异于病革临绝之时！"

何心隐反对"无欲"，主张"寡欲"。在五伦（君臣、父子、兄弟、夫妇、朋友）中，他特别强调朋友，这里面蕴含着平等的思想。他猛烈抨击封建专制主义，还亲自试验，试图建立一个"乌托邦"社会。

李贽更是大胆地提出，孔子并非圣人，孔子没什么了不起的。人人都是圣人，没必要一定要去学孔子。

教皇说路德是异端，明朝政府说何心隐是异端，而李贽则自称为"异端"。

何心隐、李贽被迫害致死，他们的影响也消失了。

黄仁宇在《万历十五年》写道：

"李贽的悲剧不仅属于个人，也属于他所生活的时代。传统的政治已经凝固，类似宗教改革或者文艺复兴的新生命无法在这样的环境中孕育。社会环境把个人理智上的自由压缩在极小的限度之内。他只能长为灌木，不能形成丛林。"

常有人问马丁·路德·金和马丁·路德有什么关系？

准确地说，我们熟知的马丁·路德·金应该是小马丁·路德·金。

他的父亲才是马丁·路德·金。

马丁·路德·金原名迈克尔·金，是一位教会领袖。

1934年，他受马丁·路德影响，改名马丁·路德·金。

当时他的儿子才5岁，叫小迈克尔·金。

他把儿子也改叫马丁·路德·金，即最知名的小马丁·路德·金。

以上内容可以改编为绕口令。

第二十一章

耶稣会与中国

依纳爵·罗耀拉（以下简称依纳爵）于1491年出生于西班牙的一个贵族家庭，与正德皇帝同年。

依纳爵这个名字听起来比较陌生。

上海徐家汇有一座高大的天主教堂，想必很多人都看到过。

那座教堂的正式名称是"圣依纳爵堂"。不错，就是纪念依纳爵的。

1521年，正德皇帝去世。

这一年，在一场战斗中，依纳爵的右腿被炮弹击中，血肉模糊。

军医给他实施了简单的手术。依纳爵忍住巨痛、面不改色。敌人为依纳爵的英勇折服，派人用担架送他回家。

回家后，依纳爵再动手术，差点死去。术后，他的一条腿长，一条腿短。年轻人爱美。依纳爵要求医生第三次动手术，用夹板强压的方式把短腿拉长。

整日躺在床上实在无聊，依纳爵叫人找几本骑士英雄的书（类似于武侠小说）来打发时光。拉伯雷的《巨人传》不错，可惜还没有出版。

仆人只给他找到两本书：《耶稣传》和《圣人言行》。

要在平时，依纳爵是绝对不会看这类书的。

依纳爵没有选择。他拿起书，翻开封面，硬着头皮往下读。没想到越读越有味，甚至有大梦初醒的感觉。对比书中的人物，想想自己的生活。他产生了一个想法：

"我能不能成为一名圣人？"

数十年前，一名 11 岁的中国童子告诉他的父亲，我长大了要当圣贤。这名童子就是王阳明。他比依纳爵大 19 岁。

一道闪电照亮了马丁·路德前方的道路。

一枚炮弹炸醒了依纳爵沉寂的灵魂。

一个手机蒙蔽了多少人明亮的眼睛。

1522 年 2 月，伤势痊愈后，依纳爵身穿破衣，徒步前往西班牙东北的蒙沙利。那里的圣母闻名整个西班牙。

在蒙沙利，依纳爵严格禁欲、每天祷告，靠行乞为生。

有人见他气度非凡却邋里邋遢，于是厉声叱责他说："你这个自甘堕落，不成器的东西！"

依纳爵平静地回答："你批评得对。我的确有罪，犯了大罪。"

那人发现依纳爵心态平和不动怒，谦卑得体不失礼，急忙向他道歉。

蒙沙利附近有个蒙莱沙城，城外有个山洞。依纳爵每天进山洞里冥想，或者说胡思乱想。混乱让他沉浸在恐惧和痛苦当中。他将这些感悟记录下来，后来写成一本名著，叫《神操》。

那个山洞离巴塞罗那不远，现在洞外建了大教堂，成为圣地。去西班牙旅游的人可以考虑一下。

阳明先生也是在一个山洞（龙场阳明洞）悟道的。

思而不学则殆。依纳爵发现自己胡思乱想始终没有结论，原因在于学识短浅。1524 年，33 岁的依纳爵前往巴塞罗那，学习文学、伦理和神学。作为一名出身贵族的大学生，他没有搬进宿舍，反而住在贫民窟里。他也没有打工，继续以乞讨为生。他不泡妞、不打牌、不玩游戏，把所有的业余时间都用来为同学、儿童、教友讲解教理。

当地官员觉得这个叫花子到处找人谈话，一定有不可告人的目的，于是将他逮捕。经过审讯，官员尊敬地把他请出牢房。

1528 年 2 月，依纳爵来到巴黎求学。他老毛病不改，继续骚扰同学。

教师唆使校长对依纳爵严厉处罚、公开惩罚。

经过调查，校长把依纳爵请到礼堂，当着全体学生的面，向他谢罪。

依纳爵经常给同学们说的一句话是：

"如果你丧失了灵魂，即使赢得全世界，人生也是没有价值的。"

1534 年，43 岁的依纳爵获得巴黎大学文学硕士学位。

到了这个年纪才大学毕业，依纳爵还能有出息吗？

在学校里，依纳爵结识 6 位好朋友：方济各·沙勿略（以下简称沙勿略）、西满罗德利葛、伯多禄法华、雷纳、沙墨隆、尼各老巴伯弟拉。

七兄弟决心维护天主教会、维护教皇，向全世界传播《圣经》。

同期，七兄弟有一位校友却决心加入新教、反对教皇。他叫约翰·加尔文，一位与马丁·路德齐名的宗教改革家，一位猛扇教皇耳光的人。加尔文在瑞士建立了欧洲新教的中心，日内瓦成为新教的"罗马"，加尔文成为新教的教皇。

当时闻名于欧洲的大学者伊拉斯谟也是巴黎大学毕业的。

依纳爵在巴黎大学很可能见过两个人，都是世界知名人物。一位是近代解剖学创始人维萨里，一位是肺循环的发现者塞尔维特。

当时的巴黎大学真是人才济济啊！

1537 年，七兄弟决定成立一个组织，名字叫作耶稣会。所有人发誓除遵守三个圣愿（守贫、守贞、服从）外，增加一个圣愿：为了拯救他人的灵魂，愿意前往世界任何地区，愿意拯救世界上的任何人。

依纳爵的《神操》是耶稣会的行为准则。

之后，依纳爵、伯多禄法华和雷纳三人前往罗马，朝觐教皇保罗三世。

1540 年 9 月 27 日，保罗三世正式颁诏，核准耶稣会成立，总部设在罗马。

1541 年耶稣复活节，依纳爵就任耶稣会总会长。

成立教会组织需要向教皇申请。1525 年，教皇批准方济嘉布道会成立。该会会员身穿褐色布袍，头上戴着一种叫"卡布奇"的风帽。后来，意大利人发明了一种有气泡牛奶的咖啡，上边白、下边褐，有点像方济嘉布道会的装扮，于是起名"卡布奇诺"。

罗马教会高层虽然腐败，底层却始终有一些坚持信仰、严格自律的人（马丁·路德也算）。他们在罗马教会底下成立小教会，约束自己的会员，使小教会保持纯洁。

过去的神职人员主要分为两种，一种是教士，为平民提供洗礼、结婚、丧葬、代祷服务。另一种是修道士，远离人群，过苦行僧般的生活。这两种神职人员都是专职人员。

而耶稣会士可以不穿教会的衣服，可以不过修道士那种山野生活。他们可以开办学校医院，可以投资经商，可以科学研究，可以朝廷做官。

不管你平时做什么，只要你没有忘记传教就行。

新教攻城略地，罗马教会在欧洲市场上受到排挤，市场份额大幅下滑。

保罗三世批准耶稣会，是考虑让耶稣会走出去，开发亚洲市场、美洲市场，发展教徒。

路德创立新教，表面上把罗马天主教打成半身不遂，实际上却惊醒了天主教，促进了天主教的反思，最终也挽救了天主教。在此之前，没有任何力量能促使天主教改革。现在，天主教不得不和新教竞争，不得不净化自己的队伍，不得不放下身段聆听教徒的声音。就像一个大公司突然发现一家新成立的小公司迅速夺走自己客户时，才能痛下决心，进行壮士断腕般的改革。

1556年7月31日，依纳爵去世。

这一年，耶稣会士由成立时的10人增加到1000人。其12个机构遍及欧洲、印度和巴西，并拥有33所学院。

到了今天，耶稣会遍布70多个国家，拥有168所高校，324所中学，80所小学。中国大陆、香港、台湾都有耶稣会的教育机构。

1622年，依纳爵被教皇封圣，从此称圣依纳爵。

明朝政府没有办法封王阳明为圣人，反倒以军功封他为侯爵。

明朝最有可能成为圣人的，是万历年间翻译《几何原本》的徐光启。

宋美龄最常使用的，就是依纳爵的祈祷文：

"主啊，请接受我的全部自由、我的记忆、我的了解和我整个全人的意志。我所有的一切，都是您赐给我的，现在我将它还给您，任凭您的意志处置。只要将您的爱和仁慈赐给我。有了这些，我便足够富有，不再奢求其他。"

耶稣会创始七兄弟当中，与中国有关的是沙勿略。和沙悟净绝对没关系。

沙勿略1506年出生于西班牙，22岁获博士学位，24岁成为巴黎大学讲师。他的学习成绩比依纳爵强多了。

1541年4月7日，沙勿略以教皇特使的身份，从葡萄牙扬帆启程，经过大西洋和印度洋，前往远东地区传教。

临行前，葡萄牙国王赠送给他许多礼物。沙勿略一一奉还，只收了几本书。

人们劝他带上一个仆人，路上方便一些。他说道：

"一个人必须亲手洗衣服，煮饭烧菜，方能受到众人的尊敬。"

葡萄牙人前往印度、中国，想采购商品发大财。

西班牙人前往美洲，征服印第安人建立历史功名。

沙悟净不远万里，跟着师父前往西天取经。

沙勿略不远万里，向东方传经。

郑和下西洋的时候，应该留下一些儒生，在东南亚、南亚建文庙，教当地人学习"四书""五经"。

沙勿略写信给依纳爵说：

"我这一生能留下些什么，我已经想清楚了。至于我们俩，今后只能通过书信相聚了。让我们相约，在上帝的国度里面对面拥抱吧。"

1542 年 5 月 6 日，沙勿略到达印度果阿，历时 13 个月。

果阿成为葡萄牙的殖民地，已经 30 年了。

一开始，沙勿略的服务对象是当地的欧洲人。他上午去医院、监狱探视病人和犯人，下午在街头召集儿童和奴仆，给他们传道。

沙勿略学习当地语言，把《圣经》内容编写成简单的故事，发展当地信徒。

只要是人，就是沙勿略的潜在客户。

为了拉近与当地人的距离，沙勿略和他们过同样的生活，吃粗米、睡地板，以苦为乐。他写信给葡萄牙国王说，自己做好了死在印度的打算，不过心里是无比欣喜的，因为发展每一个人入教都是非常快乐的，而这里需要入教的人多得数不过来。

1545 年春季，沙勿略前往马六甲，在那里传播福音。他又到马来西亚、印尼等地进行传教。整个过程中遇上的困难是巨大的、不可想象的。

然而，在给依纳爵的信中，沙勿略说：

"这几个月来，我遭遇的危险，执行的工作，都给予我很大的神慰神乐。我到了这些陌生的岛上，不禁狂喜流泪，身体越疲劳，就越觉得快乐。"

1548 年 1 月，沙勿略回到印度。

1549 年 4 月，沙勿略前往日本传教。

此时的日本分裂为两百多个诸侯国，打成一团，没有人服从天皇。

数十年来，葡萄牙人一直同日本人做生意，把先进的西方武器卖给他们。

沙勿略发现在日本生活条件要比东南亚舒适得多，但传教要困难得多。

在一些落后地区传教，沙勿略说什么，当地人信什么。

在日本，很多人既懂儒，又信佛，经常反驳沙勿略，并提出一些难以回答的问题。

沙勿略写信给依纳爵说：

"日本人注重礼节，很有风度。让人惊讶的是，他们把荣耀看得比世界上任何事物都重要（日本人为了面子可以剖腹自杀）。日本人讲理，因此可以说服他们。"

沙勿略学习日本语言，了解日本文化。他打算到京都谒见天皇并取得在日本全地传教权，但两者均没有成功。

有一天，一个日本人把沙勿略问住了。他说，你说真理在全世界通用，我们日本人不知道。中国比我们发达得多，怎么没听他们说起过？难道他们也不知道？

另外，日本人经常引用中国的名人和书籍同沙勿略辩论。沙勿略逐渐萌生了前往中国传播福音的想法。

沙勿略在日本逗留了27个月，返回印度。临走时，日本教徒总数约2000人。40年后，日本天主教徒数量达30万。

1551年11月，沙勿略返回印度，开始了解中国。他写道：

"中国幅员辽阔，境内安居乐业，绝无大小战乱。

中国为正义之邦，一切均讲正义，故以正义卓越著称，为信仰基督的任何地区所不及。

就我在日本所目睹，中国人智慧极高，远胜日本人，且善于思考，重视学术。

中国物产丰富，且极名贵。人口繁盛，大城林立，楼台亭阁，建筑精美，部分采用石料。人人皆说中国盛产绸缎。"

大明不是开放国家。除了官方派遣的使节外，外国人一律不许入境。

因此，必须组建一个正式访华团。

沙勿略来到马六甲。葡萄牙驻马六甲总督在他的劝说下同意派毕莱托为访华特使，沙勿略作为访华成员。

总督通过了，马六甲的海军司令和毕莱托有旧仇，不准毕莱托出海。

沙勿略反复解释，海军司令坚持决定不变。

沙勿略还是想进入中国。

那就只有一个办法了——偷渡。

第一个落脚点，广东台山的上川岛。

明朝政府禁止葡萄牙商人上岸与中国商人做生意。葡萄牙商人选择上川岛与中国沿海居民进行走私贸易。

1552 年 8 月，沙勿略乘船来到上川岛。

由于不会汉语，他找了一名翻译。

上川岛地处广东省台山市西南部，距中国大陆海岸不到十公里。只需要半天，他就可以进入中国境内。

今天的上川岛是一个热闹的旅游区，当时的上川岛是一个无人的荒凉地。

俗话说得好，有钱能使鬼推磨。

一个船老大收了沙勿略的钱，愿意在一个黑夜带他入境。

当然，第二天白天，地方官员就会把沙勿略逮捕入狱。

沙勿略却想，我可以在监狱中向狱友们传播宗教。他们在监狱里待着无聊，又走不出去，只能听我布道。有一天，他们获释出狱，就会替我传播。

11 月 21 日，沙勿略突发寒热，病情日益严重。

他口诵耶稣的圣名，瞑目安逝，后人将他的尸体送回果阿。

沙勿略年纪并不算大，去世的时候才 46 岁，算是中年。

一年后，葡萄牙人以晾晒货物为名，在澳门居住下来。这一住就是四百多年。

沙勿略如果晚两年再来中国，沙勿略如果多活几年，历史将会重写。

但历史没有如果。

或者说，一切都是上帝的安排，都是最好的安排。沙勿略说：

"我传福音，没有什么可夸耀的，这是我不得已的事。我不传福音，我就有祸了。对软弱的人，我就成为软弱的，为赢得那软弱的人；对一切人，我就成为一切，为的是总要救些人。我所行的一切，都是为了福音，为能与人共沾福音的恩许。"

沙勿略在远东传教 11 年，行程近万里，发展教徒三万人。

他的经历和中国的唐玄奘非常相似，为了信仰，踏过千山万水，吃遍千辛万苦，在异国他乡履行自己神圣的职责。

沙勿略是自圣保罗之后最伟大的传教士，人称"东方传道之父"。

沙勿略于 1622 年与依纳爵同时被封为圣人，称圣方济各·沙勿略。

今天，中国广东台山上川岛建有方济各纪念园，有哥特式小教堂，有纪念碑、石像和墓园。澳门有沙勿略的遗骨。上海、苏州、西安有圣方济各·沙勿略堂。河北献县有沙勿略中学。

印度果阿教堂和修道院、马六甲圣方济各·沙勿略堂、日本长崎及天草地区的潜伏天主教徒相关遗产，这三处沙勿略活动的地方今天都是世界文化遗产。

早在八百年前，中国就有和沙勿略有同样经历的人物。唐朝的鉴真大师历时 12 年，五次渡海失败，第六次终于成功到达日本。在这个过程中，36 名同行人员献出了生命。鉴真大师对日本佛教的影响是巨大的。

沙勿略去世的那一年，意大利人利玛窦诞生。

1583 年，31 岁的利玛窦来到广东，在中国南方辗转度过 18 年后，终于在 1601 年进入北京。利玛窦以其丰富的科学知识以及对中国儒家典籍的精通，在中国的知识分子中树立了良好的形象。他和徐光启合作翻译了《几何原本》。

利玛窦揣摩中国人的心理，绘制了以中国为中心的《世界地图》。这张地图第一次把全世界摆在中国人面前，震惊了明朝几乎所有的高等官员。万历皇帝看到后，立即命利玛窦刊印若干份，赐给皇子皇亲。万历皇帝还看到了栩栩如生的西洋油画，听了西洋琴演奏，对西洋钟痴迷不已。

有关利玛窦事迹，可参阅拙著《万历十五年欧洲那些事儿》。

满清入关后，顺治、康熙皇帝继续重用耶稣会传教士。其中汤若望官居一品，是顺治皇帝最信任的人之一。顺治病逝前想把皇位传给自己的弟弟。汤若望劝皇帝立三子玄烨为皇储，因为玄烨出过天花，有免疫力，能活到成年。

顺治听从了洋教士的劝告，才有了康乾盛世。

传教士对中国最大的帮助是修订历法，并且在长达一百多年里，担任中国钦天监负责人。今天北京古观象台上的天文仪器主要为南怀仁所建。

传教士也带来了哥白尼、第谷、开普勒的天文书籍，伽利略的望远镜。

1685 年，法国国王路易十四向中国派遣五名耶稣会士数学家。他们为康熙皇帝讲授几何与哲学。明末清初一百多年里，中国知识分子主要向传教士学习数学。

传教士的另一个主要贡献是帮助中国第一次用科学的方法绘制最新、最准确的中国地图，即《皇舆全览图》。

耶稣会传教士把数千册欧洲的科学和思想书籍送到中国，其内容包括数学、地理学、物理学、机械学、军事学、建筑学、动植物学、人体科学、水利学、矿物学、医药学、心理学和音乐美术等各方各面的科学知识。

传教士撰写的多部著作入选《四库全书》。

传教士还充当大清的外交官与翻译官。中俄《尼布楚条约》就是法国传教士帮助谈判和翻译的。

当然，传教士的主要目的是传播宗教。他们在中国修建了大量教堂。如北京的南堂、东堂、北堂。顺便，他们还设计、建造了圆明园西式建筑群。

在军事上，传教士帮助明清政府建造西式大炮，并训练炮兵。

交流都是双向的。

耶稣会士撰写了很多有关中国的书籍，向欧洲宣传中华文化，在欧洲掀起了中国热，直接导致了"汉学"的产生。

传教士带着少数中国人到欧洲访问、留学、工作。在三百年前，就有中国人陆续见到罗马教皇、法国国王、英国国王、葡萄牙国王。

中国戏剧《赵氏孤儿》相继在巴黎和伦敦上演。

罗马教皇一再干涉中国传统礼仪。1723 年，雍正皇帝一怒之下，查禁天

传教士所著的《中国哲学家孔子》，1687 年在巴黎出版

主教。另一个原因是，耶稣会传教士支持雍正的对手继承王位。

雍正帝虽然反对罗马教会，但不讨厌传教士。他穿西服、戴假发，视意大利籍画家郎世宁为友。郎世宁就是圆明园十二兽首的设计者。

乾隆年间，蒋友仁设计圆明园的"大水法"，为乾隆表演望远镜和抽气机。

顺治、康熙皇帝都喜欢西洋钟。乾隆皇帝多次下旨，要求广东官员"多觅几件，不必惜价"。如果当时有吉尼斯世界纪录，那么乾隆皇帝就是世界上拥有名贵钟表最多的人。在他的领导下，西洋钟实现了国产化。

从明末到清初，耶稣会总共有 472 位会士在中国服务了 190 年。这些人大都在欧洲受过高等教育，除了宗教知识外，还掌握大量科学知识，算是一流的人才。他们的形象出现在《少年天子》《孝庄秘史》《雍正王朝》这样的电视剧中。

到了雍正年间，中国天主教徒约 27 万人。

应该讲，中国和欧洲的关系始于 500 年前，中间有过不少摩擦，也有武装冲突和战争，主要原因在贸易。但文化上，耶稣会会士成功地采取了本地化策略，和明清政府、官员建立友好的关系，甚至陪伴在皇帝身边，成为皇帝的老师。

说句实话，在这一点上，清朝皇帝强于明朝皇帝。

魏晋时期，佛教思想传入华夏。此后一千年里，几乎没有成气候的文化输入中国。

耶稣会会士进入中国，是第二次大规模思想文化输入，史称"西学东渐"。天主教思想同中国宋明理学在宇宙观上产生了几项重大分歧：

其一，理学不承认宇宙间全能的神，相信万物的生长靠的是"理"（自然法则）。

其二，理学承认"心"（精神或良知）的存在，"心"与基督教的"灵魂"概念相仿，但是理学不承认这种精神或良知是神赋予的。

其三，理学承认每个人都有能力和自由意志去达到自己的完美状态，并摆脱罪孽，而且无须上帝的庇佑就可以进入天堂。

无论谁对谁错、谁赢谁输，都是对中国哲学思想的冲击和促进。

中华文明曾经经历过生气勃勃、锐意进取的时代。

唐朝的长安是世界的中心之一，张开双臂迎接世界各国人民。玄奘法师不远万里、排除万难、取回真经。

在元朝统治期间，北京街道上的外国面孔随处可见。

大明初期还派郑和远航各国。

然而，自 16 世纪开始，明朝士人的精神衰老了。他们没有冒险精神，没有批判精神，没有进取精神，和文艺复兴思想完全背道而驰。

为什么有的文明衰落了、灭亡了，有的文明却越来越强大。

按照进化论的观点，弱肉强食、适者生存。

弱小的、落后的文明逐渐消亡。

强大的文明更加强大。

耶稣会会士虽然带来了阵阵知识清风，可惜，这些方方面面的思想只在高层小范围内流传。顺治、康熙皇帝对天主教有浓厚的兴趣。到了雍正、乾隆年间，传教士的工作只限于担任技术人员，如画师、乐师和建筑师。他们没有能力，也不可能改变清政府的思想。他们更没有影响到社会，影响到民众。甚至他们的技术影响也是微不足道的。

清朝初期，还有不少卫道士疯狂叫嚣："宁可使中国无好历法，不可使中国有西洋人。"

实际上，我们今天使用的阴历，就是三百多年前耶稣会会士制定的。

1950 年前，中国还有 10 个教区，500 多座教堂，913 名耶稣会会士。

中国近代第一所私立大学震旦大学，以及天津工商学院，均为耶稣会创办。

正德嘉靖朝世界大事记

时　间	事　件
1505 年 （正德元年）	• 正德皇帝登基。 • 德国人彼得·亨林制造了世界上第一只手表（至今仍在）。 • 波兰国王亚历山大签署《尼希尔·诺维法案》，使波兰成为贵族民主国家。
1506 年	• 达·芬奇基本完成《蒙娜丽莎》。 • 哥伦布去世。 • 圣彼得大教堂开工（工期 120 年）。 • 王阳明被贬贵州。
1507 年	• 马丁·瓦尔德泽米勒绘制了世界上第一幅有美洲的地图。
1508 年	• 米开朗琪罗开始绘制西斯廷教堂的天花板。
1509 年	• 迪乌海战，葡萄牙人击败印度、穆斯林和威尼斯联军。 • 英国亨利八世加冕。 • 中国画家沈周去世。
1510 年	• 阿方索·德·阿尔布克尔克征服果阿。 • 刘六刘七起义，为明中叶规模最大的一次农民起义。
1512 年	• 意大利探险家亚美利哥·维斯普奇去世。美洲和美国因他命名。
1513 年	• 葡萄牙探险家欧维士来到珠江口。 • 西班牙人巴尔博亚通过巴拿马地峡，看到了太平洋。
1515 年	• 弗朗索瓦加冕成为法国国王。 • 土耳其军队占领波斯首都大不里士。
1516 年	• 查理一世成为西班牙国王。 • 托马斯·莫尔出版《乌托邦》。

续表

时　　间	事　　件
1517 年	• 奥斯曼帝国吞并马穆鲁克苏丹国（埃及）。 • 马丁·路德将《九十五条论纲》贴在维滕贝格王宫教堂的大门上，揭开宗教改革序幕。 • 正德皇帝亲自指挥应州之战。 • 葡萄牙使者到中国。
1519 年	• 王阳明平息宁王叛乱。 • 西班牙国王查理一世当选神圣罗马帝国皇帝，史称查理五世。
1520 年	• 奥斯曼苏丹苏莱曼一世继位。
1521 年（正德十六年）	• 正德皇帝病逝，嘉靖皇帝继位。 • 麦哲伦在菲律宾遇害。 • 奥斯曼帝国占领贝尔格莱德。
1522 年	• "维多利亚号"返回西班牙，完成人类第一次环球航行。
1523 年	• 宁波发生日使争贡之役。 • 明朝实行海禁。封锁沿海港口、销毁出海船只、断绝海上交通。
1524 年	• 明朝发生大礼议，一百多官员下狱。 • 西班牙西印度事务院成立。 • 唐伯虎去世。
1525 年	• 帕维亚之战，西班牙人俘虏法国国王弗朗索瓦。
1526 年	• 土耳其人在莫哈奇大败匈牙利军队。 • 莫卧尔王朝建立。
1527 年	• 西班牙军队攻入罗马，俘虏教皇。
1529 年	• 王阳明去世。 • 葡萄牙和西班牙签署《萨拉戈萨条约》，划分东半球。 • 土耳其人包围维也纳。
1532 年	• 马基雅维利出版《君主论》。 • 拉伯雷出版《巨人传》第一卷。
1533 年	• 俄国伊凡四世（雷帝）继位。
1534 年	• 英国国会通过《至尊法案》，变成新教国家。
1535 年	• 雅克·卡蒂埃在加拿大命名中国激流。
1540 年	• 耶稣会成立。
1542 年	• 宫婢杨金英等人谋杀嘉靖皇帝未遂。
1543 年	• 哥白尼出版《天体运行论》。 • 维萨里出版《人体构造》。

续表

时　　间	事　　件
1544 年	• 严嵩升任首辅。 • 蒙古军队骚扰北京郊区。
1545 年	• 反对宗教改革的特兰托会议（历时 18 年，几度中断）开幕。 • 西班牙人在南美发现波托西银矿，乃世界最大的银矿。近三百年产矿 2.5 万吨，约合 6.7 亿两白银。 • 河南出现洪涝，人相食。
1547 年	• 莫斯科大公伊凡四世成为俄罗斯第一位沙皇。
1548 年	• 明军摧毁中日葡走私者经常光顾的双屿港。
1549 年	• 汪直、陈东与倭寇勾结，倭患兴起。
1550 年	• 俺答大军到达通州，逼近北京。
1551 年	• 应俺答请，开马市。 • 美洲墨西哥城和利马各成立一所大学。 • 英国成立莫斯科公司，经营了 362 年。
1552 年	• 圣方济各·沙勿略在上川岛病逝。 • 仇英去世。
1553 年	• 葡萄牙人暂时在澳门居住。
1555 年	• 戚继光调浙江防倭。 • 明朝被迫开放宣府、大同，与鞑靼进行茶马互市。
1558 年	• 英国女王伊丽莎白一世加冕。
1559 年	• 杨慎、文征明去世。
1562 年	• 严嵩罢官。
1564 年	• 米开朗琪罗、加尔文去世。
1565 年	• 西班牙人黎牙实比征服菲律宾。
1567 年	• 嘉靖皇帝去世，隆庆皇帝继位。